小倉芳彦著作選 I

# 古代中国を読む

図書出版 論創社

装訂　宗利淳一

著者近影

# 古代中国を読む　目次

——小倉芳彦著作選第一巻

## Ⅰ　古代中国を読む

目　次

目次

# I

# 古代中国を読む

(『岩波新書』・岩波書店・一九七四年)

# まえがき

はじめにお断わりしておかねばならぬ。この本では、古代中国そのものについていろいろ解説するつもりは全くない。古代中国の歴史や思想について、系統立って知りたい方には、別にすぐれた本がある。

では、何を書くのか。私に今出来ることは、古代中国にかかわって、どのようなイメージを私自身が抱き育てて来たかを、そのプロセスに即してたどり直してみることである。それはおそらく、良識からはひどく外れた、ひとりよがりのものに違いない。そんなものは迷惑だと思う方は、もうこの先を読み続ける必要はないだろう。

それでも、もう少しつき合ってやろう、とおっしゃる方がいるとすれば——その方には、私がくどくど述べたてる必要がないくらい、コトのワケがわかっていらっしゃる筈だ。でも一言だけ附け加えておこう。

歴史の研究者は、歴史事実を掘り起こし、分析し、それに基づいて一貫した叙述をなすものだとされている。ところが、この本には、そういう歴史事実の中身が無い。有るのは、事実らしきものの周辺を、ふらふら、ぶらぶらしている私の姿だけだ。

むろん、こうしたふらふら、ぶらぶら、に私なりの意味は与えている。これが事実だ、とトクトクとして語るいわゆる通史や概説的歴史書に、私自身はあまり魅力を覚えた体験がない。歴史に取材したいわゆる歴史小説も、小説のための小道具の設定がかえって煩わしいことがある。むしろ、一見取っつきにくいが、しかし、よく調べよく考え抜いた上で書かれた研究論文に、歴史のリアリティを感ずることがある。それがなぜかと考えると、いわゆる史実の基礎となる史料と、それを扱う研究者との間に、格闘があり緊張があるからだ。論文でも、官僚的で威丈高《いたけだか》なのは嫌いだが、上品な論文というのは、ふくよかなサロンの対話の趣きがある。そういう対話の中に、ほんものの歴史の味わいがある。

こういうのは私個人の好みであり、万人に共通するものではないだろう。しかし、いわゆる通史や概説とて、万人に共通した感興を惹き起こしているわけでもないのだから、私は私流に歴史を味わったっていい筈だ。

――と居直ったところで、私はこの本で、自己流の古代中国とのつき合い方を振り返り、告白してみることにしたのである。こんな告白は、自分の中にしまいこんで墓場に持ち込むべき、恥多きシロモノだと思うが、それを書いてみろ、と編集者から唆《そそのか》された。気の弱い私には、それは、書き残すことが一つの責務だ、というオドシとも響いた。ちょうど自分が人生の半ばを過ぎて、十字路に立たされているという意識が、そういう思いを起こさせたのだろう。

だから、古代中国を知るためには直接の役に立たたぬかもしれぬが、自分としてはそれ以外には古代中国とはつき合えなかった、という経過を記録として書いてみましょう、ということになった。その自白記録が、この本である。この本を、ある古代中国研究者の裏話として読んでくださることも、その男の研究者失格の弁として読んでくださることも、もとより読者の自由である。ただし、これはあくまで、ひどく偏屈な私個人の場合であって、これから古代中国研究者の全般を推し量られることは、私の本意ではない。

二千年以上も前の、湖南省長沙の馬王堆《まおうたい》や山東省臨沂《りんぎ》の漢代の墓から、多数の遺物や文献史料が出土したというニュースが、われわれの耳目を愕《おどろ》かせている昨今である。読者の側からは、あるいは、それらについての手近な解説の方がほしいところかもしれない。

しかし、それこそはホンモノの古代中国専門家の仕事である。ふらふら、ぶらぶらして来ただけの私には、手の届かぬ仕事なのだ。そういう中途半端な自分への苛立たしさを抑えて、とにかく、このような状態になってしまった自分というものを一応整理しておこうというのが、この本で私が試みようとすることである。この本に何か取り柄《え》があるとしたら、私のような気儘な散歩では、古代中国というあの巨大な対象には歯が立たないことを知っていただけることぐらいかもしれない。

# 1　訓読漫語

## 古代中国との出会い

歴史研究者に必須ともいうべき〈史癖〉に私は乏しい。このことは、社会科学の諸理論にヨワイことと並んで、私のひけめの一つとなっている。地名・人名・年代などの穿鑿《せんさく》にひたむきに入り込めない。未知の土地を訪れても、由緒ある寺院や旧跡を尋ねまわろうという熱心がない。土地の人には日常の中に組み入れられていることを、よそものがほじくり出して立ち入ることに、心理的な抵抗を感じる。言いかえれば、照れくさい。こんなことでは聞き取り調査一つできないだろうが、事実やったこともない。一種の自閉症と言えるかもしれない。

古代中国を具象的に示す古器物類に深くのめりこめないのも、そのことと関係があるかもしれない。もちろん私だとて、人並に根津や住友の美術館の殷・周青銅器を見に行ったことはあるし、美麗な古器物の図録類には讃嘆もする。一九七二年夏の長沙の馬《ま》王堆《おうたい》発掘速報には、連日、関心をもったし、一九七三年初夏に開かれた「中華人民共和国出土文物展」も、熱心に見てまわった。しかし、その展観を見た学生のリポートに、「あのすばらしい文物を通じて、古代中国がすごく身近になった」というようなことを書かれると、「なるほどそうか、よかったなあ」と思う半面、「オレのふだんの講義やおしゃべりは、そんなに空しかったのか。百聞ハ一見ニ如《し》カズとは情なや」と、いささか妬《ねた》ましくなる。

　妬ましいは冗談としても、古器物というモノから直接伝わって来る感動を、なまのままでは確認できなくて、それを、文字で書かれたものとの関連で整理し、その上で自分に納得させたくなる。馬王堆の発掘物の中で、私が最も関心をもったのは、例の二一〇〇年前の老女の遺体でもなく、その棺の上に掛けられていた帛画《はくが》の画題でもなくて、「軑侯家丞《たいこうかじょう》」の封泥《ふうでい》の主である軑侯の格式や封地を、『史記』『漢書』といった文献の中で見定めることだった。中国から送られて来る『考古』『文物』などの雑誌の論文の中でも、それに関連したものに、先ず目が向く。河北省満城《まんじょう》で発見された、前漢時代の中山靖王《ちゅうざんせいおう》劉勝夫妻の遺骸を包んでいた金縷玉衣《きんるぎょくい》――日本の出土文物展で出陳されていたのは別の銀《ぎん》縷《る》玉衣だったが――にしても、玉衣そのものの豪華精巧さに感歎するよりも、いままで何気なく見過ごしてきた「金縷玉衣」という史書の文字が、急に生命を吹き返して語りかけて来るのが不気味だった。どうも私は、芸術的感動というのが苦手で、散文的なのかもしれない。

　しかしこれも、人それぞれの好きずきだと思う。そう思うことで納得する以外にない。他人の興味に調子を合わせて、興味があるふりをする必要はなかろう。

　私は古代中国にホレているわけではない。研究主題として重要だと思い定めて中国古代史にかかわり出したわけでもない。後になって、自分なりの意義づけを試みたことはあるが――そのことは後で述べるつもりだ――、それは振り返って考えてみれば、の話で、そもそもの動機ではない。

　私と古代中国との〈出会い〉は、中学生――旧制七年制武蔵高等学校の尋常科――時代の漢文の時間にさかのぼる。たしか第一学年のときの漢文を担当したのは、加藤虎之《とらの》亮《すけ》という、あとから思えば偉い先生だった。『弘道館記述義小解』という大著のある先生とは知る由もなく、われわれ悪童は「シナまん」という愛称を奉っていた。いま言うところの中華饅頭である。先生のクシャッとしたまるまっちい顔と、漢文の教師であることとの合成語であって、当時のシナ蔑視とは関係なかった。その「シナまん」先生は、よく、自分の健康保持法は玄米と野菜食である、と目をつぶりながらトクトクと語り、興が乗るとその日の授業は漫談で終わることもしばしばだった。

私の在学したその学校では、『十八史略』あたりを下敷きにしたと思われる『支那歴史読本』という漢文の教材を独自に編集していた。編者は、学校の武蔵の名をもじったのだろうが、無《む》邪《さ》思《し》会となっていたように思う。その第一ページは、三皇五帝の伝説から始まっていた。

第二時間目の授業のはじめに復習があり、この前やった五帝の名前を言ってごらん、と私が指名された。どういうわけか、その時の私は、黄帝軒轅氏《こうていけんえん》からはじめて、帝尭陶唐氏《ていぎょうとうとう》、帝舜有虞氏《ていしゅんゆうぐ》に至る五人の名前を、すんなりと答えられたのである。それ以外の漢文の授業内容については、あまり印象が残っていない。ただ、例の項羽と劉邦との鴻門《こうもん》の会のくだりで、幕を排してとび込んで来た樊噲《はんかい》の所《しょ》作《さ》を、先生が身振りをまじえて熱演されたのを覚えている程度だ。『支那歴史読本』では、少なくとも三国時代ぐらいまでは進んだはずなのだが、一向に記憶がない。とすると、私と古代中国とを結ぶ絆《きずな》は、あの五帝問答に始まったと言えそうだ。そして、その中学に入学したばかりの最初の〈出会い〉が、そのまま、私を漢文の世界へと誘い込むきっかけになったように思う。

その後、大学の東洋史学科に入っても、イスラムやインドを研究しようとしている同学の士がいることが、私にはなかなか理解できなかった。どういう因縁があると、ヒンディー語やアラビア語やトルコ語を勉強し、その歴史や社会を研究しようという気が起こるのか、想像がつかなかった。ということは、私にとっての東洋史とは、〈漢文を読むこと〉以外には考えられなくなっていたことを意味する。つまり、中国史を研究するとか、古代中国を究明するとかの意図とはかかわりなく、私の中には、漢字がベッタリ並んだ漢文の世界が入り込んでいたわけである。

しかし、言うまでもないが、漢字がベッタリ並んでいる本なら何でも好きで、何でも読めたというわけではない。父親が朝鮮語学を研究していた関係で、家に漢文で書かれた本がないわけでもなかったが、それらは父のモノであったし、父もべつに私にそれらを読めと勧誘も強制もしなかった。漢文の教科書のように、返り点、送り仮名がついているのならまだしも、何の記号もない白文《はくぶん》は、全く苦手だった。今でこそ、学生諸君に向かって、白文を読み解く楽しみを知らぬのは不幸である、などと言っているが、それは相当に苦しいハッタリである。

加藤虎之亮先生の他に、上野賢知という先生もおられた。これもあとで知ったことだが、上野先生は『春秋左氏伝』の註釈書である、わが国の竹添光鴻《たけぞえこうこう》の『左氏《さし》会箋《かいせん》』の研究家として知られた方だった。文章が上手になるという上野先生の示唆で、夏休みに『日本外史』や『文章軌範』を読んだこともある。いや、読んだ、などとオコがましいことは言えない。原稿用紙ふうのものに筆写して、それに返り点をつけるようなことを、愚鈍にくり返していただけだ。

そういう読み方をしていたから、大学の東洋史学演習で『史記』の大宛《だいえん》列伝を読まされたときには、うろたえた。

大宛ノ跡ハ張騫《ちょうけん》ヨリアラハル。張騫ハ漢中ノ人ナリ。建元中、郎トナル。

と最初の部分を読んだところで、「漢中とはどこか」と訊ねられて困った。「だいたい陝西《せんせい》省のあたりだと思う」としどろもどろに答えると、「陝西省のどの辺か」とおっしゃる。そこで、やっと地図を開いて調べてみろ、ということになる。張騫が大月氏から帰国する途中の段で、

南山ニ並《そ》ヒテ、羌《きょう》中ヨリ帰ラント欲シ、復《ま》タ匈奴ノ得ル所トナル。

のところでは、「羌中とはどこか」と訊ねられる。こういう種類の質問に答える調べ方を、私は一度もしたことがなかった。これじゃあいかん、と痛切に思った。この演習の経験で、私ははじめて、

漢字で書かれた字面から具体的な歴史を再構成する読み方を知ったと言える。

知りはしたが、数年間にわたたってしみついたクセはなかなか抜けぬ。結局、私の卒業論文は、漢文の素材にべったり足を取られただけの司馬遷論に終わってしまった。中国史研究の手段としての漢文ではなくて、少年期に出会ったままに温存された漢文への興味——つまり、何となく漢文に魅《ひ》かれた、というだけ。今思えば、よくもそんな好い加減な考えで東洋史学などを選んだものだ、と空恐ろしくなる。もっとも、他人から「なぜ東洋史をやるのか」と訊かれれば、「シナ人の民族性を理解したいから」というような、一応わかったような理屈は用意していたが。

一定の問題関心から中国を研究対象にえらび、さらに古代中国へと専門領域を狭め深めて行ったような研究者とは、私はそもそもコトの成り行きが異なっている。中国語の学習も、東洋史学科に入ってから、必要に迫られて始めた。その点は、現在とは時代環境が異なるから、私ひとりの問題ではないが、私としては、幼い時の興味に、ずるずるとその後も引きずられて現在に至っている自分が、何となく面映い。しかし、私という人間のそもそもの根っこは、たしかにここにあるのだから、そのことを帳消しにして古代中国研究の目的や意義を高談することは、嘘になる。恥に類することを敢えて書いたのは、そのためである。

## 漢文が読めるとは

大学の卒業の口述試験のとき、「きみは漢文は読めるが判断力がない」という趣旨のことを言われた。四半世紀以上も前のことを、まだ昨日のことのように覚えているところをみると、よほどの緊張とショックだったのだろう。今は立場が変わって、自分が学生に質問や講評を下しているわけだが、自分の経験に照らして、ウカツなことは言えないと自戒しつつも、つい青年のプライドを傷つけるような放言を重ねている。

でも、ほんとうに私は「漢文が読めた」のだろうか？

小学生の時から、なぜか知らぬが、漢字の音と訓はよく覚えた。呉音と漢音の区別も、カンでわかった。ただし、大学に入ってから習った現代中国語音は、いつになっても正確に覚えられない。とくに四声はだめだ。漢字の形の方も、あまり苦労なしに覚えた。書き取りの試験など、なぜわざわざやるのか不思議だった。

たいていの字なら読める、という自信がぐらついた経験が、それでも今まで何度かある。東洋史学の演習で、佐野学の『清朝社会史』を調べていたとき、見慣れない字がいくつも出てきた。それも、だいたい見当をつけて読み飛ばしていたのだが、ある日、念のために辞書を引いてみた。そのころ使っていたのは、塩谷温《しおのやおん》の『新字鑑』（昭和十四年発行）である。ところが、そこには思いもかけぬ音や意味が記されている。たとえば「蠲」という字だ。これが音でケンと読み、意味は租税を減免することを意味するとは、辞書をこの目で見るまで思いも寄らず、見てからも信じ切れなかった。でも現実に、そういう意味で使われているのだ。残念だが当てずっぽうではいかん、とそのとき痛切に反省した。近頃になって、ますます自信がなくなっている。辞書が正しいと盲信しているわけではないが、といって辞書を無視できるほどの権威が、こちらにはないのだから。

「漢文が読めた」はずの卒業論文は、司馬遷論を書いたのだが、別に『史記』を読みこなしたわけではない。そのころ『史記』を読み通すことの困難さは、日本語の現代語訳も数種類出ており、原文も中華書局刊の新式評点本が出ている現在からは、とても想像できぬだろう。滝川亀太郎の『史記会注考証』が最良のテキストだと言われても、あれから司馬遷について何ごとかを読み取ることは、初学者にはほとんど手が出ない。世界書局で武英殿版を影印した、こまかい字の洋装一冊本の『史記』の方が、必要な章句を選び出すのには便利だったが、全体の文意がスラスラ読み取れるわけのものじゃない。

だから、「漢文が読める」と忝《かたじけな》くも指導教授が言ってくださったのは、『史記』そのものではなくて、『史記』に関する後世の評論を並べたことについてなのである。「判断力がない」という御託宣も、またそれに由来する。実際、当時の私にしてみれば――今も大差はないが――、劉知幾の『史通』や章学誠の『文史通義』に出て来る『史記』論を拾い読みして、それを適宜配列することぐらいが限界だったのである。

司馬遷をテーマに選んだのも、多くの青年たちと同じに、武田泰淳の『司馬遷』（またの題は『史記の世界』）という本に魅《ひ》かれてのことであって、司馬遷をとりまく漢の武帝の時代とか、さらには中国古代史とかに関心をもったからではなかった。

上・下二冊に製本された「司馬遷――史記の評論を中心として」と題する卒業論文を、書棚の奥から取り出してみる。構成は、

第一章　司馬遷の生涯

第二章　司馬遷の意図

の二章立てとなっており、末尾に文献目録がついている。本文中の引用は、現代語に訳してある。教師である今の立場で言えば、現代語訳だけでなく、もとの漢文を注につけてほしいところだ。訳が正確かどうか、そうしないと分からない。『文史通義』からの翻訳などは、相当に怪しい部分があるが、その他は概《おおむ》ね、よくこなしてある。「漢文が読める」とお褒めにあずかったのも、その意味では当たっているかもしれない。

なぜ当時の私が、原漢文をそのまま引用したり訓読したりせずに、わざわざ現代語訳を試みたのか、正確には思い出せない。漢文を訓読するだけじゃ芸がない——と、東洋史学科の外国伝などの演習の読み方に満足できなくなっていたことは確かだ。といって、漢学流の厳粛な経書《けいしょ》の注疏《ちゅうそ》の演習に近づく気はなかった。時々のぞいたのは、「阿Q正伝」などを読んでおられた倉石武四郎先生の中国文学演習だった。それに魚返善雄《おがえりよしお》さんの中国語の授業も、熱心に出席した方だ。そんな気分の中で、原漢文の現代語訳をやってみる気になったのだろう。

もちろん、日本で今もおこなわれている漢文訓読法は、きわめて繊細で緻密な技法である。これはひとえに、日本人の千年以上にわたる智恵と器用さの集積であろう。しかしその反面、世間で訓読と称されている読み方には、ひどく粗野で無神経な部分もあることは否定できない。とにかく返り点をつけて、読みつなげればそれでいいんでしょう、と言わんばかりの、心ない読み方で通用させる場合がある。「読書百遍、意自《おのずか》ラ通ズ」に安住して、マル暗記が漢文だと思い込まれているフシもある。

それは現代中国語の翻訳における無神経さ、とも関連するだろう。戦前のある種の『孫文全集』の訳などは、目を掩《おお》わしめるものがあった。どうせシナ人がこねくって書いたことなのだから、まともなことは書いてないさ、適当に日本語らしく語順をひっくり返して読めば、大体の意味はわかるさ——といった、まさにシナ人蔑視が訓読法の中にはあった。そういう優越意識を批判するまでの見識は当時の私にはなかったが、訓読でホイホイ済ませてしまうのでは飽き足らぬ思いがあったことは確かだ。

## 訓読で読めるということ

二千年も前の中国の古典をはじめとして、中国人の書いた文章が訓読で読めるとは、実に大変なことだと思う。ほとんど奇蹟に近い。しかしその奇蹟が現に行なわれている。もちろん、訓読の限界はある。『三国演義』は訓読法でこなせるが、『水滸伝』となると、訓読法ではバカバカしいほど手間がかかるだろう。もっとも、さきごろ『毛主席語録』の林彪《リンピャオ》の序文――もちろん現代中国語で書かれた――を訓読で解説した試みもあった。曲りなりに出来ぬことではないが、それは翻訳とは別物である。

さっきも言ったように、訓読法は日本人の千年来の智恵と器用さの集積の産物である。だが同時に、そこに訓読法の陥し穴がある。器用で便利であるがために、うっかり調子に乗り過ぎる危険がある。

たとえば、『論語』の一ばん初めには、

子曰、学而時習之、不亦説乎。有朋自遠方来、不亦楽乎。人不知而不慍、不亦君子乎。

という一章がある。これを、

子曰《いわ》ク（またはノタマハク）、「学ビテ時ニ之《これ》ヲ習フ、亦説《またよろこ》バシカラズ乎《や》。朋《とも》有リ（或いは有朋の二字でトモともよむ）遠方自《よ》リ来ル、亦楽シカラズ乎。人知ラズシテ（または知ラザルモ）慍《うら》ミズ、亦君子ナラズ乎。」

というふうに、もとの漢字を極力生かして、日本語の語順に直しつつ読み換える手法を編み出したのは、何度考えても巧妙な読解法であったと思う。たしかにこの口調で、何やら原文の有難さまでが伝わって来るような気がする。

漢皇　色ヲ重ンジ　傾国ヲ思フ
御宇《ぎょう》　多年　求ムレドモ得ズ
楊家ニ女《じょ》有リ　初メテ長成ス
養ハレテ深閨《しんけい》ニ在リ　人未ダ識ラズ

に始まる、有名な白楽天の「長恨歌《ちょうごんか》」の訓読についても、同様なことが言える。中段の、

春寒クシテ　浴ヲ賜フ　華清《かせい》ノ池
温泉　水滑《なめ》ラカニシテ　凝脂《ぎょうし》ヲ洗フ

などを、例の漢詩朗詠調で読めば、多くの日本人は、いわゆる漢詩的情調の世界に、否応なしに引き込まれるのではないか。漢文が好き、漢詩が好き、という人が若者の中にもいるが、それは訓読で用いられる漢語まじりの文語文が、いわゆる和文調とは異なった情趣を醸し出すからだろう。

漢文をやると背景《バック・ボーン》ができる、という説を丸呑みに信じる人はそうあるまいが、いまの高等学校では、「漢文」という教科が国語の古典の中に入っている。『学習指導要領』（昭和四十五年）の「漢文」を学ぶ目標の一つに、次のような文章がある。

古典としての漢文を読解し鑑賞する能力を養い、思考力・批判力を伸ばし、心情を豊かにするとともに、わが国の言語・文学・思想などと関係の深い漢文を読むことを通して、そこに盛られている文化の特質や、わが国の文化との関係などがわかるようにする。

高校全入に近い現在、この必修教科としての「漢文」を通じて漢文に接する層は、かなり広範にわたると考えてよいだろう。かつての「四書五経」の素読《そどく》とは違った形での、わが国の古典の一部としての「漢文」が復調しつつあるやに見える。

ところで、『学習指導要領』に「わが国の言語・文学・思想などと関係の深い漢文を読むことを通して」というのは、むろん訓読で読むことを意味する。千年来の伝統をもつわが国の訓読法を通して、これまでの日本語の語彙や語法を学び、情趣や発想法を学び、つまり「文化」を学ぶということである。そのこと自体は、国語教育の一部として必須だと思う。現に漱石や鷗外の文章は、漢文の素養なしには読み取ることが不可能だろう。しかしそのことと、訓読で読まれ了解されてきたものが、もと

の中国古典そのものの忠実な理解になっているかどうか、とは別の問題である。『学習指導要領』には、「そこに盛られている文化の特質や、わが国の文化との関係などがわかるようにする」と書かれているが、コトはそう簡単には運ばない。

たとえば、「子曰ク、学ビテ時ニ之ヲ習フ、亦説《またよろこ》バシカラズヤ。……」と読む。そして、学問をしてそれを復習することは、たのしいことじゃ、ありがたいことじゃ、という講釈を聞かされる。学問への志をもつ人は、怠け心を捨てにゃならんと発憤する。そういう読まれ方を、すくなくも朱子学系の読み方が輸入されて以後の日本人は、繰り返し繰り返し、叩き込まれてきた。現在出ている訳注本――吉川幸次郎氏や貝塚茂樹氏の――を見ても、そういった趣旨のことが書いてある。それは、いわばわが国の古典としての『論語』の定型的な読み方になっている。

しかし、果たしてそれでよいのか。もともとこの章は、そういう有難い御説教を述べ給うたものなのか。訓読で読み慣れ聞き慣れていると、そう解釈する以外になさそうな暗示にかかる。しかしそこのところが、どうも問題のようだ。

詳しくは後で述べるとして、ここでさしあたって言いたいのは、訓読で読んだとしても、それで読めたことにはならぬ、ということである。訓読調の日本古文の調子のよさ、歯切れのよさに酔ってしまってはいけない。むしろ、そういう日本調に巻き込まれることを、絶えず警戒しつづける必要があるということだ。訓読法が、原文から離れた日本調に転移していることに無自覚では困る。なぜ困るか。それは、日本と中国との「文化」の差を忘れさせてしまうからだ。

ところで私自身は現在、中国語音で読めとおっしゃる倉石先生には申し訳ないが、訓読法で漢文を読む。現代中国語音で読んでみて、それから日本語に翻訳することもやるが、相手がキチッとした漢文のときは、日本語に移し換える手がかりとして、先ず訓読法で読めるところまで読んでみる。しかし、その場合には、つとめてパサパサ、ボソボソと読む。音吐《おんと》朗々《ろうろう》調は避ける。そうすれば、原文を即ち国語と取り違えるような錯覚から、いくらかでも免れられると思うからだ。中途半端で矛盾の多いやり方だと思うが、これが私のような教育を受けて来た世代の、精一杯の抵抗のしかただろう。

## どう読むか

本の読み方に関しては、私は生来愚鈍で、自分の論説に必要な部分だけを適宜つまみとる器用さに欠けている。それは卒業論文の出来栄えに、なによりも雄弁に出ている。その後だいぶごまかすことをおぼえたが、いざとなると、かじかんでしまって、のびのびとした読み方が出来ない点は、今も昔と変わりがない。

一九七三、四年にかけて中国で盛り上がった「批林批孔」運動に関連して、楊栄国《ヤン・ルングオ》主編の『簡明中国哲学史』という本が評判になった。その初めの方に、春秋戦国時代の社会変革を説明した部分がある。奴隷主貴族統治下の土地国有制が、春秋中期以後になると動揺して、私家による封建的土地所有が進んだが、孔子は、そういう流れに抗して奴隷制擁護の立場を固執した、というのが楊栄国氏の考えである。ところで、その社会情勢を述べた中に、『左伝』の襄公四年の句が引用されている。

貴貨易土、土可賈焉。

この句を、楊氏は「商品はそれによって土地と交換でき、土地は売買可能となった」と註釈している。つまり、襄公四（紀元前五六九）年という春秋時代中期のころから、土地が売買の対象となって来たことを示す重要な史料とされているわけだ。その意味が生ずるように、この句を訓読すれば、

貨ヲ貴ビテ土《ど》ニ易《か》ヘ、土《ど》、賈《か》フ可《べ》シ。

となる。

ところが私には、どうもこの句に見覚えがあったので、念のために『左伝』の原文に当たってみた。原文といっても、私が常用しているのは、冨山房の漢文大系本の『左氏会箋』である。『左伝』を読むなら『左伝正義』などの注疏類をひろく見なければ、というオーソドックスな立場のあることも承知だが、それは注疏の訓詁《くんこ》学《がく》を志す方の領分で、私などがへたに注疏を読みだすと、『左伝』そのものからどんどん離れてしまう虞《おそ》れがある。実際、中国の古い注の中には『荘子』の郭象《かくしょう》注、『荀子』の楊倞《ようりょう》注、『管子』の尹知章《いんちしょう》注のように、注自体が本文から相対的に独立して、独自の世界を形づくっているものがある。そういうのは、本文の脚注として気軽に適宜利用するというわけにはいかない。『左伝』の場合も、杜預《とよ》の注を軸にして、『会箋』本で補うぐらいが、大筋をおさえるには手頃である。

その『会箋』本の襄公四年の条を見ると、確かにこの句があった。ただしそれは、魏絳《ぎこう》という人物が晋君に対して、戎狄《じゅうてき》にどう対処すべきかを献策した中に出てくることばで、戎と和する五利の第一に、

戎狄荐居、貴貨易土、土可賈焉、一也。

とあるものなのだ。つまり、「貴貨易土」の主語は戎狄なのである。「荐居《せんきょ》」を杜預は「聚居」と解するが、服虔《ふくけん》の説に従って「荐」は「薦」「草」と解し、水草を逐《お》って遊牧する意に取った方がよさそうだ。だから、戎狄は、

貨ヲ貴ビテ土《ど》ヲ易《かろ》ンズ。

従って、彼らから、

土《ど》、賈《か》フ可シ。

つまり、「貨」と「土」を交換できる、というわけである。むかし、『左伝』に見える戎狄観をまと

めたことがあったので、この句に見覚えがあったわけなのだ。

「貴貨易土」は、訓読で「貨ヲ貴ビテ土ニ易《か》フ」とも読めるし、「貨ヲ貴ビテ土ヲ易《かろ》ンズ」とも読める。訓読としてはどちらも成り立つが、襄公四年のここの文脈に即して言えば、後者に従うのが妥当だろう。ところが『簡明中国哲学史』では、これが戎狄のことではなく、中華の国土内の一般的経済現象として解釈され、春秋戦国時代の社会変革――さらには思想変革――を論ずる際の、かなり重要な決め手の一つになっている。念のために言い添えれば、楊栄国氏が一九五四年に出した『中国古代思想史』でも、この句はそのような史料として使われている。

なにも、特別にこの本を批判しようというのが私の目的ではない。ただ手近な本で、ちかごろ気にかかっているので例にあげたまでだ。

むしろ歴史学的な研究論文の多くは、その議論がシャープであればあるほど、これに類した断章取義をやっているのではないか、という気がする。たとえば中国の歴代正史の中でも、辺境の外国伝ばかりをつまみ食いする。その中でも、地名や距離ばかりを穿鑿《せんさく》する。そういった一部の東洋史学の学風には、もちろんそれなりの目的や存在理由がある。アジア研究でヨーロッパ人にひけをとりたくない、日本の「満鮮経営」になにがしかの役に立ちたい、といった志がある。本人は善意でやったことかもしれぬ。その仕事の学術的価値如何《いかん》、といった問題も、いまここでは論ずる気はない。むしろ、ここで問題になるのは、そういう学風に流れる目的本位主義――一定の論証のために必要な史料を探し出して、分析し配列すれば論文になる、という考え方である。

もちろん私自身も、なにがしかの論文体裁のものを書かねばならぬ――と思い込んだ――時期には、その目的のために、資料を集め整理したことがある。一定の論旨を通すために材料を按配するという作業は、もちろん苦しいが、それにある種のメドがつきかけると、一種の愉悦感を伴って来ることがある。その閉ざされた世界の中で、「老《おい》ノ将《まさ》ニ至ラントスルヲ知ラズ」といった心境になれる。『中国古代政治思想研究——左伝研究ノート』にまとめた諸論文を書き継いでいた頃が、そうだった。

しかし私は飽きっぽいというのか、夢から醒めやすいのか、何年間かそういう作業をしているうちに、それがだんだんこしらえものの感じがして来た。そういう感触の中から、研究の成果よりも研究の姿勢そのものを、自他に対して問い直さねばならぬと思うようになった。オコがましくも、〈研究評論家〉と自ら名乗った時期のことである。その頃書き散らした雑文類は、さきごろ『吾レ龍門ニ在リ矣』という本にまとめた。

その本をまとめてしまった今の時点で、私には、もっと私自身の原点に戻ってよい、という想いが起こりつつある。小器用な論文にまとめることを知らなかった原初の混沌に立ち帰って、そこから衰残の後半生へのエネルギーを再発見する必要を感じつつある。この本を書く中で、そのエネルギーが蓄積できれば、と思っているのだが。

私という人間は、いかにマトモな研究者たるに不向きか——私がこの本で告白しようとするのは、つまりそういうことになるだろう。居直りの、恥知らずなおしゃべりである。本来なら酒でも飲みながらクダをまく種類の話かもしれない。それをしらふで書こうというのだから、あつかましい。

最初に書いた通り、ここには古代中国そのものについては、何も書けない。やれることはと言えば、古代中国の枠《わく》に含まれる幾つかの書物に対して、私がいかに自己流につき合ったか、を述べることである。よもや、これを範として研究者たることを軽視する読者が出ようとは思わぬが、これも蛇足ついでに書いておこう。この本は、私にとっての解毒剤ですよ。だから、あなたの体内の毒にも利かないこともないが、下手に飲むと栄養どころか、毒に中《あた》りますよ、と。

# 2 『論語』耽読

## 『論語』をえらぶ

この項を書くのに必要だと思って、実は、昨日半日、東大東洋文化研究所に勤めていた頃の助手論文――と称せられるもの――の一部を読み返した。二十年ぶりのことである。

忘れたつもりにしていた世界が甦えった。それを今のことばで説明し直すことは不可能だ。まったく当時のままの形で保存するしかしようがない、と思った。つまり、それはそれなりに〈完成品〉なのだから。

今の自分は、いかにその世界から離れていることか。あの二十歳台の無償のエネルギーは、今いくら掻き起こしても、再燃はしない。仕事から逃れようとする自分を罰する思いで、一思いに髪を刈って丸坊主になった時のような燃焼は、もはや今の私にはない。実は、論文を準備する過程で髪を刈ったことさえ、読み返すまで忘れていたのだ。二百字ばかりのその部分の告白――そう、助手論文は私の告白録なのだ――を読んで、思わずアッと息を呑んだ。そうだ、そういう傷つきやすい時期が私にもあった。そういう燃焼の中で『論語』を読んでいたのだ。

『論語』という書物をそんな風に読んだとは、そもそも何ごとだったのだろう。無謀、無茶、そして何よりも無知。しかし、それら全体を衝き動かしていたのは、まさに私の若さそのものだったと思う。その若さを表出する演技の拙劣さをも含めて。

その論文——正式には、東洋文化研究所への研究報告——は、一九五一年十二月に提出されている。二十四歳。

一九四九年の四月に私は、「文部教官、東京大学助手、東洋文化研究所勤務」という辞令を貰った。優雅な暮らしだった。助手の職につきまといがちな雑用は全くなく、週に一回の所内研究会への出席、年に一回位まわってくる口頭での研究発表以外に、外的に拘束されることはなかった。勉強のしたい放題である。公務員としての身分と月給を数年間保証するから、その間、研究に精を出せ、というわけである。

卒業論文で司馬遷論を書いたものの、研究とは、何をどうすることなのか、いまだに見当がつかない。自己流の勉強しかしなかった報いであった。にもかかわらず、研究所に属してからも名目上の指導教授に対して、何ひとつ助言を請わなかった。先輩の学者先生を頼らずにも、自分ひとりで何とかなるさ、という傲《おご》りが私を浸していた。

その頃、何を読み、何を考えていたか、あまり思い出せない。すくなくも、東洋史や古代中国に関する著書・論文には、あまり親しんでいなかったことは確かだ。翻訳小説や評論、それに映画・音楽——ありふれた文学青年気取りの生活だったように思う。

一年ほどたって、そろそろ助手論文のことが同期の助手たちの話題になり始めた。今はみな然るべき研究者として、名を成しておられる方々である。彼らの中にあって私は、借金は重ねるし酒は飲むしで、もっとも無法者だった。焼酎の呑み方も、当時つき合っていた悪友からの直伝で、いつも所内のヒンシュクを買っていた。そんな自堕落な生活をしていたものだから、論文の期限のことが話題に浮かぶと、焦りが始まった。

こんなくだらぬ思い出話は、古代中国とは何の関係もないことだが、私の『論語』の読み方とかかわって来ることなので、我慢していただきたい。

その焦りの中で、『論語』をやってみようか、と思い立った。きっかけは悪友たちの集まりで、おまえは東洋史の出身だからと、『論語』の講釈をやらされたのが始まりだったようだ。はじめは、ごく軽い気持だった。しかし数回にわたってやっているうちに、これは容易ならぬ対象であるぞ、と気づいてきた。本腰を入れて取組む必要がある。このまま素通りするわけには行かぬ。

その重たい問題を助手論文のテーマに据えたのは、今思えば、私の見通しの誤りだった。公的な性格をもつ研究論文のテーマには、もっと明快な論の立つものを選び、『論語』の問題は、それとは別に、私的な課題として温める。それだけの余裕が当時の私にあれば、研究者としてのメンツも保たれたわけだが、もちろんそういう思慮分別には程遠かった。指導教授たる方も当時、日本を不在にしておられた。かくて、助手論文に『論語』を持ち込む、という無謀な挙に突入した。自己流でやる、と思い定める他に、自分の不安を打消す方法がなかった。

朝鮮戦争からサンフランシスコ講和条約へ、という一九五〇年前後の激動のさなかで『論語』と格闘するとは、いったいどういう意味をもつのか。とくに世の中に拗ねていたわけではない。むしろ、敗戦をしおに、ようやく見出しかけた自己というもののありようを、ともかく確かめてみるのが精一杯だった。時代の流れについて行けず、自分の周囲とも調和できない状況の中で、私の『論語』の読み方は、いっそう偏屈に、かつ過度に自虐的になったことは否めない。

『論語』は、青年の私の懊悩を託する書物となった。こんな無茶な読まれ方に、孔子様もさぞびっくりしたことだろう。

## 学ビテ時ニ習フ……

当時私は、日夜去来する妄念を、ノートに書き連ねることに耽溺していた。それは、自分を虐《しいた》げながら虐げる自分によろこびを感じる、まことに甘美な時間だった。その孤独の中で、『論語』と対話することになった。しかも、学而篇の第一章から。

一九五一年の五月二十四日の夜、私はまず、ノートに、

子曰、学而時習之、不亦説乎。有朋自遠方来、不亦楽乎。人不知而不慍、不亦君子乎。

と書いてみた。そして武内義雄氏流の訓読——岩波文庫の旧版で、いまは筑摩叢書の中に再刊されている——に従って読んでみた。

子曰ク、「学ビテ時ニ習フ、亦説《よろこ》バシカラズヤ。有朋《とも》遠方ヨリ来ル、亦楽シカラズヤ。人知ラザルモ慍《うら》ミズ、亦君子ナラズヤ」。

以下、私の妄念がはじまる——

貝塚さんは、『孔子』（岩波新書）で、学ぶことのよろこびを、これほど簡潔に、しかも余韻をこめて語る人格、とかなんとか言ってたが、さてそういうものを、どうやったら汲み取れるか。私としては何を汲み出したらいいのか。教師としての確乎たる教訓の口調、といったものの方が残るのだがなァ……（ここで妄念しきり）……ともかくこの章にもどって——、学びながら時々それを習う、反復する、それが楽しい、はたして楽しいだろうか……（ここで突き当たってアクビが二つ出る。しばらく休憩）……、学と習、朋と来、不知と不慍、この三つが対《つい》になって並んでいることの意味は何だろう。内的なつながりがあるとすれば、それは何か。その三つを、つながりあるものとしてとらえた孔

子の感じ方。それから、この孔子のことばを耳にとめた弟子たち。どうも、よくわからぬ。三つのうちで、朋と来、がなんとなく分かりそうだ。朋って何だ。来てはじめて朋と分かるってことか。朋と思ってたやつが来て、やっぱり朋だったと分かる、というのか。前の方を自分はとりたい気がする。

となると、他の二つにも及ぼせるか。自分にふと現われる挙措動作から、ああ学んだな、と分かる。はじめから学んで、それをガチガチ習うというんじゃない。これはいい。いいような気がする。それから不知と不慍だが、これは、焦るなということか。ガツガツするな、ということかな。とすると、これは「説」（＝悦）、「楽」ということである。人が知らなくても慍《うら》まないのが、悦であり楽だろう。つまり、最後の一句は前二句を総括しているわけ。全体で、心境の平安を述べた章と見ることが出来る。

せっかちに学んだって、学んだことにはならぬ。手近な効果を求めてはいけない。折ふしに現われる自分の起居動作言語などから、ああ自分も学んだな、と気づく。そんな時には、人がそれを知ってくれようとくれまいとにかかわりなく、嬉しいものです。それから、思わぬ人が私を訪ねてくれましてね。別に私は人に知られたいという望みは持っていないけれど、そんな人がしみじみ自分の友達だなあ、なんて感じられて、その楽しさは言いようのないものです。ムリに友を求めようとしていると、きっとこんな楽しさとは縁のない、ぎこちないつきあいになるでしょうが、私の方がこう構えていると、ほんとに素直につきあえます。素直さはいい。

こんな風に読んでみてはいかが。……

当時のノートは、こんな調子で綴られている。そして学而篇第一章のこの読み方は、ひどく私を満足させた。こういうことを言った孔子という人物。そのことばを記し止めた弟子たちが、どこまで理解したかは知らぬが、とにかく、このことばの中には孔子がいる。そう私は確信してしまったのだ。そして、この章をこういうふうに読んだことが、以下の『論語』の諸章を私流に読み通し、捉え直してみようという意欲を支えたのである。

この時の思いつきが、相当な僻見であったことは間違いない。しかし僻見にもせよ、そういう読み方に身を委ね切る緊張感だけが、自己流に『論語』を読むという私の行為の支えだった。むろん、私流の孔子像がその結果として描き切れるかどうか、『論語』全篇にわたってその緊張感が持続できるかどうかは、その時点においては分からなかった。しかし、助手論文のためには『論語』を読まねばならぬ、という大枠《わく》が、至上命令としてあった。『論語』から逃れることはずるい、と私は自分に言い聞かせ続けた。

話はさかのぼるが、私が大学に進むに当たって東洋史学を選択した際にも、類似の心境に追い込まれたことを思い出す。「大東亜戦争」も末期に近いころ、明日は生きのびられるか否かさえ定かでない中で、大学での専攻を決めねばならなくなった。その頃に読んだ鳥山喜一氏の『支那・支那人』(岩波新書)が、そういう私にとって踏切板となった。そこに紹介された「支那人」は性格的に粘液質に属するという〈学説〉を読んで、粘液質の自分こそ「支那人」を研究するのに適格なはずだ、と確信したのである。それが私の一生の方向を決めることになった。

こういう種類の飛躍を嘲《あざけ》るのはたやすい。しかし少年や青年の時期とは、そういう瞬間の連続なのだと思う。モノとの出会いは偶然だが、それを必然と誤解するエネルギーをもてるのは、まさに若者の特権である。ただし、その選択から生じた重荷をひきずって行くのも、本人の責任だが。

とにかく、学而篇第一章をこう読んだことで、私は快い疲労を覚えて、その晩は眠った。

翌日から一週間ばかり、私は苦心惨憺の中に、学而篇の十六章との対決を続けた。その沈溺ぶりは、当時のノートに歴々と残っている。そのうちの過度にプライヴァシーにわたる部分は除いて、『論語』にかかわる部分を適宜書き抜いてみたい。それは、二十四歳の自分を甘やかしに甘やかした文字だが、私のもっともナマな心のゆらめきと悲鳴が記録されていると思うからだ。

## 学而篇を読みつづける

有子曰ク、「其ノ人ト為《な》リ、孝弟《こうてい》ニシテ上《かみ》ヲ犯スコトヲ好ム者ハ鮮《すくな》シ。上ヲ犯スコトヲ好マズシテ乱ヲ作《な》スヲ好ム者ハ、未ダ之《これ》有ラザルナリ。君子ハ本ヲ務ム。本立チテ道生《な》ル。孝弟ハ其レ仁ノ本カ」。

どうも平凡なことばだ。孝弟（孝悌）ということばが死んでいる。有子（有若）は孝弟なるものの本質を何も知っていないみたい。そのくせ、というより、それだから、「孝弟ハ仁ノ本」なんて言ってみる。これでは、少しこきおろしすぎかな。「有子曰」と冠してあるので、孔子と較べてあげ足を取りたくなっているのと違うか。……

有若のこの理屈は、なるほど、そういうことになるでしょうね、と同意する以外にない。ハッとさせるようなものがない。有若――理屈だけのすました先生。かえって孔子よりも偉そうな話しぶりだ。……

子曰ク、「言《こと》ヲ巧《よく》シ色ヲ令《よく》スルハ、鮮《すくな》シ、仁アルコト」。

「口先のうまいのや、へいこらするのは、とらない、とれない」。このことばには、なにか激しい息づかいがある。説教のためとか、理屈を整えようとかいう心組みとはまったく別な、もっと切迫した場所に立って、こう言ってしまう。気づいた時には、こんなことばが口から出てしまっている。そういう息づかいが、ここにはある。……

そういうことばを吐く人。それを聞いた人。それを記憶にしまいこんだ人。その記憶されたことばを又聞きした人。――『論語』の成立、とは、こういうことではないか。

曾子曰ク、「吾、日ニ三タビ吾ガ身ヲ省《かえり》ミル。人ノ為《ため》ニ謀リテ忠ナラザルカ、朋友ト交ハリテ信アラザルカ、習ハザルヲ伝フルカ」。

人のために謀ること、朋友と会話すること、人に伝え教えること。そういうことに気を遣《つか》う人としての曾子（曾参）。

曾子はキメこまかな、繊細な感覚の人である。ここには説教の口調はない。「三省」することで人に偉ぶろうとはしていない。几帳面に自分の真情を述べている。……

『論語』編者が、このことばを反省の模範のように扱ったのだとしたら、それは誤解ではないか。

子曰ク、「千乗ノ国ヲ導《おさ》ムルニハ、事ヲ敬《つつし》ンデ信《まこと》アリ、用ヲ節シテ人ヲ愛シ、民ヲ使フニ時ヲ以テセヨ」。

孔子の政治的立場を論じようという人には、もってこいの章。当時の社会や政治の現実を知っていないと、この章のようなことばを、その時代性においてとらえられない、という議論。なるほど、そうだろう。では、どうやって当時の現実を知るか？……

これは、果たして政治を語ったことばなのか。孔子は政治に関心を抱いていたのか。何を政治と考えていたのか。……

謹直、寛容、節度。そういう心がけは、徳治主義を語っているように見える。が、この孔子のことばは、千乗の国の治め方についての質問への答えとしては、調子の外れたものだったのではないか？

これは現実の政治の場で通用することばではない。そのことを孔子は知りつつも、こう答える以外にない。

徳治主義、なんてことばはよしてくれ！

現実の政治には、孔子は結局の所、無縁だったのではないか。……

子曰ク、「弟子、入リテハ則チ孝、出デテハ則チ弟《てい》、謹ミテ信《まこと》アリ、汎《ひろ》ク衆ヲ愛シテ仁ニ親シミ、行《おこな》ヒ余力アレバ、則チ以テ文ヲ学ベ」。

学ぶことの必要さを、弟子からせがまれて答えたような調子である。弟子に教示するというよりも、「私の学び方は、こういう風にしかできないな」と語っているように聞える。……

子夏曰ク、「賢ヲ賢《たっと》ビ、色ヲ易《あなど》リ、父母ニ事《つか》ヘテ能《よ》ク其ノ力ヲ竭《つく》シ、君ニ事ヘテ能ク其ノ身ヲ致シ、朋友ト交《まじ》ハリ言ヒテ信有ラバ、未ダ学バズト曰《い》フト雖《いえど》モ、吾ハ必ズ之ヲ学ビタリト謂《い》ハム」。

言ってる内容は、前章の孔子のことばと同じことだが、なにか違ったものがある。「未ダ学バズト曰フト雖モ……」という結びの響きのためだろうか。学ぶことの意味について似たようなことを言っているので、『論語』編者は二つを並べたのだろうが、果たして同じだろうか。

こんな場面を想像してみる。「賢を賢《たっと》ビ、色ヲ易《あなど》リ……朋友ト交《まじ》ハリ言ヒテ信有ル」ような人物が、子夏（卜商《ぼくしょう》）の前に現われる。子夏はその人に、「どこで学ばれましたか」と訊ねてみたくなる。ところが答えは、「未ダ学バズ」。子夏には意外な答えだ。子夏は動揺する。そして自分が納得できる解決を下す。「いや、やはりあの方は学んだのです」と。

子夏は勉強家だったのだろう。そういう勉強家のキマジメさ。……子夏の抱く「学」への執念が、このことばから溢れている。彼の謙虚さではあるまい。ましてや、皮肉でもあるまい。

子曰ク、「君子、重カラザレバ則チ威アラズ、学ベバ則チ固《かたくな》ナラズ。忠信ヲ主トシ、己レニ如《し》カザル者ヲ友トスルコト無カレ。過《あやま》テバ則チ改ムルニ憚《はばか》ルコト勿《な》カレ」。

これは妙な章だ。果たして一つづきのことばなのだろうか。「こうしないとこうでなくなる」とか、「こうするな」という言い方は、へんに威圧的である。「己レニ如カザル者ヲ友トスルコト無カレ」なんて、孔子らしくない。……

「忠信ヲ主トシ」を軸として読んでみたらどうだろう。「忠信」とは、己れの心に忠実ということだろう。自分に忠実であれば、誰が本当に自分に必要な友達かが分かるはずだ。「己レニ如カザル者」とは、自分に必要でない者の意味であって、能力・人格の高下の比較の問題ではない。自分に必要な者だけを友と考えること。必要でもない者を、いつまでも友だなどと考えないこと。「過テバ則チ改ムルニ憚ルコト勿カレ」とは、そのことである。それが即ち「忠信ヲ主トス」ることでもある。

では初めから通して考えると、どうなるか。人間、重々しく振舞わないと威厳がない、学べば頑なでなくなる、などと思いがちだが、実は必ずしもそうではない。要は「忠信ヲ主トス」ることだ。今まで友と思っていた人が友でないとわかった時には、いつまでも友だとは思わない。自分の心に従った決断に躊躇はいらない。逡巡は、自己の心に忠実ならざる証拠である。……

曾子曰ク、「終リヲ慎シミ遠キヲ追ヘバ、民ノ徳、厚キニ帰セム」。

「終リ」とは父母の死。「遠キ」とは祖先のことらしい。

孝の道を通じて民の徳を高める、などという考え方は、規模が小さい。「民ノ徳」などということを、孔子は口にするだろうか。……「民ハ由ラシム可シ、知ラシム可カラズ」などと、孔子は「民」ということばを使っている。「民ヲ使フニ時ヲ以テス」とも言っている。孔子においては、「民」は「民」のままでいいのではないか。「匹夫、志ヲ奪フ可カラズ」。……

曾子は教化に、あまり多くを期待しすぎている。教化で、すべての困難が除き得るようなつもりになっている。教化とは実は、施す側も施される側も、ともどもに欺かれているのだ。そのことに曾子は気づかない。

子禽、子貢ニ問ヒテ曰ク、「夫子《ふうし》ノ是《こ》ノ邦ニ至ルヤ、必ズ其ノ政ヲ聞ケリ。之ヲ求メタルカ、抑《あるい》ハ之ヲ与ヘタルカ」。子貢曰ク、「夫子ハ温良恭倹譲モテ之ヲ得タリ。夫子ノ求ムルハ、其《そ》レ諸人ノ之ヲ求ムルニ異ナルカ」。

この問答は、はなはだ要領を得ない。これに類した対話、このような子貢の答え方は、たしか子張篇にもいくつかあった筈だ。それがどうして学而篇にあるのか。

子禽が訊ねる。「孔子は政を求めたのか、それとも与えられたのか」。すると子貢は、先生の求め方は他人とは違う、と力説する。そういう子貢の答え方には、妙に奥歯に物がはさまった感じがつきまとう。子貢自身、なにか気がかりではあるが、子禽の質問の手前、そう言っておく、といったふうの。

孔子は役人だった。自分の故国魯においてもそうだったし、亡命後も十余年にわたって、政治顧問の地位を求めて遊歴した。そこから、子禽のような疑問が生まれる。

――いったい孔子は、官職にありつくことを望んでいたのですか？

子貢は反論する。といって子貢には、孔子の政治に対する思念が分かっていたろうか。

孔子は政治そのものについては、あまり多くを語らない。語れば、いわゆる徳治主義のことばとなる。しかし、それを語る孔子は、実は現実の政治には絶望していたのではないか。絶望の深さは、かえって無限の理想を説くことばになる。

子貢にはそういう翳《かげ》がない。生来、多能な敏腕家である。『史記』の仲尼弟子《ちゅうじていし》列伝によれば、常に数国にまたがる宰相の地位を得ていたし、財を積む点にかけても天才だったという。そういう明るさが子貢の身上である。政治や経済の流れに対するカンに、子貢は恵まれており、またそのカンを疑っていない。政治とはこういうもの、経済とはこういうもの、と信じている。……

子貢の孔子礼讃には、どこか軽さがある。「夫子ハ温良恭倹譲モテ之ヲ得タリ」とは、孔子について言ったというより、子貢が自己の弁護に用意したことばのように見える。

孔子は現実の政治に絶望したがゆえに、理想の政治に託した。そういう政治と、子貢の政治とは、まったく別物である。子禽の問いに対して、子貢が曖昧な、しかも無理に孔子弁護の答えをしようと努力しているらしいのは、二人の間のこの違いによるものと思われる。孔子の「是ノ邦ニ至ルヤ、其ノ政ヲ聞ク」動機は、子貢のことばによっては説明され切っていない。

子曰ク、「父在《いま》ストキハ其ノ志ヲ観、父没《ぼつ》スルトキハ其ノ行ヒヲ観ヨ。三年、父ノ道ヲ改ムル無キハ、孝ト謂フ可シ」。

父に対してひたすら恭敬、鞠躬如《きっきゅうじょ》たれ、などとは、孔子は言っていない。そんな態度の上での恭《うやうや》しさは二次的のように受け取れる。

孔子の言おうとするのは、父の志を知り、その道を死後も改めざることである。「父ノ道ヲ改メズ」とは、父の志を忘れぬということか。「其ノ行ヒヲ観ル」というのも、父の志を忘れぬということだ。すると、この章の要点は父の志を知ることになる。父の志を知り、忘れぬことが孝だ、ということになる。知り、忘れぬとは、外側の知識として父の志を知ることではない。父がその子の体内に住まっていると感じることである。子として、父というものの手がかりを得るには、自分の中に在る父を措《お》いて他にない。自分とのつながりが感じられて、はじめて「父」となる。つながりを感じさせぬ父は、「父」ではない。

そこまで孔子が言っているかどうかは、疑わしい。しかし、ここまでつきつめなければ、「孝」ということばの重味も薄れる。

孔子の父は、孔子三歳のときに死んでいる。……

孝行をしろ、などと孔子は言っていない。何が孝行だというのだ!

孝とは哀《かな》しい。私にはそう感じられる。ひとりひとりの胸奥に住まうさびしさ。人間の始源につらなる哀しさ。……

有子曰ク、「礼ノ用ハ和ヲ貴シト為ス。先王ノ道モ、斯《こ》レヲ美ト為ス。小大、之ニ由ルモ行ハレザル所有ルハ、和ヲ知リテ和セムトスルモ、礼ヲ以テ之ヲ節セザレバ、亦行フ可カラザレバナリ」。

有子曰ク、「信、義ニ近キトキハ、言復《ふ》ム可キナリ。恭、礼ニ近キトキハ、恥辱ニ遠ザカル。因《したし》ムトコロ其ノ親《しん》ヲ失ハザルトキハ、亦宗《たつと》ブ可キナリ」。

この二つの有若のことばは、なんてしみったれた言い方だろう! 彼の関心のあり場所が、ありありと分かる。礼を以て和を節して「行ハレル」こと。「言ヲ復ム」こと。恥辱から「遠ザカル」こと。「宗バレル」こと。

前に出てきた有若のことばにも、理屈しかなかった。この二つの章は、もっと惨めだ。

子曰ク、「君子ハ食、飽カムコトヲ求ムル無ク、居、安カラムコトヲ求ムル無ク、事ニ敏ニシテ言ヲ慎シミ、有道ニ就キテ正ス。学ヲ好ムト謂フ可キノミ」。

最後の「可謂好学也已」とは、どういうことだ。それまで言ってきたことを、全部ひっくり返してしまっているようにも読める。

孔子のことばには、こういう屈折がある。有若みたいに平板ではない。だから、ことばの裏を流れる孔子の心の動きを読み取るのがむずかしい。……

「好学」とはどういうことか？　という質問に対する孔子の応答として読めないか。

――飽食や安居を目標としてはいけません。それより、あらゆることを慧敏に理解すること。とくに自分の言ったことに反省を怠らぬこと。口は禍いの門、などとしみったれたことを言うのではありません。こういう時に自分はああ言った、ということを忽《ゆるが》せにしないことなのです。

と、そこまで言って孔子は、自分の話が相手の関心からずれかけているのに気づく。しかし、といって、これ以外に言いようがあろうか。

――「好学」とは、こういうことだとしか考えられませんね。

すこし無理な読み方かな、とも思う。特に「有道ニ就キテ正ス」は解釈しきれない。……

子貢曰ク、「貧シクシテ諂《へつら》フコト無ク、富ミテ驕《おご》ルコト無キハ何如《いかん》」。子曰ク、「可ナリ。未ダ、貧シクシテ道ヲ楽シミ、富ミテ礼ヲ好ム者ニハ若《し》カザルナリ」。子貢曰ク、「詩ニ「切《せつ》スルガ如ク、磋《さ》スルガ如ク、琢《たく》スルガ如ク、磨《ま》スルガ如シ」ト云ヘルハ、其レ斯《こ》ノ謂《いい》カ」。子曰ク、「賜《し》ヤ、始メテ与《とも》ニ詩ヲ言フ可キノミ。諸《これ》ニ往ヲ告グレバ来ヲモ知ル者ナリ」。

対話の前半はわかりやすい。子貢（端木賜《たんぼくし》）が、「貧しいが無暗に富者にへつらったりせず、富んでいても貧者にいばらない態度はどうか？」と訊ねる。ところが孔子はこれを、貧富の差にこだわりすぎる、「未ダシ」と批判する。

ここまではいい、ところがその次に後半の対話が続く。

子貢は孔子の答えを聞いた。「まァ、一応はいいが、未ダシというところだね」。するとすぐ質問がとび出す。

――切磋琢磨とは、このことですか？

孔子の答えのどこから、子貢はこういう質問を発するきっかけをつかんだのか。子貢の頭のはたらき方。政治家・貨殖家としての反応。……

子貢は、孔子のことばの重さに気づかなかったように思われる。彼は孔子のことばを教えとして受け取った。貧富の差で態度を変えぬことよりも、貧富そのものにこだわらぬ方がりっぱだ、という訓戒として、子貢は聞き、なるほどと思った。

――先生の言われる方がもっともらしいぞ。私の考えは中途半端だったな。さすがは先生。私の意見は粗玉。先生のは切磋琢磨したほんものの美玉だ。

「切磋琢磨とは、このことですか」という子貢の反問に対して、すこし眉根を寄せて、しばし子貢のことばの意味をさぐろうしている孔子の姿が浮かぶ。「賜ヤ、始メテ与ニ詩ヲ言フ可キノミ」という誉めことばの中には、子貢の才能へのあきらめの響きがある。……

ところで、この章を書きとどめた人のことが問題になる。次の三つの場合が考えられる。

(1) 私のように、この書き手も二人の資質の違いを感じており、それを際立たせようと意識して、二人の対話の細目まで書きもらさなかった。

(2) そういうことは別になくて、ただ二人の対話を淡々と書きとどめた。

(3) 末尾の孔子のことばを、子貢への賞讃と理解して、むしろ子貢の名誉のために書きとどめた。

このうち(3)の可能性は大いにある。『論語』の終わりの方には、子貢をもりたてようとする章がいくつもある。多芸多才な子貢に対する尊敬が、この対話を、子貢が誉められたものと解したがるだろうとは想像できる。

(2)のようにも考えられるが、「淡々」ということが問題だ。なにも感動を受けぬ対話を淡々と書く、という想定は変なものだ。人間は録音機ではない。

(1)のように考えるのは、さらに困難だろう。そうと考えたくもあるのだけれど、しかし、そう考える必要はない。(3)や(2)の立場で書いたことが、おのずと二人の違いを浮き出させる効果を生むこともありうるのだから。

むしろ、逆に、孔子の側からたどってみる。

(イ) 孔子のなかに動くもの。

(ロ) ことばとなって出る。ことばは、動くものの刹那的表現。しかも、ことばは、しばしば動きを裏切る。

(ハ) 聞き手の動揺。ついで聞き手のなかでの凝固。

(ニ) 動揺したという記憶が、孔子のことばの記憶を支える。ことばの形骸化。

(ホ) ことばの文字化。

（へ）さらに、その……

子曰ク、「人ノ己レヲ知ラザルヲ患《うれ》ヘズ、己レノ人ヲ知ラザルヲ患フ」。

前出の「人知ラザルモ慍《うら》ミズ、亦君子ナラズヤ」と、言ってることは同じだ。せっかちに他人にすべてを求めるな。むしろ己れ自身の中にこそ、すべてを求めよ、と言っているふうにも受け取れる。

……

孔子は、他人が自分を知ってくれないのを気に病まないのではない。もともと、他人は自分を知ってくれやしないのである。だから、それに頼ろうとはしない。

この一見、人間不信の言は、決して不信ではない。孔子には、自分という人間を介してしか、人間が理解できないのである。だから、己れに対する信頼の深さに比例して、人間への信頼も深まる。孔子は決して人間に絶望してはいない。

そのことは、「己レノ人ヲ知ラザルヲ患フ」の句で明らかではないか。「人ヲ知ル」ためには、「人ノ己レヲ知ル」ことに依存する必要はない。必要がないだけでなく、そういう態度では、「人ヲ知ル」ことは、ついに不可能なのだ。……

## 論文として

以上は、これまで私蔵してきた原酒の一部蔵出しである。こういう調子で学而篇を読み終えたあと、喘《あえ》ぎながら断続的に『論語』の終章まで一応たどりついたのが、八月末のことだった。そして九月三日の朝、次のような書き出しで研究所報告の下書きを始めたのである。

私の考えが、唯一の正しいものであるとは、思ってもいない。それにもかかわらず私が孔子について、私の考えをなにごとか述べようとしているのは、そういう試みによって、私自身というものを知り、更には自分の姿を多くの人の批判の前に曝《さら》そうと思うからである。私はひとびとの評価を期待しない。これは私の傲慢でも、謙遜でもない。私の試みを評価してくださる方に対しても、また非難される方に対しても、如何なる態度を私がとるべきなのか、見当がつかぬからである。私は何の注文もつけない。こういうところに重点を置いて、こういう努力を汲み取っていただきたい、などとお願いもしない。そういう懇願は、おそらくひけめの照れかくしに過ぎないだろうし、私にとっては、この試みは、私そのままであり、それを表現することになんらのひけめを感じないからである。ひけめがある位なら、はじめから、かかる試みになど手をつけよう筈がない。

こう私は大上段にふりかぶって、いささか慄《ふる》えがちなペンを握りつつ、私の言う試みにとりかかろうとしている。かく言う私自身、甚《はなは》だ頼りないのである。ひけめはない。しかし、ひけめがないだけに、私は裸身で往来に飛び出すごとき緊張感に身を固める。誰も私の支えになってくれる人はない。頼りになるのは、この、気を張りつめている私自身を措《お》いてない。この孤独感にうち堪えて、私の試みを進めることが、この孤独感にうち克つ唯一の手段と信じて、初秋の朝、私はペンを執る。

以後、十一月初旬に至るまで下書きの仕事が続く。その内容は、「学ビテ時ニ習フ、亦説《よろこ》バシカラズヤ。……」の一章からつかみ出した直感的孔子像を軸に据えて、それを『論語』のすみずみにまで演繹しようという、とほうもない試みだった。たとえば、八佾《はちいつ》篇の次の一章に、私はあるふしぎな迫力を感じた。

子、太廟《たいびょう》ニ入リ、事ゴトニ問フ。或ルヒト曰ク、「孰《たれ》カ鄹人《すうひと》ノ子、礼ヲ知レリト謂《い》フカ。太廟ニ入リ、事ゴトニ問フ」。子、之ヲ聞キテ曰ク、「是レ礼ナリ」。

末尾の「是レ礼ナリ」という一語を、私は謙遜とも、弁解とも読まなかった。ここには、胸中に鬱積したものを、この一語において吐き出す、ある必死なものがある。「鄹人ノ子」はなにも礼を知っていやしないじゃないか、という陰口をきかれることを重々承知の上で、敢えて「太廟ニ入リ、事ゴトニ問フ」ことを続けた自分への確信がある。その青年の頃のきびしい孤独に堪えた自分を、孔子は晩年になっても、自分の出発点として想い返していたのではないか。……

大学ノート四冊分の下書きを、そのまま清書したのが、「孔子の人柄について」と題した私の助手論文となった。この〈未刊の大著〉は、審査に当たった数人の方々——さぞかし御迷惑なことだったろう——の目にしかふれていない。

この時期ほど、『論語』の内面に深く、時間的に長く、かつ集中してかかわった経験は、その後無い。『論語』以外の本についても、まず無い。ここで試みられたのは、古代中国を知るいとなみではなくて、むしろ『論語』を介して自分自身を読み取ることであった。だから『論語』の各章から湧き出た想念——妄念も含めて——は、古代中国には凝集せずに、もっぱら私自身へと帰着した。『論語』を読んだことは、古代中国の理解には何の役にも立たなかったと言える。しかし、この『論語』とのつきあいを通じて、しだいに私は、『論語』が『論語』として成立し定着した古代中国という対象との縁が切れなくなってくる。

助手の期限が切れる直前に、研究所の『紀要』に書かされた「論語の成立」と題した論文では、もっぱら『論語』という本の書き手に問題をしぼった。書かれた文字を媒介として思想にさかのぼる道は、学問的手続が厳密でさえあれば誰でも出来るというものではない。思想を把捉する主体が動的でなければ、対象の思想も動的には把捉できぬ。それ抜きの思想史研究は、小手先の器用なまとめにすぎぬ——ということを土台として、『論語』の文字が文字として定着されるに至ったプロセスを、学而篇を例として捉え直してみた。下敷きとなったのは、さきのノートであり、助手論文であったが、このときの論文は、それらをやや硬質な文体でまとめ直したことになる。

「学ビテ時ニ習フ、亦説《よろこ》バシカラズヤ。……」の一章について、この論文では次のようなたどり方をしている。

これは孔子自らが手を下して書いた文字ではない。これに限らず、『論語』の文字は、すべて孔子以外の人の手に成っている。

孔門の学徒に孔子の学風を伝えるのにふさわしいことばと考えたので、書き手はこれを文字にしたのだろうか。

それとも、このことばが学而篇に属し、且つその篇の冒頭に置かれていることには、何かもっと複雑な背景を読み取らねばならないのだろうか。例えば、これは、孔門の精神を数語のうちに要約しようとする門弟子たちの手によって、孔子のことばが適宜に綴り合わされて出来た文字だろう、などと考えるべきなのか。

しかし、このことばが学而篇の冒頭にあるということは、そういう疑問を誘発する原因となるが、その疑問を正当化する根拠とはならない。

でも、このことばを、門弟子たちの補綴《ほてつ》に成るものとはせず、一応、孔子のもとのままのことばと考えるとしても、孔子の学風を伝えるにふさわしいというだけでは、このことばが文字にされた由来の説明としては不十分である。今日から見て、このことばが孔子の学風を巧みに要約していると感じられることが、そのまま書き手にまで通用するとは限らない。記された文字を読む立場と、自ら文字を記す立場とは、一応分けて考えなければならぬ。

文字に書き記したからには、文字に書き記さねばやまぬ何か衝動があったにちがいない。

その衝動に従って記した文字が、偶然、孔子の学風を巧みに要約したものという評価を得た。書き手自身はただ自分の衝動に従ったまでのことで、特にこの数語で孔子の精神を宣揚しようという意図はなかった。そういうふうに、このことばを考えてみたらどうだろうか。

その衝動は何に触発されたか。

孔子という存在自体から受ける圧迫感が、孔子のことばをそのまま文字に書き止めようという衝動を起こさせるのではないか。

ことば全体の内容や字句の意味が了解できて、書き手がそれに書き止めるべき価値を認めるが故に、それを文字に書き記したというのではあるまい。内容や意味の理解に先立って、孔子のことばは、聴き手に圧倒的な響きを伝える。あるいは、ことばが口を出る前に、既に孔子の風格は相手を抑えている。

孔子に終始圧倒されている聴き手は、孔子のことばをそのまま文字の形に変えることによって、その圧迫感の重荷をいくらかでも減らそうとする。孔子のことばへの随順讃仰という形で、聴き手は、孔子の前で失われた自分を回復する。この行為は、聴き手即ち書き手の中で、衝動的におこる。……

このような記録への衝動という視点から、『論語』の書き手を四つの型に分類することになった。

第一は、右の「学ビテ時ニ習フ、亦説《よろこ》バシカラズヤ。……」を書いた人のように、孔子の風格にたえず威圧され、孔子のことばを文字にすることによって、わずかにその重圧から脱する思いのする書き手。

第二は、「其ノ人ト為リ、孝弟ニシテ上ヲ犯スコトヲ好ム者ハ鮮《すくな》シ。……」という有若のことばを記した人のように、首尾論理の整った解説にのみ記録の衝動をおこす書き手。

第三は、子禽の問いに対して、「夫子ハ温良恭倹譲モテ之ヲ得タリ。夫子ノ求ムルハ、其《そ》諸《れ》人ノ求ムルニ異ナルカ」という子貢の答えを記した人のように、孔子は何はともあれ偉い人物だと思いこみ、人にも宣伝納得させようと力《りき》んでいる書き手。

第四は、「切スルガ如ク、磋スルガ如ク、琢スルガ如ク、磨スルガ如シ」という『詩経』を引いた子貢を、孔子が「賜ヤ、始メテ与《とも》ニ詩ヲ言フ可キノミ。諸《これ》ニ往ヲ告グレバ来ヲモ知ル者ナリ」と評した対話を記した人のように、誰が誰をどう褒め、どう貶《けな》したかということに異常な関心を寄せ、そういう種類の話題を記憶し記録する書き手。

この四種類の書き手は、べつに四人と限ったわけでもないし、四つが全く別々な人によって担われたというわけでもない。あくまでも孔子のことばが文字となる際の衝動を、型として四つに分類してみたに止まる。

しかし、私はその時考えた。この四種類の衝動を書き手に惹き起こさしめた――しかも『論語』に見えるように四つが入りみだれて――ということの中に孔子がいる。彼らにとって、かくも把捉しがたき人物として、孔子が存在した。『論語』がその独特な語録の形を通じてわれわれに語りかけて来るのは、まさに、この孔子をめぐる特殊な雰囲気である。そして、ここにこそ、古代中国の歴史の肌触りがある、と。

まったく妙な論文だった。今もって、この論文のことに触れられると気恥ずかしい。と同時に、体の内でうずくものがある。恥ずかしいけれども、それ無しには、その後の私のすべてが無かっただろう、という気がする。しかし、今回蔵出ししたノートの原酒にくらべれば、これもやや酒粕に類するものかもしれない。

それ以後になると、別な問題にかかわって『論語』の中の数章を断片的に利用する、といった程度のつきあい方しかしていない。それは一面では、『論語』だけに埋没せず、古代中国の歴史を眺め渡す余裕が出て来たということだが、『論語』の憑きものが落ちてしまった後の私は、世間並みの常識人になってしまった気もする。そして、他人には——特に研究者たらんとする人には——勧めはしないのだが、ああいう憑かれた時期が人生には一度くらいあってもいい、と思いそうになるのだ。

## 今ならどう読む

二十余年を経た今なら、『論語』をどう読むか。

あの頃のような切羽《せっぱ》つまった心理的閉鎖状況にはない。余裕があるとも言えるし、緊張を欠いているとも言える。こういうぬるま湯的なのが、案外、普通の読み方なのかもしれない。

今、『論語』を読み直すとしたら——したら、の話だが——、次の三つの方向性を踏まえつつ読むことになりそうである。

第一に、かつてやったように、一章ごとに己れの全精力を投入して、抜き差しならぬ対話を試みる、というような冒険はしない。性急な直感的結論を引き出さずに、訓詁註釈を参照しつつ、ほどほどに読んで、全体的な関連性からの判断に待つ。

第二に、各章ならびに、『論語』全体を、古代中国——とくに春秋末期——という歴史状況の中において、それとのかかわりあいを見定めるように努力するだろう。かつてはムシズが走るほどに嫌った発想法だが。

第三には、『論語』各章に対する後世の受け取り方を通じて、言い換えれば、『論語』に対する解釈のゆれ、ひろがりを通じて、『論語』とはそもそも中国人にとって何であったか、を探ろうとするだろう。

たとえば、学而篇第一章ならば、どう読むことになるか。

かつてはこう読んだ。「学ビテ時ニ習フ」は、ふとした挙措動作の中に学んだことを発見する悦びとして。「有朋《とも》遠方ヨリ来ル」は、遠方から訪ねて来た人物に有朋《とも》を発見する楽しさとして。その二句を総括したのが、「人知ラザルモ慍《うら》ミズ」の末句であるとして。二十年余り前のこうした読み方が、相当な僻見、というより誤解に近いものであることは、今さら弁解するまでもないだろう。といって、これを、学問の尊さ、学問することのよろこびを語ったことばである、と訓戒を垂れる気分にも程遠い。また、この三句が全くバラバラな寄せ集めだ、と断定する神経も堪えがたい。

この三つを立体的に関連させて読む方法はある。「学ビテ時ニ習フ」は、孔子の学園内での実習のよろこびを語るものとして。「有朋遠方ヨリ来ル」は、学園外からも人が訪ねてくれる場合の楽しさを語るものとして。「人知ラザルモ慍ミズ」は、為政者から認められない場合でも、それを天命と受け取って焦らぬ心構えを説いたものとして。宮崎市定氏も、これに近い見方をしている。

三連の句をこう理解すると、ここで孔子が言っているのは、学習することと仕官することとの関係についてだということになる。学園の内や外で学習することの価値を説きつつ、それが仕官（禄）に通じる道であることを否定もしないが、さりとて、禄にありつけなくても怨まず咎《とが》めず、といった心境を持続することを説く。これぞ、春秋時代末期の私学としての孔子学園の特徴である。

このような学園に学んだ士が仕官しようとしたのは、春秋時代末から戦国時代にかけて確立していく新国家であった。それは、そのころまでの、氏族貴族を中核とし、世官世禄制で固められた国家とは、原理的に異なった国家であり、賢者・能者が多面的に登用されるチャンスがある。しかし、為政者側が必要と考える賢者・能者と、孔門で重んじられる賢者・能者とは必ずしも一致しないために、誰でもが登用されるとは限らぬ。むしろ孔子は、為政者側とは一応独自に、自己の考える賢者・能者の概念に合う人士を育てようとした。

これが、学而篇第一章の背景をなすと私が考えるところの、春秋時代末の時代状況のアウトラインである。『論語』の中の「学」や「禄」に触れたことばは、この状況設定の中で、ほぼ矛盾なく解釈できるはずである。

ところで、孔子をこのように春秋時代末の新情勢に応じた人物として捉える考え方は、一九六〇年前後の中国の学界でも、馮友蘭《フォン・ヨウラン》や侯外廬《ホウ・ワイル》といった人たちによって示されていた。尤《もっと》も、中国の学界では、春秋から戦国への動乱期を、奴隷制から封建制への移行期として位置づけることが定説化しているが。しかるに、一九七三年の後半以後になると、孔子を新時代の情勢に応じてそれを先取した人物とする捉え方に対して、激しい反論が巻き起こった。孔子——孔老二《コン・ラオアル》（孔家の次男坊）とか孔丘《こうきゅう》と呼び捨てにされる——は、没落しつつある奴隷主貴族階級のために、復古反動のはたらきをした人物である、と見るわけである。林彪《リン・ピャオ》批判とあわせて「批林批孔」の名のもとに進められているこの運動は、学説批判の次元をはるかに超えた問題をはらんでおり、軽々しい論評を加える限りではないが、その議論の中で、孔子の反動ぶりを示すものとしてしばしば取り上げられるのが、学而篇の次の一章である。

子曰ク、「千乗ノ国ヲ導《おさ》ムルニハ、事ヲ敬《つつし》ンデ信《まこと》アリ、用ヲ節シテ人ヲ愛シ、民ヲ使フニ時ヲ以テセヨ」。

ここで「人ヲ愛ス」と言われている「人」とは、人類一般ではなくて、奴隷主貴族のみを限定してさす。それに対して「民ヲ使フ」の「民」は奴隷である。『論語』では、「人」と「民」は、はっきり使い分けられている。「民ヲ使フニ時ヲ以テス」とは、奴隷搾取を有効にするための一方式に過ぎないのであって、崩れつつある奴隷制を擁護するための、まやかしの調和論にすぎない。これが楊栄国《ヤン・ルングオ》氏の意見である。一方、馮友蘭氏は、かつて一九六〇年代の著書で、「民ヲ使フニ時ヲ以テス」は、地主に対して人民への譲歩を促し、奴隷制的搾取にある程度反対した主張として前向きに評価したのだが、一九七三年末の自己批判で、この旧説を撤回してしまった。そして楊氏と同じに、孔子の階級的本質を奴隷主貴族に奉仕した人物と見るようになった。

「人ヲ愛ス」が普遍的人類愛に直結しないことは、その通りだろう。旧来の註釈が、「愛人」を説明するのに「愛民」の例を用いて、両者を等置して怪しまなかったのは、彼らの眼中に階級矛盾が存在しなかったためかもしれない。また、「政ヲ為スニ徳ヲ以テスレバ」といった式の徳治主義が、階級対立を隠蔽する調和論的ゴマカシだという説も、わかる。徳治主義をありがたいと思うのは、治める者の立場であって、治められる側にとっては、徳によって丸めこまれては、本来迷惑な筈である。だから解放後の中国で展開された諸解釈が、『論語』という古典の呪縛から一歩ずつでも自由になろうとして、ほとばしり出た議論であることはわかる。かつては、魯迅などの反体制的知識人によって捨て身で言われたことが、今や人民大衆次元にまで及ぶ思想運動として展開されているわけだ。見方を変えれば、『論語』や孔子の名によって表現される文化が、中国社会のそれほど奥深くにまで食い込んでいることを、それは示してもいるが。

だから、「批林批孔」などは運動として理解は出来ても——なかなか出来ないのだが——、『論語』にまつわって展開されてきた旧中国二千年来の知識人の思索の重みは、封建時代や資本主義時代の遺物としてさっぱりと処理し消去することは難しかろう、という気もする。たとえば私自身、孔子らしくないと感じた「己レニ如《し》カザル者ヲ友トスルコト無カレ」の一句について、十七世紀の大儒王船山《おうせんざん》は、『俟解《しかい》』という著述の中で次のような趣旨のことを述べている。

「己レニ如カザル者ヲ友トスルコト無カレ」を、己れに勝《まさ》る者を友とせよという意味に取ると、友はめったにいなくなる。常人は、「己レニ如カザル者」を友にして威張りたがり、己れに勝る者を嫌って友にしたがらない。孔子はそれを切に戒めたのだ。

人の気質には、動と静、敏と遅、剛と柔、倹と博、というように、それぞれ特色がある。相手が己れに勝るのを嫌って、己れの偏《かたよ》りに近い者をえらんで友としておれば、当然「己レニ如カザル者」ばかりが友となる。己れの静を友の動で振《ふる》い、己れの柔を友の剛で輔《たす》け、己れの遅を友の敏で策《むちう》ち、己れの博を友の倹で約《やく》する、というように、己れの偏りと反対の気質の人を友とせよということが、「己レニ如カザル者ヲ友トスルコト無カレ」の意味なのだ。だから、賢さの点で己れに及ばぬ者でも、皆己れに勝る者となる。……

『論語』には、顔淵篇の

君子ハ文ヲ以テ友ヲ会シ、友ヲ以テ仁ヲ輔《たす》ク。

という曾子のことばを初め、「友」に関する章がいくつかある。季氏篇には、

益スル者ニ三友、損スル者ニ三友アリ。直《なおき》ヲ友トシ、諒《まこと》ヲ友トシ、多聞ヲ友トスルハ益ナリ。便辟《べんぺき》ヲ友トシ、善柔ヲ友トシ、便佞《べんねい》ヲ友トスルハ損ナリ。

と、プラスになる友を選べという語が見える。それに続く「三楽」の章では、「賢友多キヲ楽シム」

ことを「益」の一つあげている。これらは、学而篇の「己レニ如カザル者ヲ友トスルコト無カレ」を内容的に補足するものとも解釈できるが、それに較べて含蓄に乏しい。もっと常識化すると、『呂氏《りょし》春秋』の観世《かんせい》篇に、周公旦《たん》の語として見える次のような表現になる。

吾レニ如カザル者ハ、吾レ与《とも》ニ処《お》ラズ。我ヲ累《わずら》ハス者ナレバナリ。
我ト斉《ひと》シキ者ハ、吾レ与ニ処ラズ。我ヲ益スルナキ者ナレバナリ。
惟《た》ダ賢者ノミ、必ズ己レヨリ賢《まさ》レル者ト処ル。……

こういう為政者の立場からの利己的・独善的な発想に比して、王船山の「己レニ如カザル者ヲ友トスルコト無カレ」の解釈は、人間社会を相補的な関係として捉える柔軟さをもち、かつ謙虚である。『論語』の章句をめぐって、こういう思索が加えられたこと自体をまで、過去のものだからということで批判し去ることが、果たして豊かな方法と言えるだろうか。尤も孔子の言には、必ずや聖人ないし賢者の知恵がある筈だという前提に立って、そこに自己の思念を重ね合わせて行くという姿勢そのものが、封建的士大夫《したいふ》の、小ブルジョア的知識人の、限界であり欠陥であると言うのなら、それまでの話だが。

こんな調子で、私の今の『論語』の読み方は、いまだに未練と動揺にみちている。かつてのような、思いつめた切迫感が消えたかわりに、迷いは一層深くなる。泰然として『論語』の解説などが書ける日が、果たしてめぐり来るであろうか。

# 3　論文習作

## 中国古代史に入る

古代中国、あるいは中国古代史というものと自分とを結びつけて考えるようになったのは、一九五四〜五五年頃からである。そのきっかけは二つあった。一つは、中国古代史研究会に参加しはじめたこと。他の一つは、歴史学研究会（通称「歴研」）の東洋古代の部会の委員になったこと。そのどちらも、自分が関心を抱いた対象――『史記』と『論語』――が、一般的な常識としての研究分野から言えば、「中国古代史」という領域以外にはあり得ないことを承認したことを意味する。少々の戸惑いと、多くのハニカミを含みながら、私は中国古代史の研究を志す者である、と思い込むことに努めるようになった。

中国古代史研究会というのは、伝え聞くところによると、一九四七（昭和二十二）年頃から、少数の有志が『詩経』を読むことから始めた集まりのようで、その後、三上次男氏（当時、東大教養学部教授）を代表者として総合研究の計画を立て、昭和二十六〜二十七年度、二十九〜三十年度の研究成果を、『中国古代史の諸問題』『中国古代の社会と文化』の二論文集として刊行していた。後者が刊行された直後の合評会の頃から、私は誘われてこの研究会に出席し始めたことになる。

当時、この研究会の名のもとでは、隔週に会場を変え、メンバーもやや異なって、孫詒譲《そんいじょう》の『古籀《こちゅう》拾遺《しゅうい》』と蘇輿《そよ》の『春秋繁露義証』の輪読が行なわれていた。この両方に私は出席したが、そこで初めて、今までとは全く異質の漢文読みの世界に接することになったのである。

とくに『古籀拾遺』の方は、一生読むこともあるまいと全く敬遠していた金文――殷・周時代の青銅器の銘文――の資料だった。それが、半ば強制的に読まされたことで、金文に対する恐怖心が薄くなった。もっとも、そういう安易な入り方をしたために、あとで書いた論文の生兵法《なまびょうほう》で金文を利用したりもしたのだが。『春秋繁露義証』の方は、もちろん訓点も無しの白文だったので、董仲舒《とうちゅうじょ》の思想を理解するよりも、蘇輿の注を読み解くのが精一杯だった。しかしこの集まりで、自己流では通用しない注疏の厳然たる世界があることを痛感した。

この中国古代史研究会の新入りとして、私は昭和三十三～三十四年度の総合研究に参加し、第三論文集(一九六〇年刊行の『中国古代史研究』)の「左伝における覇と徳」の論文をもって、中国古代史研究者としての自分を定着させる契機をつかむことが出来たのである。

しかし、この論文が形を成すに当たっては、もう一つの歴研系の流れも影響を与えている。一九五五年前後に歴研の委員となって、当時毎年編集されていた年度ごとの「成果と課題」の、一九五四年度東洋古代の部の執筆を担当させられた。歴研のタテマエとして、中国の「古代」は唐の末までということになっていたが、私がそこで取り上げたのは、さきの中国古代史研究会の第一論文集(『中国古代史の諸問題』)に載った諸論文を中心とした、戦国・秦・漢期の研究だけだった。今読み返すと、その論文集の諸論文に対して、かなり忌憚《きたん》ない批判と注文をつけている。研究会に出席するかしないかの初めのことだから、こんなツラ当てがましいことも書けたのだろう。しかし、中国古代史に取り組むならこれだけのことは考えておかねばならぬという諸前提を、当時の私なりに総点検しようとした意気込みは窺える。そこで増淵龍夫氏の「漢代における巫《ふ》と俠《きょう》」や「墨俠」の論文を舌足らずに論評したことが、まもなく氏との交流のきっかけを作った点でも、この『歴史学の成果と課題Ⅵ』に載った文章は、なつかしい。一九五七年には、前年度の先秦時代の諸研究の「回顧と展望」を、『史学雑誌』の求めに応じて書いたが、この仕事からも、他人の論文を精密に読むことの苦しみと楽しみを教わった。

歴研の委員時代に体験したもう一つのことは、直接歴研とはかかわりがないが、『左伝』の読書会を始めたことである。当時、歴研の中心メンバーとして活躍していた日本史、東洋史、西洋史各分野の「古代史」研究者が、『左伝』を共通のテキストにして、月一回集まっては読みかつ談ずるという場は、古代デスポティズムの本質に迫ろうという一九五〇年代後半の熱っぽい研究の雰囲気なしには維持され得なかったろう。それは、戦後歴史学の昂揚期の所産であり、六〇年代以後には消え失せた性質のものである。その読書会の一員として潜り込むチャンスに恵まれたことは、私の志向にとって、さまざまな意味で決定的であった。私にとっての中国古代史の研究という行為が、アカデミックなポーズをとった学界づきあいに陥らないためには、何をどう課題として取り上げるべきかが、おぼろげながら見えて来たからである。

春秋時代から戦国時代にかけての変革期——中国古代帝国の形成期としての——という時代状況の中で、古典の字句をどのように位置づけることが、文献学的・論理的に見て最も妥当か、という問題に私が取り組むようになったのは、まさにこの『左伝』読書会で揉まれた産物である。それと、さきの中国古代史研究会から受け取ったものとが、私の中で次第に混融して行ったと考えられる。

## 『墨子』を読む

ところで、「左伝における覇と徳」という論文を書く前に、一九五八年の夏、『墨子』をざっと通読し、年内に論文にまとめて、『史学雑誌』に投稿したことがある。

なぜ『墨子』などを読んだのか。その時期のことはノートが不完全なのでわからないが、『論語』を読むだけで行き詰っていた自分を打開するための摸索だったのだろう。

使ったテキストは、孫詒譲《そんいじょう》の『墨子間詁《かんこ》』だった。とくに墨子の何について取り上げようという意図もなく、予備知識も全く無しに巻頭から読み始め、各節の要旨をメモする位の読み方をしていたわけだが、その中で気になる内容が出て来た。兼愛上篇は、

聖人ハ、天下ヲ治ムルヲ以テ事ト為ス者ナリ。必ズ、乱ノヨリテ起ル所ヲ知レバ、焉《すなわ》チ能ク之ヲ治ム。乱ノヨリテ起ル所ヲ知ラザレバ、則チ治ムルコト能ハズ。

に始まり、その「乱」は「相愛セザルヨリ起ル」と説き出すのだが、問題とされる「乱」の内容は、子が自愛・自利して父を愛利せず、弟が自愛・自利して兄を愛利せず、臣が自愛・自利して君を愛利せざることであり、その逆に、父が子に対して、兄が弟に対して、君が臣に対して慈愛をもたずに自利ばかりをはかることも「乱」とされている。このくだりを素朴に読んで、私はふと、なんだ墨子だとても君臣・父子・兄弟の秩序が維持されることを、窮極では望んでいるじゃないか、と意外に思った。

楊氏ハ我ガ為《ため》ス、是レ君ヲ無《な》ミスルナリ。墨氏ハ兼愛ス、是レ父ヲ無ミスルナリ。父ヲ無ミシ君ヲ無ミスルハ、是レ禽獣ナリ。

という『孟子』滕文公《とうぶんこう》下篇の有名な楊・墨批判のことばが、何時とはなしに先入見になっていたから、この兼愛上篇の表現が奇妙に思えたのである。

そこから、私は、「儒墨」あるいは「孔墨」として、儒家ないし孔子と対照的に扱われている墨子

を、もう少し別な視角から捉え直すべきではないか、と思い始めた。その眼で、『墨子閒詁』に附せられている汪中《おうちゅう》の『述学』の説などを読んでみると、孟子が墨子を非難したのを後世の人は耳学問で受け売りしているのは慨《なげ》かわしい、というようなことを言っている。墨子だとて、兼愛の説によって、隣国が攻め合うことを止めさせ、人の子たる者に親への孝を勧めたのだ、とも言っている。なるほど、その通りだ、と私も思った。しかも、孟子によって極端に歪めて排斥された墨子が、清末以降、落目になった儒教に代わって再評価されるようになると、こんどは逆に、その『墨子』という本に含まれる兵器学や論理学の部分が、西洋の科学の先蹤《せんしょう》をなすものとして称賛されたり、その主張が庶民ないし商工業者の立場に立つものとして、高く持ち上げられたりしている。いずれにしても、墨子はいつも孔子ないし儒家と対比的にのみ取り上げられすぎている。この失われたバランスを取り戻す必要がありはしないか。

そういう考えのもとに、その年の秋の史学会大会の東洋史部会で、「墨子の「兼《けん》」の立場」と題する報告を試みた。孔子と墨子と立場が同じだなどと言うつもりはないが、孔子は保守的で墨子は進歩的——郭沫若《クオ・モルオ》『十批判書』は評価が逆だが——だとか、孔子は封建制寄りで墨子は専制主義寄りだ、とかいうような対比的発想では限界がある。むしろ、孔子がやや大らかな天下救済意識を抱いていたのに対して、墨子の方は、より切迫した危機意識をもっていた点を、両者の差異として取り出すべきではないか。墨子の「兼」の主張は、その切迫性を象徴するものである——というのが、私の発表の主旨だった。

人が互いに愛し合い利し合うのは、天の欲するところであり、義である。天意に順《したが》って兼愛・交利する者は賞を得るし、天意に反して別悪・交賊する者は必ず罰を蒙る（天志中篇）。天下の人が、鬼神がその賞罰を行なうことを信じさえすれば、天下は乱れるはずがない（明鬼下篇）。治は「力」（努力）によって実現可能なのであって、それを「命」（運命）に帰する議論は、暴王・窮人の説であり、仁者の言ではない（非命下篇）。『墨子』には、こういう議論が繰り返し力説されるが、そのわりに独断的で論証性に乏しい。「兼士」と「別士」の設定も、ひどく身勝手である。「兼士」というのは、

退キテ其ノ友ヲ睹《み》ルニ、飢ウレバ則チ之ニ食セシメ、寒《こご》ユレバ則チ之ニ衣《き》セシメ、疾病《しっぺい》ニハ之ニ侍養シ、死喪《しそう》ニハ之ヲ葬埋《そうまい》ス。

ということを実行する人物である。一方、「別士」は、

退キテ其ノ友ヲ睹ルニ、飢ウルモ食セシメズ、寒ユルモ衣セシメズ、疾病ニモ侍養セズ、死喪ニモ葬埋セズ。

といった人物である。さて、こういう「兼士」と「別士」がいたとして、もし人が戦場に赴き、使節に旅立つ際に、その家室・父母・妻子を誰かに寄託するとした場合、果たして「兼士」を採るか、それとも「別士」を採るか。答えは、あまりにも明白である。

天下、愚夫愚婦ト無ク、兼ヲ非トスル人ト雖モ、必ズ之ヲ兼士ニ寄託スルコト、是レ有リ。

つまり、平素は「兼」を無視して自分本位の行動をしている人でも、いざという時には「兼士」を択ぶではないか、というわけだ。

この兼愛下篇に見えるような墨子の論法は、冷静に読めば、身勝手さが目立つ。せっかちに、こうすればこうなるだろう、そうだろうと押しかぶせるような論法で、立場や意見の違う人には、おそらく説得性に乏しい。一定の集団――墨者集団は築城や防衛を請け負う工人技術者集団だったという説がある――内部の者に対して、目的のためにはこうすべし、という至上命令的な臭いがある。そこが、『論語』から読み取れるような、孔子教団内の穏和な天下救済意識と違うところだと考えた。

私のこの着想自体、独断的で、論証性に乏しいのだが、そこに、当時の私なりに期するところはあ

った。つまり、春秋・戦国から秦・漢へという変革期の流れの中に諸子百家思想を位置づける場合、諸子間の思想の違いよりも、諸学派の主張を貫く共通の基盤を探ることの方が重要だ、という想いである。その考えは、当時発表されたばかりの増淵龍夫氏の「墨俠」という論文から示唆されたものだった。それを私流に受け取って、従来の孔子と墨子の対比的な捉え方に一つの異論を提出してみたのである。

この発表をもとにして、『史学雑誌』に投稿したのが、「墨子思想の理解をめぐる一試論」と題した論文である。「論文」というより文字通りの「試論」で、孔子と墨子の相違として通常言われている点が、必ずしも相違とは言えないことを指摘した程度であり、はなはだ歯切れがわるい。

通説に疑問を出すような形で墨子試論をまとめてみたものの、もう一つ迫力が足りないことは自分でよくわかっていた。『論語』や『墨子』のような一つの本に即して、あれこれこねまわすだけでは、いいかえれば感想の域を出られない。むしろ、一定の問題を主題として諸文献を対比し、脈絡をつけていく、という読み方が必要なのではないか。——いわゆる研究論文を作ってみようという意欲が、こうして兆し始めたのが、一九五九年の春以降のことである。それを進歩と呼んでいいか、妥協と呼ぶべきかは、評価の分かれるところだろうが、とにかく三十二歳の私は、おのずとその道に誘い込まれて行った。中国古代史研究会の第三論文集に参加することになった緊張感も、それを刺激・促進したようである。

## 王者と覇者

春秋時代の覇者、なかでも斉の桓公の説話を取り上げてみようと思ったのが、どういう経路であったか、今は思い出せない。五覇の筆頭に挙げられる人物だから、というだけの理由だったかもしれない。とにかく、古典に見える斉の桓公説話のひろがりと変遷を通じて、そこに覇者に関する理念の変化の跡をたどり、先秦時代から漢初に至る社会史・政治史・思想史に、自分なりの見通しをつけたいと考え始めた。

『史記』の斉世家の記述を見ると、斉の桓公については三種類のテーマがある。

A　斉の桓公は「礼」を厚くし、「信」を諸侯に得て覇者となった人物で、討伐を行なうにも理由があり、周の王室への忠誠も忘れない、「徳」を宣《の》べた君主である。

B　桓公がそのような功業を立て得たのは、管仲の諫《いさ》めをよく用いた結果である。

C　ところが葵丘《ききゅう》の会のころから桓公に驕色が見え始め、とくに管仲が死んでからは、その遺言を用いず、ために斉は内乱状態に陥った。

これだけでは、斉の桓公に対して、司馬遷がA・Cのどちらかに重点を置いて評価していたか、分からない。

『論語』憲問篇には、斉の桓公と晋の文公とを対比した批評がある。

晋ノ文公ハ譎《いつわ》リテ正シカラズ。斉ノ桓公ハ正シクシテ譎ラズ。

とふつう訓読しているが、「譎《きつ》」を「詐」と解する鄭玄《じょうげん》の説に対しては、「譎」は権《けん》道、「正」は経《けい》道の意で、晋の文公・斉の桓公それぞれに長所も短所もある、というにすぎぬ、という解釈もある（王引之）。斉の桓公は絶対に「正シク」て、晋の文公は道徳的に「詐《いつわ》ッテ」いるというふうにこの章を読むのは、問題のようだ。

『論語』では、むしろ、桓公の覇業を輔《たす》けた管仲の功績が大きく扱われている。憲問篇には、前の章に続いて、子路と子貢の管仲に関する問いと、孔子の答えとが並んでいる。

子路が訊ねる――斉の襄公死後の内乱に際して、莒《きょ》から急遽帰国した公子小白《しょうはく》（のちの桓公）は、魯に亡命していたライヴァルの庶兄公子糾《こうしきゅう》と戦い、これを殺した。その時に傅《ふ》（守《も》り役）の召忽《しょうこつ》は公子糾に殉じたが、管仲は死なずに、のち釈放されて、かつては仇敵だった桓公の輔佐となった。これは「仁」とは言えないのではないか？

孔子は答える――桓公が「兵車の会」としてでなく諸侯を会盟に召集できたのは、管仲の尽力のおかげだ。管仲の仁には誰も及ばぬ。

末尾の「其ノ仁ニ如《し》カンヤ、其ノ仁ニ如カンヤ」を、管仲の功業は認めてもその仁者たることは許さなかった、と読む学者もあるが、やはり、管仲の仁をそれなりに評価したものと解釈した方がよいだろう。そのことは、次の子貢との問答の章にも共通している。

子貢が訊ねる――管仲は仁者ではあるまい。桓公が公子糾を殺したのに、それに殉ずることなく、また桓公を輔佐したとは。

孔子は答える――管仲は桓公を輔けて天下の秩序を正し、民は今に至るまでその恩恵を蒙っている。もし管仲がいなかったら、被髪左衽《ひはつさじん》の夷狄《いてき》の風俗に陥っていただろう。小さな誠実さのために首吊り自殺をするような匹夫匹婦とは、スケールが比較にならぬ。

これらは、管仲の功業に対する最大級の讃辞と言えるが、その管仲に覇業を輔佐された桓公の方は、影が薄い。「諸侯ヲ九合シ」「天下ヲ一匡《きょう》」した事業は、いまさら賞讃するまでもないということなのか。

ところが『孟子』になると、覇者論の調子が一変する。斉の宣王から斉の桓公・晋の文公の故事を訊ねられた孟子は、

仲尼ノ徒、桓・文ノ事ヲ道《い》フ者無シ。是ヲ以テ、後世伝フル無ク、臣未ダ之ヲ聞カザルナリ。

と突っぱね、王道とはいかなるものかを滔々《とうとう》として述べたてる（梁恵王篇上）。そして、王道と覇道

との区別については、

力ヲ以テ仁ヲ仮《か》ル者ハ覇タリ、覇ハ必ズ大国ヲ有《たも》ツ。徳ヲ以テ仁ヲ行フ者ハ王タリ、王ハ大ヲ待タズ。

と、王者は徳を以て仁を行なう者、覇者は実は力によりながら表面仁のふりをする者、というように峻別する（公孫丑篇上）。さらに徹底すると、「五覇ハ三王ノ罪人ナリ」とまで極言される（告子篇下）。尤も孟子はこれに続けて、「今ノ諸侯ハ五覇ノ罪人ナリ。今ノ大夫ハ今ノ諸侯ノ罪人ナリ」と、下には下があることを言っているから、五覇はその中ではまだましな方に属するが、王と覇が峻別されていることは動かない。孟子にあっては、仁を「性」として本具しているのが帝、「身」として体得したのが王なのだから、斉の宣王に向かって、

王ノ王タラザルハ、為《な》サザルナリ、能《あた》ハザルニ非ザルナリ。

と強く迫ることになる（梁恵王篇上）。その仁を「仮《か》」ろうとする覇者が許しがたいのは当然だろう。ところが、孟子の言う王道が実現された天下とは、具体的にはどんな姿をとるのかと言うと、それは次のごとくである。

天下ノ仕フル者ヲシテ、皆、王（宣王）ノ朝《ちょう》ニ立タント欲セシメ、

耕ス者ヲシテ、皆、王ノ野《や》ニ耕サント欲セシメ、

商賈《しょうこ》ヲシテ、皆、王ノ市ニ蔵《おさ》メント欲セシメ、

行旅ヲシテ、皆、王ノ塗《みち》ニ出デント欲セシメ、

天下ノ其ノ君ヲ疾《にく》ム者ヲシテ、皆、王ニ赴キ愬《うった》ヘント欲セシム。

つまり、ここに描かれている姿は、氏族ごとに小さな村落や都市を営んでいるような原初的な段階ではなくて、士・農・工・商が、それぞれ既存の国家の枠を越えて、斉の宣王のもとに慕い寄って来

る、という状態である。こういう天下が一つに融合した姿というのは、宣王の側が望むところの、

土地ヲ辟《ひら》キテ秦・楚ヲ朝《ちょう》セシメ、中国ニ莅《のぞ》ミテ四夷ヲ撫《ぶ》セント欲ス。

という願望と、どれほどの違いがあるだろうか。つまり、そのカタチから言えば、孟子の言う王道の実現された天下は、「諸侯ヲ朝シテ天下ヲ有《たも》ツ」ところの霸者の維持した秩序と、大きな違いはない。ただ孟子はそれを実現するのに、仁を「仮」りてはならぬ、仁を「行」なわねばならぬ、と力説するわけである。

『孟子』をひっくり返しながら、どうもこの辺に問題がありそうだと感じた。王と霸を原理的に峻別する孟子のペースに引きずられて、周の王者は王道で、春秋の霸者は霸道で天下に臨んだ、という古代史像を描いていては、儒者の枠からなにほども出ていないのではないか。王と霸の問題は、根本から考え直してみる必要がある、と思い始めた。

『孟子』以外では、王と霸の関係はどう扱われているか。戦国時代末の荀況《じゅんきょう》の著とされる『荀子』を見ると、王制篇に、

故ニ礼ヲ修ムル者ハ王タリ、政ヲ為ス者ハ彊《つよ》ク、民（民心）ヲ取ル者ハ安ク、聚斂《しゅうれん》スル者ハ亡ブ。故ニ王者ハ民ヲ富マシ、霸者ハ士ヲ富マシ、僅ニ存スルノ国ハ大夫ヲ富マシ、亡国ハ筐篋《きょうきょう》（書類箱）ヲ富マス。

とあるように、王―霸―存―亡を段階的に序列づけることが多い。

義立チテ王タリ、信立チテ霸タリ、権謀立チテ亡ブ。

という王霸篇の言い方もあり、霸者が王者の一段下に置かれていることは疑いないが、一方「信」さえあれば、僻陋《へきろう》の諸侯でも霸者になれるとして、斉の桓公・晋の文公・楚の荘王・呉王闔閭《こうりょ》・越王句践《こうせん》の五人を「五伯」――五霸と同じ――に挙げている。明らかに、『荀子』においては、霸者は

『孟子』ほど王者とかけ離れてはいない。

さらに、荀況の弟子で法家思想の集大成者と言われる韓非になると、その著とされる『韓非子』諸篇では、王と霸の区別が全くなくなっている。「霸王」という熟語が「帝王」などと並んでしきりに使われている。それは韓非の関心が、国際外交の調整技術よりも、一国内での君主の法術による官僚統御にあったからだろう。国内体制が整えば、「霸王」はおのずと達成される、という構造をもっていたようだ。ただし、斉の桓公は概して凡庸な君とされており、「闇主」とまで呼ばれている（難二篇）。管仲についても、聖人とされることもあるが、必ずしも法術に合致しなかった、と点は辛い。『韓非子』における「霸王」は、過去の五霸が念頭にあるのではなくて、近い将来に出現が期待される理想の権力者への呼称だったのだろう。

こういう『荀子』や『韓非子』の例から見ても、王と霸を原理的に峻別するのは『孟子』に特殊なことで、必ずしも一般的ではないことがわかる。だとすると、ここでは、「仁」とか「義」とか「信」とかいう理念に引きずられずに、むしろ、王者と霸者の共通点を意識的に追求してみたらどうだろうか。例えば斉の桓公のような君主が、他の諸侯のリーダーとなる。一般にはそれは霸者と言われるが、むしろ桓公の事蹟は、殷や周の王者が天下秩序を形成し維持したやり方と、同質の面があったと見られないか。儒学的立場からは、王と霸を混同するのは不倫であり、暴論であると言われるかもしれないが、古典に書かれているような、「仁」や「徳」で王道政治が成り立つというような教説の欺瞞性を、われわれは「王道楽土」の「満洲国」の歴史を通じて知ってしまっている。王者だとて、全く武力をもたずに、すんなりと王者になれた筈はあるまい。

# 省と徳

そういう関心の中で、聞一多《ウエン・イドウオ》の「釈省⿰彳省」（省《せい》・⿰彳省《せい》を釈《しゃく》す）という論文を読んで、大きなヒントを得た。聞一多は、抗日戦中に奥地の昆明に移動し、戦後、民主党派として活躍しかけたところで、一九四六（昭和二十一）年、白色テロによって暗殺された民俗学者である。

聞氏は、こういうことを述べている。――殷・周時代の甲骨卜辞や金文に、あるいはという形の字が出て来るが、これはのちの「省」「⿰彳省」という字に当たり、その用法には次の三種類がある。

（一）王が地方を巡視する場合……「省方《せいほう》」「省啚《せいひ》（＝鄙）」

（二）田猟《でんりょう》（狩猟）をする場合……「省田《せいでん》」

（三）征伐する場合……「⿰彳省伐《せいばつ》」

一つの「省」（または「⿰彳省」）の字にこの三つの用法があるということは、古代の人君においては、出遊・田猟・征伐の三事が一連の密接に関連した行為だったことを示す。「省啚」とは農耕の収穫を省視し倉廩《そうりん》（穀物倉）に収納させることを言い、「省方」とは遠く諸侯の地に到って「省」する、すなわち諸侯をその地に集めて貢納を督促することを言う。つまり、田猟を伴いつつ貢納督促のためにおこなう巡視だが、それに服せぬ者が出た場合には征伐となる。後世、天子が巡幸することを「巡狩《じゅんしゅ》」と呼ぶのは、これと関連がある。周の初期の金文に「遹省《いっせい》」とあるのも、王が巡狩によって統一を行なおうとしたものである。

この聞氏の説を知って、大いに力づけられた。なぜなら、当然と言ってしまえばそれまでだが、殷や周の王者による統一に際しても、巡視に伴う征伐という武力行為が行なわれた裏づけが得られそうだったからである。天下統一のための行動様式は、その点では後世の霸者のそれと変わりがないのではないか。王者は「仁ヲ行フ」者であり、霸者は「仁ヲ仮《か》ル」者だという孟子の区別は、あくまでも孟子の頭脳中のものであり、散在する諸侯の国家（「國」という字であらわされる）を構成単位として王者中心の秩序が形成されるまでには、平和的巡幸と同時に武力行為が伴うことも免れ得なかったのではないか——というような想定が成り立ちそうに思えた。

同じころ郭沫若《クオ・モルオ》の『両周金文辞大系図録』をひっくり返していて、妙なことに気づいた。西周時代の金文には、「文王ノ正徳」とか「先王ノ若徳《じゃくとく》」というような成句がしばしば出てくるが、郭氏はそれを、『説文解字《せつもんかいじ》』の解釈に従って、「徳トハ省心ナリ」、つまり心を省みることだ、と註釈している。この説明は、「徳」字の解釈としてはすこし抽象的に過ぎると感じていたが、史《し》頌𣪘《しょうき》と呼ばれる青銅器の銘文を見ると、

維三年五月丁子（巳）、王在宗周、令史頌𢔶穌。……

という句がある。郭氏は、この中の「𢔶」の字は詭異《きい》（見なれない）だとしながら、結論的には、「宗周《そうしゅう》にいる王が、史頌に命じて穌《そ》（＝蘇）の国を省視・承問せしめた」意味だろうと推論した。これに対して蘇の「灋《ほう》（法）友・里君・百生（姓）」は、その𩰫《ともがら》（偶）をひきいて成周に至り、「章、馬四匹、吉金」を賓《おく》っている。すると、この詭異なる「𢔶」とは、さきの「省」「徝」に共通した行為のように思える。郭氏の『図録』で史頌𣪘や鼎《てい》の同文の諸器銘を調べてみると、「𢔶」と釈された字には、次のような形のものがある。

(1)　(2)　(3)　(4)　(5)

つまり「徳」の字の「心」に相当する場所に、「手」(1)〜(4)や「言」(5)が代わりに入っている。そ

れが内容的には「省」と無関係ではない。

ということは――と、そこで着想は飛躍した。「心」を含む「徳」の字も、「⿰彳省」と同じく「省」することと関係があるのではないか。西周中期とされる毛公鼎《もうこうてい》や大盂鼎《だいうてい》などの銘文に、「余ニ先王ノ若徳ヲ告ゲヨ」とか、「文王ノ正徳ニ刑稟《けいひん》（のっとる）シ」などとある場合の「徳」とは、道徳とか品性といった抽象的な意味ではなくて、むしろ先王や文王の行なった「省」の行為――「四国ヲ康能《こうのう》（安んずる）」するとか「遠キヲ擾《やわら》ゲ邇《ちか》キヲ能《おさ》ム」という――を指しており、その行為を現在の王が受け継ぐ、少なくもそういう行為の精神を受け継ごう、と言っているのではあるまいか。

そう思って諸金文銘のや、すなわち「徳」という字を眺めていると、そこに「省」に似た形・の部分が含まれていることに重大な意味があるように思えてきた。つまり「徳」は、字形の上から言っても、「省」「⿰彳省」から派生したことばではあるまいか。「省」ないし「⿰彳省」と、「心」とで成り立つ「徳」の字は、もともと「省」の行為を行なう「心」とでもいうべき意味で発生したのであって、「心ヲ省ミル」というような内省的な意味は、後代に展開した概念ではないだろうか。その視点で『尚書』や『詩経』にしきりに使われている「徳」の内容を分析すれば、成立時期に問題の多いそれら古典籍の整理にも、或る見通しがつきそうに思った。つまり、「穢《わい》徳」「凶徳」「三徳」「天徳」のように、抽象的な道義性を内容とする「徳」を含む諸篇は、比較的後代に出来あがったものであり、それに対して、「敬徳」「崇徳」「徳言」「徳馨《けい》」などの「徳」を含む諸篇は、もとの「省」事の残映を保っているから、成立が比較的早い、と考えられないか。

こういう発想法は、白川静氏の漢字の扱い方から自己流に示唆を得た点が多い。たとえば「法」という字について、『説文解字』は正字として「灋」をあげ、

法とは刑のことである。公平なること水の如くなので「水」（＝「氵」さんずい）がついている。

「廌《ち》」は神判の際に容疑者に触れさせる動物で、不直者のばあいはこれを去る。そこで「去」がついている。

と道徳的な解釈を加えているが、白川氏の考えによると、「灋」は金文では、さきの史頌段の銘文「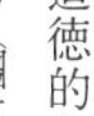（灋友）」のように、「去」を伴っていないばかりか、「廌」の周りを何かで包んだ形のものさえある。これは廌（獬廌《かいち》または獬豸《かいち》）という聖獣を袋で包んで水に投じて流すことを意味し、罪あるものの穢《けが》れをそれと共に去る神判形式そのものを表わしていると見られる。「法」とは、もとこの神判から出発して、主として刑罰（黥《げい》刑や刖《げつ》刑など）に用いられ、やがてその刑罰を行なうこと、行なう人が政治の中枢と見なされたがために、現在使われるような「法」の概念を生んで行った。こういう白川氏の捉え方は、きわめて魅力的であった。「徳」の字について上に述べたような解釈を試みた背後には、この白川氏の分析法のヒントがあった。

ここまで来て、残るはいよいよ『左伝』だという感があった。問題は、第一に、霸者ないし春秋諸侯の行動様式の中に、殷や周の王者が行なった「省」に類した行為を検証すること。王者にすら武力発動と安撫とが両存したのだから、霸者たちにもあって不思議はない。第二に、『左伝』に頻出する「義や信によって霸となる」といった式の、冗舌な訓戒談義の扱い。霸者たちの実際の行動の記述と、文脈の上でどのように関連し合うか。また『孟子』や『荀子』に見られる議論と、それらはどこが共通で、どこが違うか。

しかし、『左伝』という書物の文献上の信憑性については、それが前漢末に劉歆《りゅうきん》によって秘庫から発見されたといわれる時点——およそ二千年前のことだ——から疑問が出されている。とくに清末の公羊《くよう》学者の康有為《こうゆうい》は、『左伝』をマッカな偽物と断定したし、わが国でも津田左右吉らは、劉歆が『史記』などを材料にでっちあげた偽作だとしてる。『左伝』で春秋時代の歴史を考えることは無謀だ、というのが、少なくとも東京帝国大学系の東洋史学の常識だった。

しかし、この場合、私はそれらの疑問にかかずらう必要はないと思った。『左伝』の文献批判自体が、『左伝』外の一定の学派的立場や思想史的基準によって行なわれているのであり、自分としては、所与の『左伝』そのものに即して、そこに自分の抱えている問題を投入してみればよい。その視角から逆に、『左伝』の文献的性格が浮かび上がってくる筈だ。既存の学説は参考として聞き止めておけばよい。

――迷いをそう断ち切ったところで、『左伝』を冒頭の隠公元年から読み直し始めたのが、一九五九（昭和三十四）年の夏も終わろうとしていた頃だった。

夏五月、鄭伯、段ニ、鄢ニ克ツ

ところが、読み始めた最初の隠公元年から、面白い話にぶつかった。『春秋』の経文に、訓読すると「夏五月、鄭《てい》伯、段ニ、鄢《えん》ニ克《か》ツ」という五七五調になっている事件に関する『左伝』の叙述である。話の筋はこうだ。鄭の荘公が、弟の段（京城大叔あるいは共叔とも呼ばれる）の増長を、母親が偏愛するままに認めた結果、弟は叛乱を起こした。しかし結局、荘公は弟の段を鄢の地で破り、段は出奔した。この話を『左伝』は、次のようなところから説き起こす。

A　そのむかし、鄭の武公は申《しん》国から夫人武姜《ぶきょう》を迎え、武姜は荘公と段の兄弟を生んだ。ところが長男の荘公は寤生《ごせい》（逆子《さかご》で生まれる）して母親を苦しませたので、「寤生」と名をつけて、嫌うようになり、次男の段の方を可愛がって、彼を後嗣ぎにさせようと、しばしば夫の武公に頼んだが、武公は許さなかった。

やがて武公が死んで長男荘公が位に即く。すると武姜は、制《せい》という邑《ゆう》を段に与えてほしいと頼んだが、荘公は「制の邑は要害の地で、むかし虢叔《かくしゅく》がここに拠って叛乱を起こしたことがある。他の邑なら、どこでもいい」と答える。ならば京《けい》の地を、というので、荘公は弟の段を京に住まわせることにし、段は京城大叔とよばれた。

ところが京城大叔の段は、京に大規模な城壁を修築した。その大きさは、周囲百雉《ち》以上だったらしい。中国古代の城壁は、木の板で両側のワクをこしらえ、間に土を入れて上から搗《つ》き固めて行くいわゆる版築《はんちく》（または板築）法によったが、そのワクに積みあげて使う一枚の板は、長さが八尺（約一・八メートル）あり、五枚で堵《と》、五堵で一雉《ち》と計った（『公羊伝』定公十二年）。すると百雉は約四・五キロメートルになる。周囲がそれだけの城は、鄭では国君（公《きみ》）の住む国都一つだけしか許されないのに、段はそれ以上の規模の城壁を京に築いた。築いたということは『左伝』には直接の記述がないが、次の祭仲の諫言の中に明示されている。

B　鄭の大夫祭仲《さいちゅう》が荘公に警告する。「国都以外の城壁が百雉を超えると、国家に害となります。先王の定めによると、大都でも国都の三分の一を超えてはならず、中都なら五分の一、小都なら九分の一の筈です。ところが京は、定めをはるかにはみ出しております。今にどえらいことが起こりかねませんぞ」。

しかし荘公は気にしない。「母上がそれをお望みなのだから、国家に害が起こってもやむをえまい」と答える。

祭仲の心配はさらに募る。「母親の武姜さまは、欲にとめどのない方。早目に適当な処置をするにこしたことはございません。ずるずるに蔓《はびこ》らせると、始末に負えなくなります。蔓草《つるくさ》でさえ、伸びてしまうと根絶やしに出来なくなる。まして相手は御主君の弟君なのですから」。

それでも荘公は動かない。「不義を行なう輩《やから》は、必ず自滅するものだ。大夫殿、もう暫く時機を待とう」。

兄の荘公が慎重な態度を持している一方で、弟の段は着々と勢力拡大を続けていた。

C　やがて京城大叔の段は、鄭の国都の西方・北方の属邑を、自分の方に従属せしめた。

『左伝』原文では、「既ニシテ大叔、西鄙《ひ》・北鄙《ひ》ニ命ジテ、己レニ貳《じ》セシム」となっている。鄭の国都に従属していた小都市や村落を、京城大叔は自己の勢力圏内に引き込んだことをいう。こういう場合の「貳」とは、「二心を抱く」というような意味ではなく、一方から「はなれ」て他方に「くっつく」際に使われる。「叛」の字も同じで、「はなれる」時には「叛甲」と書き、「くっつく」時には「叛於乙」と書く。「叛」に「そむく」という訓を当てるのは不適当なのだ。この問題については、あとでまた触れる機会があろう。ところで、こういう事態の急迫に対して、こんどは祭仲に代わって公子呂《りょ》が警告を発する。

D　公子呂が言う。「鄭国が荘公側と大叔段側との二つに分かれているのは困る。どうなさるおつもりか。大叔に国を与えてしまおうというのなら、私はそちらの方に仕えたい。もしお与えにならないのなら、大叔を除いていただきたい。民心に動揺を起こさせてはなりませぬ」。

しかし荘公は依然として動かない。

公が言う、「心配は無用。そのうち自滅するよ」。

そのうちに、事態はますます急を告げる。

E　大叔はさらに自分に属する邑を増やして、廩延《りんえん》の地にまで達した。

F　子封《しほう》（公子呂のこと）が、「さあ、もう兵を動かしてもよい時機でしょう。大叔側は厚く人心を得ようとしています」と警告するが、荘公は言う、「不義を行なう者には民心がつく筈がない。

厚く見えても崩れるにきまっている」。

こういう状態の中で、危機はいよいよ切迫した。

G　大叔は城の守りを堅め、武器兵卒を整えて、鄭の国都を襲撃しようとした。これに母親の武姜が内応する手筈になっていた。その決行の期日を知った荘公は、はじめて「よし」と子封に命令して、車二百乗をもって京を急襲させた。

事態はあっけなく急転回した。京の人民が大叔段から離叛してしまったのである。

京の民が大叔から叛《はん》したために、段は鄢《えん》に逃れた。荘公はさらに鄢を攻撃、ために五月辛丑の日、大叔は共《きょう》の地に出奔した。

「京、大叔段ニ叛ス」を、「京の民が段からそむいた」というふうに道義的に読むのは不適当である。もともと京は、大叔段が自分の采邑として荘公から与えられたまでで、その実際の差配管理は、民を掌握する京の土地の有力者が担っていたと考えられる。だから、彼らが段に「くっつく」（貳《じ》スル）ことも、段から「はなれ」（叛シ）て荘公側に「くっつく」ことも、自主的に選択できた筈である。そういう京の土地の人の向背は、京城大叔なる段にとって決定的であった。廩延《りんえん》に至るまで鄙邑を収めて鄭の国都を威圧していた段であっても、足元が崩れればひとたまりもない。やむなく鄢に遁れ、さらにそこで敗れて共に出奔したのである。

ここで事件は一段落するのだが、『左伝』にはそのあとに、次のような『春秋』経文の書法についての解説の一節が続く。

H　経文に「鄭伯、段ニ、鄢ニ克《か》ツ」と書かれたのはなぜか。段は不弟であったので「弟の段」と書かない。国内に二君があるかのごとき状態だったので、「克ツ」という語を用いる。「鄭伯」と名指して言うのは、弟に対する教導を失した点を譏《そし》るからで、これが鄭国の人の立場を重んずる書法である。共の土地に出奔したことを明記しないのは、段に「克ツ」ことがきわめて難しかったことを教訓として残すためである。

『左伝』には、このあと事件の発端をなした生母武姜を荘公が城潁《じょうえい》に幽閉したが、潁考叔《えいこうしゅく》という人物の諫めと機智とによって、母子が仲直りするようになった話が続く。しかしこれは、今の場合除外して差支えない。

この一段の話がなぜ面白かったかというと、鄭の国内で兄弟二人が権力を奪い合う場合——弟の側には生母がついている——、両者の間にある「鄙」の邑を「貳セシメル」ことが争点となっている。そのことが、具体的に示されていたからである。しかも、その事実経過は、Ａ～Ｃ～Ｅ～Ｇと、飛び飛びに読んだ方がよくわかる。しかもそれが、その間に挟み込まれた祭仲の諫めに対する荘公のとりなし（Ｂ）、公子呂の警告に対する荘公の反論（Ｄ・Ｆ）によって効果を増幅させながら展開されるところに、『左伝』説話の独特の語り口がある。

しかし、そのことは別な考え方をすると、ＢやＤ・Ｆは事件の経過そのものには直接には関係がない。むしろ事件が、そのような悲劇的な方向にしか運ばなかったことを裏づける注釈のような形になっている。祭仲や公子呂がほんとうにその場でそう言ったか否かは、もとより探索不可能なことだが、少なくとも『左伝』の筆者は、彼らにそう語らせることで、Ａ～Ｃ～Ｅ～Ｇと畳みかけて行く効果をあげている。つまり筆者は、事件の展開・結末を観望した上で——当たり前のことだが——、彼らにその結末を予測するような発言をさせている。Ｂの「不義ナレバ必ズ自ラ斃《たお》レン」とか、Ｆの「不義ナレバ昵《つ》カズ」とかいうように、初めから弟の段は「不義」で、兄の荘公に「義」があるという前提で語られているのはそのためではないか。

ということは、「義」「不義」という概念が、実際にＡ～Ｃ～Ｅ～Ｇの事態が進行していた際には、意識されていたとは限らぬではないか。それはむしろ、事件の結末まで熟知している筆者の理解のしかたであって、春秋時代のその時点にあっては、まさに一寸先は闇、「義」と「不義」の差は紙一重であったに相違ない。事態の成り行きを予測し計算する余裕が、それほど荘公にあったとは思えない。

さらに、この説話の末尾のHは、A～C～E～Gの事実経過と、B・D・Fの教訓的部分とを、ない交ぜながら形成された『左伝』説話を、「夏五月、鄭伯、段ニ、鄢ニ克ツ」という『春秋』経文の書き方と関連させて合理的な説明を試みているわけで、これは『左伝』説話が一応出来あがったところで、それを「経」の「伝」に仕上げるために附加された部分と考えてよい。

そういう仮説的な視角で、それに続く『左伝』諸説話を検討してみると、大体うまく当てはまる。これは行けそうだ、という気がした。そこでA……Gの系列に属する春秋時代の史伝——むろん史実そのものとは違うが——を〔Ⅰ〕の要素とし、それにからまるB……Fの訓戒・教説の系列を〔Ⅱ〕の要素とし、説話のしめくくりとして末尾に「君子曰ク……」「書シテ曰ク……」などと書かれる部分Hを〔Ⅲ〕の要素として、『左伝』の各説話を分解しつつ読んでみる必要を感じた。

そうすれば、今問題にしている王者と覇者の問題にしても、春秋時代の諸侯が採った実際——に近い——行動様式〔Ⅰ〕を、それに即しながら一定の距離をもつ教訓的な説明〔Ⅱ〕や、さらに一層離れた解説〔Ⅲ〕から分離して扱うことが可能になる。文献成立上疑問の多い『左伝』の中から、自分の議論に有利な片言隻句だけを拾い出して利用するという無方法から、これなら脱却できる。この線で行ってみよう、ということになった。

「隠公左伝、公冶長《こうやちょう》論語」ということばがあるそうだ。『左伝』を読み始めたはいいが、春秋時代の魯の十二公のうち、最初の隠公元年から十一年（紀元前七二二～七一二）までのあたりで息が切れてしまう。『左伝』全体の二十分の一にも当たらぬだろう。『論語』も、全体で二十篇のうち、学而篇第一から公冶長篇第五のあたりで、倦きてへたばってしまうことを皮肉った言い方のようだ。大体の雰囲気をつかむためなら、この程度のつき合いでも十分かもしれないが、〈研究〉として『左伝』を読み『論語』を扱うとなれば、中途での挫折は許されぬ。上に述べたような視角で『左伝』を読み始めたのが八月最後の日。その後、勤めの隙を見ては、途切れ途切れにメモを取りつつ、ようやく哀公の最後までたどりついた時は、翌年の三月になっていた。

## 『左伝』における覇と徳

『左伝』を読んでいる中で、鄭の荘公について、もっと興味ある記述に出くわした。同じく隠公の部分である。

周の桓王の左卿士となっていた荘公は、魯の隠公十一年に当たる年（紀元前七一二年）に、斉・魯とともに許《きょ》という国を伐った。潁考叔《えいこうしゆく》が先陣を切ったが、彼を以前から怨んでいた子都《しと》が潁考叔を射て殺し、代わって瑕叔盈《かしゆくえい》が城壁に登り、七月壬午《じんご》の日に許の城内に攻め込んだ。許の荘公は衛に奔《はし》り、占領後の許の処理については、鄭の荘公が斉・魯両国から任されることになった。ここから問題の部分に入る。さっきと同じに節を分けて『左伝』の叙述をたどってみよう。

A　鄭伯は許の大夫の百里という者に命じ、許叔を奉じて、許の東偏に居らせることにした。

「許叔」というのは、許の荘公の弟である。兄は出奔したが、弟に対しては、国都から離れた東方の鄙邑に住まわせる処置をとった。許の大夫百里が後見人である。そして百里に対して、次のような警告を発する。

B　「天は許国に禍を下された。許の荘公には鬼神（祖霊）もアイソをつかされて、不肖なる私の手を借りることになったわけだ。しかし私は鄭国内の一族をさえ安んじ得ない身、なんで許に勝った功を独占できよう。また弟の段との間に争いを起こし、国外に追いやってしまった身、なんで永久に許を領有できよう。百里よ、あなたは許叔を奉じて、許の民を治めてほしい。当方からは公孫獲《こうそんかく》を派遣してあなたを輔佐させよう」。

公孫獲は鄭の大夫。つまり公孫獲を許叔や百里と反対の西偏の方角に置いて――このことはすぐあとに出てくる――、百里の許国統治を監視させようというのである。しかも、その体制を永続させるつもりはない、と将来に希望をもたせる。

「もし私の死後になって、天が許国に禍いしたことを後悔するような時期が来たら、このままではすむまい。許君が正式に許の国都に復帰することになるであろう」。

ただし、それには条件がある。

「わが鄭国からの依頼に対しては、古い姻戚同士のように、何事にも従っていただきたい。不満な輩《やから》を集めて、我が鄭国と一戦しようなどという考えを起こさないでいただきたい」。

そして最後に、この訓戒を次のようにまとめる。

「私の子孫は、我が国の覆亡を憂えるのさえ手一杯で、とうてい許国の祀《まつ》りのことまで世話はやけない。私があなたにこの任務を命ずるのは、許国のためを考えてのことに止まらず、実は鄭国自身の辺境の備えを固めるためでもある」。

この寛大にして且つ威圧的な発言に続いて、

C　公孫獲に命じて許の西偏に居らせた。

ということが追記され、ついで彼に対しても次のような訓戒が与えられる。

D「汝の資産一切は、許の地に置いてはならぬ。私が死んだら、すぐに許から立ち去ること。

むかし、わが先君がこの鄭の地に都を定めたとき、周の王室自体も衰え、以来、一族の姫《き》姓諸侯間の秩序も乱れてきている。一方、許国は伝統ある大岳《たいがく》の後裔である。天がもはや周の徳を見捨てかけているのだから、姫姓の一族たるわが鄭に、許と争う力があるであろうか」。

そして『左伝』は、こうした一連の処置をとった鄭の荘公について、「君子」の批評を加える。

E　君子は、この点では鄭の荘公を「礼有り」と評する。礼は、国家の秩序を安定させ、人民の生活に利あらしめるものである。荘公は、許が秩序を乱したのでこれを伐ったが、許が服すると、これを舎《ゆる》して滅ぼさなかった。許叔や百里の人徳を考慮して処置し、鄭の国力を計算して実施し、時機を見て引き揚げるように指示して、子孫に迷惑をかけなかった。これは「礼を知る」と言うことができる。

このEの「君子」の批評の部分は、原文の「徳」とか「力」とかの使われ方が重要なので、念のために訓読文を添えておこう。

君子、鄭ノ荘公、是ニ於テ礼有リト謂《い》フ。礼ハ、国家ヲ経《おさ》メ、社稷《しゃしょく》ヲ定メ、民人ヲ序《つい》デ、後嗣《こうし》ヲ利スル者ナリ。許ハ、刑無ケレバ之ヲ伐チ、服スレバ之ヲ舎《ゆる》ス。徳ヲ度《はか》リテ之ヲ処シ、力ヲ量リテ之ヲ行フ。時ヲ相《み》テ動キ、後人ヲ累《わずら》ハスコト無シ。礼ヲ知ルト謂フ可シ矣。

『左伝』にはこのあと、さきの攻城戦で潁考叔《えいこうしゅく》を射殺した子都《しと》を、荘公が呪詛《じゅそ》させたことを記し、それに対する「君子」の批判を附載する。

F　鄭の荘公は、軍卒に命じて豚や犬・鶏を供出させ、潁考叔を射殺した者を呪詛させた。

G　君子は言う、「鄭の荘公は、政と刑を失った。政とは民を治めるもの、刑とは邪を正すものである。徳ある政がない上に、威ある刑もない（既ニ徳政無ク、又威刑無シ）からこそ、子都が潁考叔を殺すような邪も起こったのだ。起こった邪に対して詛《のろ》ってみても、何の益があろうか」。

こうして見ると、「君子」の鄭の荘公に対する批判は、「礼有り」（E）とするのと、「政刑ヲ失ス」（G）というのとに二分されることになるが、Eのばあいには、「是ニ於テ礼有リ」と限定づきで肯定しているので、「政刑ヲ失ス」というのが荘公に対する基本的な批評なのだろう。

隠公十一年のこのA……Gの一連の叙述も、また〔Ⅰ〕〔Ⅱ〕〔Ⅲ〕の要素に分類できる。A〜C〜Fの荘公の処置そのものは〔Ⅰ〕、B・Dの訓戒の内容は〔Ⅱ〕、E・Gの「君子」の批評は〔Ⅲ〕というように。そのうちBのような訓戒は、当時の外交文書の様式をかなり忠実に伝えている可能性もあるが、A・Cの許に対する処置の大筋から見れば、説明的な附加物である。さらにEやGに至っては、さきの京城大叔段の事件の際のHのように『春秋』経文の解説の形は取っていないが、鄭の荘公の処置を「礼」ないしあるべき「政刑」の立場から概評したものであって、荘公自身はこのような自覚とは関係がない。

そういうEやGのような〔Ⅲ〕の要素の文章の中に、

徳ヲ度リテ之ヲ処シ、力ヲ量リテ之ヲ行フ。

とか、

既ニ徳政無ク、又威刑無シ。

というような「徳」の字の使い方がされていることが、面白いと思ったのである。つまり、ここで使われている「徳」とは、「力」や「刑」と対比され切り離された概念としての「徳」であって、それこそ『説文解字』に「徳トハ心ヲ省ミルナリ」とあるような、抽象化された道徳性の意味になっている。ところが一方で『左伝』には、許に対する鄭の荘公の処置がA・Cとして記されている。この〔Ⅰ〕の要素の文章には、「徳」が字としては一つも使われていないが、実は荘公の採った対策――「許ハ、刑無ケレバ之ヲ伐チ、服スレバ之ヲ舎《ゆる》ス」――こそは、かの殷・周王者の行なった「遠キヲ擾《やわら》ゲ邇《ちか》キヲ能《おさ》ム」という「省」事と同質であって、これぞあの悳や徳などの字に表わされたような、原義における「徳」の行為ではなかったか。

しかるに、〔Ⅱ〕ないし〔Ⅲ〕の部分をまとめた『左伝』筆者となると、「徳」をそのような内容として理解できなくなる。あるいは、そう理解することを欲しなくなる。そして、元来なら「省」＝「徳」の一字で表現できた行為を、「徳」と「力」、あるいは「徳」と「刑」の二元的なはたらきとして説明する。つまり彼らの考える「徳」は、「力」「刑」と対比区別されるような限定的な「徳」である。それは本来の「徳」の内容の矮小化である反面、彼らにとっては高度に洗練された「徳」概念の創出でもあった。

さらに図式的に言えば、本来の「省」＝「徳」の内容が「徳」と「力」とに分離したがために、「徳」は王者に、「力」は覇者にそれぞれ専属させる、『孟子』のような王・覇峻別論も起こり得たのだろう。しかし、もとの「省」＝「徳」に戻してみれば、王者も覇者も、さらに覇者として数えられぬ春秋時代の諸侯の場合——たとえば鄭の荘公——であっても、その勢力の形成や維持の仕方は同質だったと言えはしないか。

これが、『左伝』を読み進むにつれて、しだいに私の中で固まってきた見通しだった。一九五九（昭和三十四）年の暮の、中国古代史研究会の論文予備報告会では、この見通しをまとめて報告し、翌年三月までに『左伝』のほぼ全部の検討を終えたところで、四月から論文の下書きに入った。注を補足的に調べたりしながら、清書を終わったのが五月。これが私にとって初めての論文らしい論文「左伝における覇と徳——徳概念の形成と展開」である。これを含めた研究会の論文集『中国古代史研究』は、この年（一九六〇年）の十一月に刊行された。

## 4 『左伝』講読

### 研究前史を終えて

「左伝における覇と徳」の論文を書いた一九六〇年は、三十三歳の私にとって、いわば覚醒の年でもあった。私的なことを言えば、この年の初めには長男が生まれて、一児の父となったし、後半には翌年度新設予定の史学科の専任教員となる話が進んで来た。それと同時に、六月中に強行採決から自然成立をみた新安保条約をめぐる動きは、更めて私に、政治に対する市民としての自覚を呼び醒ましたことも忘れられない。政治に対する判断を曖昧にすることは、自分の研究に対する責任を曖昧にぼかすことと同質だ、という直覚をもった。拙い研究評論めいた仕事を、その後試みたのも、この六〇年安保の際の体験が基礎になっている。しかし、そのことは当面の問題ではない。

この年の半ばから、古代中国に関して、三つの側面から探究が始まった。第一は、あの論文で展開した『左伝』の分析方法を、「徳」概念以外についても傍証づけていくこと。第二は、卒業論文以来御無沙汰していた『史記』を、この時点で捉え直すこと。第三は、戦国から秦・漢にかけての、いわゆる諸子百家の展開過程に対して、自分なりの見通しをつけること。この三つは、みな外側からの執筆要求によって促されたものばかりである。第一は、和田清博士の古稀記念論叢編集委員会から。第二は、筑摩書房の『世界の歴史』編集部から。第三は、学生社の『古代史講座』編集委員から。

これらは、確かに外側からの注文だったが、これが一九六〇年という時点の私に課されたことには、ほとんど宿命に近いものを感じる。

自分が書くであろう内容は、もちろん予測できなかった。しかし、書かねばならぬモノがある、という予感だけは確かだった。そしてその後の十年ばかりの間、確かに私はこの三つの系列に沿って――時にお互いが混じり合いながら――、論文めいたものを書いてきた。現在も、そのワクから脱け出ていない。その意味で一九六〇年という年は、これまでの私の研究歴の前後を分かつ分水嶺だったと言えるかもしれない。

研究前史を書き終えたところで、これ以後のことについての書き方は、おのずと調子が変わって来るだろう。ある意味では、これまでの前史は私の自己発見の過程だった。形を成さない憂悶と焦燥。昂揚するかと思えば忽ち挫折する日々の連続。しかし一九六〇年以後になると、自分の癖というかペースというか、その波がつかめるようになったせいか、あまりに激越な悲憤慷慨に揺さぶられることが少なくなった。日々の生活の時間と、研究の時間とのバランスが保てるようになった。資料を集め、整理し、論文としてまとめることが、歎息と苦悩を伴わずに出来るようになった。研究者らしくなった、とは言えるかもしれぬが、これが進歩かどうかは知らない。退廃と言われても仕方がない面もある。しかし憂悶と焦燥の前史なしには、この安易で退屈な心境にたどりつけなかったことも確かだ。

『左伝』に見える覇者と「徳」概念の検討を進めていく中で、春秋時代と戦国時代との間には、決定的と言ってよい程の差があることを強く感じ始めた。普通は春秋戦国時代として、殷・周時代から秦・漢帝国への過渡期として一括して捉える。しかし、たしかに変革期の動乱の世には違いないが――秦・漢以後だとて、決して泰平の世ではないのだが――、春秋時代の混乱と、戦国時代の混乱とは、質が違うような気がする。少なくとも『左伝』の原型が形を成したと思われる戦国中期以後の語り手にとっては、春秋時代の混乱の真の原因が分かっていない。あるいは、分かろうとしない。彼らはむしろ、春秋時代の史伝に対して、蛇足とも言うべき解説をくどくどと附けて、もっともらしい訓戒譚《くんかいたん》に仕上げて行く。「徳」とか「礼」とかの効用を、うんざりするほど盛り込んで。どうもそこには断層があるとしか思えぬ。

むろん、春秋時代、戦国時代と分けて呼ぶ言い方は、レッキとしてある。ただしそれは、王道政治を基準にして、それが衰退して行く段階を表わすものとしてであった。紀元前七二二年から前四八一年までの春秋時代は、経典《けいてん》としての『春秋』が扱っている期間で、周の王室の権威が下降して行く覇者の時代とされ、紀元前四〇三年から──前四八一年から四〇三年の間に空白があるのも妙なものだが──秦の始皇帝が天下を統一する前二二一年までを、戦国時代とすることは、宋の司馬光が『資治《しじ》通鑑《つがん》』で、韓・魏・趙の三氏が諸侯として認められたことを名分の乱れとして特筆して以来、襲用されている。

しかし私がここで感じた春秋と戦国の違いとは、そういう意味のものではない。私には、覇道と区別された王道などは、架空としか思えない。「力」を排除した「徳」だけの政治などは、まやかしだ。春秋時代には、むしろ王道・覇道の区別などを超えた統治の方式が、殷・周王朝の時代から引きつづいて行なわれている。ところが春秋時代の末期近くなった頃から、さらに戦国時代に入ると、そのような統治方式が内外諸条件によって有効でなくなる。それとともに、そういう統治方式を支えていた原理が、戦国人士お好みの「徳」とか「礼」とかいった理念で説明されるようになる。言い換えると、史実の伝承はあっても、それを受け止める心は、かつての春秋時代のそれとは別物となっている。そういう断層が春秋と戦国の間には存在するのではないか、と思うようになった。

この想定を確かめるためには、「覇と徳」の論文で抽出した原則を、『左伝』の他の記述に応用して、矛盾や例外がないかを検討してみる必要がある。それをやらないと、自己流の『左伝』の読み方の妥当さが証明できぬ。

――というわけで、それから七、八年の間に、第一の系列に当たる『左伝』を素材にした論文を、数篇書くことになった。実際は、こうして書き継いでいると、幾つ目かからは惰性に近くなる。自分の立てた原則を検証するよりも、それをうまく応用して議論を組み立てる、という傾向が強くなったように思う。

研究が進むとか、完成するとか言われることは、あるいはそういうこと――少なくともそういう過程を含むこと――なのかもしれない。頼れるのは、自分の立てた原則と、その原則に依拠しようとしている自分だけ。孤独である。孤独だから、書いた論文への学界筋の評価が気になる。無視されても頑張る以外にないし、褒められても、後が続かなければおしまいだ。とにかく、ある程度のメドがついたと思える地点まで、なんとか仕事を続けなければならぬ。

そういう心細い心境の中で、数年にわたって『左伝』を咀嚼《そしゃく》しながら描いた輪郭が、おおよそ以下のようなものである。

## 賂と質

春秋時代には賄賂《わいろ》がさかんに行なわれた。しかし早呑みこみしてはいけない。この賄賂は、後世、そして現在、贈賄《ぞうわい》あるいは収賄《しゅうわい》として法的に処罰され、道徳的に非難される、そういった種類のものではない。むしろ当時にあっては、国と国との外交折衝に際して、また時には一国内の公《きみ》と大夫との関係を調整するために、不可欠な贈遺品だった。

紀元前七世紀の後半、晋の文公が覇者として登場した頃のこと、『左伝』の僖《き》公二十八年から三十年あたりにかけて、次のような記述がある。

晋の文公が、即位以前の亡命中に曹《そう》の国を過ぎたとき、曹の共公が、文公の肋骨《ろっこつ》が一枚につながっているという噂を聞いて、風呂場をのぞき見したことがあった、という。即位して晋君となった文公は、この非礼を責めて曹を伐とうとし、衛《えい》を経由して軍隊を送ろうとした。ところが衛の成公はこれを許さなかったので、晋軍は別コースをとって曹を侵し、帰路、衛を伐って五鹿《ごろく》の地を取った。衛の成公は晋に謝まるが、晋の側では許さない。ならばと、南方の強国の楚に援助を仰ごうとしたが、衛の国人の同意が得られず、やむなく成公が国都を出て襄牛《じょうぎゅう》の地に退居し、晋に対して謹慎の意を示すことにした。

そこに晋・楚間の第一次決戦ともいうべき城濮《じょうぼく》の戦が起こる。北方の晋・斉・宋・秦の連合軍と、令尹《れいいん》（宰相）の子玉《しぎょく》のひきいる楚軍との対戦である。この戦では、晋軍の狐毛《こもう》・狐偃《こえん》・先軫《せんしん》・郤溱《げきしん》らが活躍して、楚軍は大敗した。晋の文公が周の襄王から覇者の策命を受けたのは、この勝利によってとされる。

ところで、この晋側の大勝は、衛の成公の立場を一層苦しくした。成公は楚から陳に亡命し、衛の国内では、大夫の元咺《げんけん》が衛君の一族叔武《しゅくぶ》を奉じて、晋との提携に努めた。こういう二元外交は、春秋列国——とくに晋・楚両大国に挟まれた鄭・宋・衛など——では珍しいことではない。ところが、どう事情が急変したか、晋の文公は突如、衛の成公の復活を認めることになった。本国への復帰に当たっては、国都にいる元咺・叔武との間に話し合いがついていたらしいのだが、いざ帰国の段になって、手違いからか叔武が殺されてしまった。そこで元咺は晋に赴いて、成公側の不当を文公に訴え、その結果、衛の成公は捕えられて京師《けいし》に送られ、深室に幽閉されることになった。一方、勝訴した元咺は衛に戻って、公子瑕《こうしか》を擁立する。

さっぱり賄賂の話が出て来ないので、苛々した方もいらっしゃるかもしれぬが、これからが本番である。本番を際立たせるためには、前座の状況説明がいる。

さて、以上のような裁定をした晋の文公は、医衍《いえん》という医者に命じて、衛の成公を酖《ちん》（鴆《ちん》という鳥の羽をひたした毒酒）で毒殺しようとした。いささか霸者らしくない問題のモミ消し方のような気がするが。そのとき、成公の側近の忠臣甯兪《ねいゆ》（甯武子《ねいぶし》ともいう）は、その医者に「貨《か》シ」て酖毒を薄めてもらい、ために成公は死なずに済んだ、という。「貨ス」とは「賂」を贈ることである。「貨シ」た物品が何かは知らぬが、主君成公の命を救うためだから、相当な宝貨であったことは疑いない。

しかもそれだけではない。この成公の危急の時に際し、魯の僖公が助命運動に乗り出した。その際にどんな「賂」が動いたか。『左伝』は、

公、之ガ為メニ請ヒ、玉ヲ王ト晋侯トニ納《い》ルルコト、皆十瑴《かく》。王、之ヲ許ス。

と記す。瑴とは玉一対《つい》のことを言う。周の襄王と晋の文公とに、それぞれ十対の美玉を贈ることによって、成公は命を取り止めたのである。

しかし、話の結末はまだついていない。しかも、あくまで「賂」が絡まりつく。

釈放された成公は、衛の国内にいる周歂《しゅうせん》と冶廑《やきん》の二人に「賂」を贈って、「わしを国君に迎え入れるのに成功したら、汝らを卿《けい》に取り立てよう」との意志を伝えた。これに応じた二人は元咺《げんけん》及びその一派を殺して、成公は再び復帰した。そして早速、宗廟で二人を卿に任命しようとしたところ、門に入ろうとした周歂は急病で死に、それを見た冶廑は卿を辞退した、という。

こういう「賂」「貨」の事例は、『左伝』の至る所に見出すことが出来る。時には、「貨」を受ける

ことを禁ずる命令が出されたことすらあるが、それにもかかわらず、幾つもの難関を乗り越えて、「貨」が目ざす相手に届いた話も伝わっている。それくらい「賂」や「貨」は、何かの依頼を相手にする場合には不可欠な手続きだったし、また手続きに沿って行なわれた場合には、必ずと言ってよいほど有効だった。

そのことは、『左伝』に記される国際・国内の政治過程を平心にたどる限り疑いようもないのだが、ところが、その『左伝』の中には、「賂」や「賄」「貨」をきびしく批判する言辞も混在しているのである。

襄公二十四年の条に、鄭の執政の子産《しさん》（公孫僑《こうそんきょう》）が、晋の実力者范宣子《はんせんし》（士匄《しかい》）に宛てた手紙が記されている。范宣子が晋を訪問する諸侯に、過重な「幣」を要求したことに対する忠告である。

あなたが晋国の執政となられて以来、四隣の諸侯は令徳（よき恵み）に浴することなく、聞くのは重幣のみ。私は困惑しております。私の聞くところでは、国家に長たる方は、賄なきを患えず、令名（よい評判）無きことをこそ念頭にかけられるとのこと。思えば、諸侯の賄が晋の国君のもとに集中すれば、諸侯は晋からはなれるでしょう。もし、あなたがそれを独占されれば、晋国はあなたからはなれるでしょう。諸国がはなれれば晋国は勢力を失墜し、晋国がはなれればあなたの家は崩壊するはず。なぜそのことにお気づきになりませぬか。賄を集めてどうなさろうというのですか。令名というものは徳をひろげる乗り物ですし、徳こそは国家の基礎です。……あなたとしては、むしろ「あの方のおかげで暮らしていける」と噂《うわさ》されるべきで、「あいつはおれたちから搾《しぼ》り取って暮らしている」と言われてはなりますまい。象は牙《きば》をもちながら殺される。それは牙という賄をもっているためです。

この手紙を読んだ范宣子は、悦んで「幣」を軽くしたという。ここまで「令名」「令徳」と「賄」

とが矛盾することを批判されながら、なおかつ「重幣」を軽くするに止めなければならなかったところに、「賄」の不可欠さがかえって出ているかもしれない。しかしここで問題にしたいのは、この「賄」否定論が、子産の口を借りて展開されていること、言い換えれば、私の基準で言う『左伝』の〔Ⅱ〕の部分に展開されていることである。むろん〔Ⅱ〕の部分が、すべて『左伝』筆者のつくりごとだなどと言うつもりはない。そう断定するだけの証拠もないのだから。実際、この子産の手紙の中で使われている「令徳」ということばには、抽象的な人徳とは異なる、相手国に対する具体的な恩恵というニュアンスがあり、原初的な「徳」の内容に近いものが感じられる。しかし少なくとも、ここで子産の口を通じて展開された「賂」否定論は、その格調の高さにおいて、春秋時代の現実をはるかに擢《ぬき》んですぎていはしないか。

「賄」や「賂」に対する批判的な口ぶりは、ここだけではない。しかもそれは、〔Ⅰ〕の部分で「賄」「賂」が行なわれた記述があると、時には待っていましたとばかりに、時には取ってつけたように、「賄賂を授受することは非礼である」という弁論が〔Ⅱ〕の部分で展開されたり、同趣旨の「君子」の批判が〔Ⅲ〕の部分で加えられたりしている。

ということは、「賄」や「賂」をまさにワイロとして非難排撃する主張は、国際慣行としての「賄」「賂」が手続き化していた春秋時代の思想そのものではなくて、そういう慣行が独立小国家の消滅とともに廃れてしまった、戦国時代以後の語り手による修飾が加わっていると見るべきではないか。

ワイロを排撃する主張は、戦国以後の儒家文献にしばしば見える。たとえば『礼記《らいき》』の中庸《ちゅうよう》篇には、

讒《ざん》ヲ去リ、色ヲ遠ザケ、貨ヲ賤シミ、徳ヲ貴ブハ、賢ヲ勧ムル所以ナリ。

などとある。『左伝』の〔Ⅱ〕〔Ⅲ〕の部分に見られる主張と、それは同じ基盤に立つものと言える。

ところで、この「賂」や「貨」が行なわれる場合に、『左伝』の記述でしばしば一緒に登場するの

が「質《ち》」である。「質」の字は「贄《し》」と通じて用いられるばあいは「シ」と読み、「質《し》ヲ委《い》シテ臣ト為ル」といわれるように、君主や先生に謁見する際に持参する礼物のことをいう。しかし『左伝』で使われる「質」の多くは、いわゆる人質のことで、その場合には「チ」と読むことになっている。

成公二年の条に、晋と斉とが鞌《あん》で戦って斉軍が大敗し、晋軍が斉の地に攻め込んで来た際のことが記されている。斉の頃公《けいこう》は大夫の国佐《こくさ》（賓媚人《ひんびじん》）に命じて、晋に「賂」を贈って、攻撃を止めさせようとした。このときの「賂」の内容は、斉が紀《き》という国を滅ぼした際に獲得した甗《げん》という形の宗廟の祭器と、玉製の磬《けい》。それに、魯に対して、略取した汶陽《ぶんよう》の土地を返還すること。

ところが、晋の側では首をタテに振らない。蕭同叔子《しょうどうしゅくし》を「質《ち》」に出し、かつ、斉の領内の畝《うね》を東西の向きに作れ、という。ここで蕭同叔子というのは頃公の母のことで、数年前、晋の郤克《げきこく》が斉に使したとき、彼女が帷《とばり》のかげから、足をひきずって階段を上る郤克を見て笑ったのを怒って、この要求となったという。畝を東西の向きにせよとは、晋の軍隊が西から東へ向かって進撃しやすいようにせよという要求らしいが、果たしてそううまくいくか。

晋の側から出されたこの無理難題に対して、斉の国佐《こくさ》は外交辞令の妙技を尽くして断わりを言う。「母を質《ち》に出せとは、不孝の行為を相手に命ずることだ。畝の向きを変えよとは、土地の性質を無視することだ。そのような先王の制に反する行為をなさると、晋は盟主になれませんぞ」というわけだ。魯と衛も、甗《げん》と磬《けい》と土地とが獲得できればよいではないか、と執り成す。そこで晋側も折れて、斉と講和した、という経緯《いきさつ》である。

この時、晋が要求した「質」は、斉の国君の母親という異例の人物だったので、この話は成り立たなかったのだが、春秋時代には国君の嫡子や公子たち、あるいは大夫の子などが、「質」として相手国側に送られた例は多数ある。しかもその「質」は、宝物や土地などの「賂」——時には楽人や工芸職人なども含まれる――と一緒に送られている。劣勢な側が優勢な相手に送り込む場合が通例だが、相互に「質」を交換し合うこともある。周の平王と鄭の荘公とが、お互いの信頼をつなぐために、王子狐《おうじこ》と公子忽《こうしこつ》とを「質」として交換したことが、隠公三年の条に見える。

この周と鄭との不安定な関係は、数年後になって爆発し、両者は戦闘を交えるまでに至るのだが、その成り行きを踏まえてか、『左伝』は隠公三年の

周・鄭・交〻質《こもごもち》ス。王子狐、鄭ニ質ト為リ、公子忽、周ニ質ト為ル。……周・鄭、交〻悪《にく》ム。

に続けて、「君子」の評を挟む。私の言う〔Ⅲ〕の部分である。その趣旨はこうだ。

相互が信で結ばれてなければ、質があっても役に立たぬ。相手を信頼し礼をもって交際すれば、質がなくてもスキマは起こらぬ。

ああ、またまた「信」や「礼」のお説教である。「信」や「礼」さえあれば「質」は無用だ、と「君子」はおっしゃる。「君子」はそれで済むだろうが、春秋時代の諸侯にしてみれば、コトは切実だ。「質」を「賂」と一緒に出さねば、場合によっては国家そのものが転覆することだってありうるのだ。「君子」に批判されても、なりふりかまってはいられない。

「君子」のこういった、ややキレイゴトの「質」批判は、あるいは戦国以後になって、もっとあこぎな「質」が横行するようになった現実に対する批判の意味もあるかもしれない。『史記』には、そんな話が一杯ある。項羽と劉邦の決戦の最中、劉邦の父母妻子が捕えられ、「質」として項羽の軍中に置かれた。広武《こうぶ》で対陣してシビレを切らした項羽が、劉邦の父親を大きな俎《まないた》の上に据えて、「今すぐ降服せぬと、お前の父親を煮てしまうぞ」とおどかした有名な話がある。結局、父親はスープにされずに済んだのだが、こういう殺伐な「質」の扱い方は、春秋時代にはなかったようだ。

それに、もっと深謀遠慮型の「質」の操り方も、戦国時代になると発見されてくる。有力な人物を

家臣として繋ぎ止めるためには、いくつかの術がある。爵や禄を厚く与えるのは序の口。信賞必罰を励行するのはその次。最も奥義は、父母妻子を「質」に取ることだ。ただし、その「質」は、父母妻子を一室に監禁するなどというヘタな真似はせず、逆に恩顧を与えて厚遇するのである。そうすると、家臣はそのことに心を惹《ひ》かされて、君主から背叛しなくなる。これこそ「質」の最大の効果なり、とは『韓非子』の見抜いたところである。あな、おそろしや福祉政策！

『左伝』の「君子」の「質」無用論が、こういう現実まで抑えての上の発言だったら、見事と言うほかはない。それは無理だとしても、「君子」の議論が春秋時代の現実からは浮いていることは疑いない。

## 貳と叛

前に、京城大叔と称せられた弟の段が、兄の鄭の荘公に対して次第に勢力を伸ばして行く過程をたどった際に、しきりに「貳《じ》」という字が出て来たのを覚えておられる読者もあるだろう。

既ニシテ大叔（京城大叔の段）、西鄙・北鄙ニ命ジテ、己レニ貳(A)セシム。公子呂曰ク、「国、貳(B)ニ堪ヘズ。君、将《まさ》ニ之ヲ若何《いかん》セントス。……」大叔、又貳(C)ヲ収メテ以テ己《おの》ガ邑ト為シ、廩延《りんえん》ニ至ル。

……

このA・B・C三つの「貳」の解釈について、古来幾つかの説がある。

第一は、「二つに属する」意味だとする説。それに従うと、Aは、大叔が西方や北方の鄙邑を荘公と自分との両方に属させた、となり、Bは、両方に属すれば、賦役も両方に取られるから、国人としては堪え切れなくなるといったことになる。Cはむろん、両方に属する邑、の意味になる。

第二に、「二心」すなわちフタゴコロと解する立場である。するとAは、西方や北方の鄙邑に対し、大叔は荘公と同時に自分にも従わせた、つまり二心を抱かせた、となる。Bは従って、国君にもっぱら従わず二心を抱くような状態では、国家は成り立って行かない、という意味になり、Cも、二心を抱く邑を増やして行った、と解することになる。

第三は、「貳」を「副」と同義に解する説。弟たる者は兄に恭順して、副主のように振舞ってはならぬ。それなのに大叔は、西鄙・北鄙の人に対し、自分を恰も副主のように奉じさせた（A）。このように国中に副主があることは困ることである（B）。そして大叔はさらに、それまで自分を副主と奉じさせて来た邑を、はっきり自分の属邑としてしまった（C）。

それぞれ、訓詁学的にはレッキとした根拠がある解釈なのだが、この『左伝』隠公元年の条を読む限りでは、どうもしっくりしない。そう思っていた折に、藤堂明保氏の「『ふたつ』を意味するコトバ」という論文を読んで、ハタと膝を打った。それは、「二」または「貳」ということばには、「一つのものを二つにする」のと、「二つのものを一つにくっつける」のとの、全く相反する語義が含まれている、という説である。一つの字に相反する意味が含まれている場合がある――「離」には「はなれる」と「くっつく」、「亂」には「みだれる」と「おさめる」の両義がある――ことは、古くから反訓《はんくん》と呼ばれて注意されている。「貳」の場合にもそれがあるとは、発見だった。

そしてこの説を導入すると、『左伝』の上の個所は、いともスラリと読解できるのである。すなわち、Aは、西鄙・北鄙を鄭の荘公の支配からはなして、自分の方にくっつけたことであり、Bは、鄭という国家が荘公と大叔の二つに分れている状態は危険だということであり、Cは、Aと同様に、大叔側にくっつく邑を増やして廩延《りんえん》にまで達した、ということになる。これくらい明快なことはない。

しかも「貳甲」とあれば、甲からはなれたという意味であり、「貳於乙」とあれば、乙にくっつく意味であることも明らかである。それを「二心」を抱いたとか、「両方に属した」などと、ごたごたした解釈を加える必要はない。さきの鄭の子産《しさん》が范宣子《はんせんし》に送った手紙の中にも、

夫レ諸侯ノ賄《わい》、公室ニ聚《あつま》ラバ、則チ諸侯貳《じ》セン。若《も》シ吾子《ごし》、之ニ頼ラバ、則チ晋国貳《じ》セン。

という句があったが、これも、諸侯が二心を抱くだろう、晋国が二心を抱くだろう、などと解釈するのはおかしい。ズバリ直入に、晋からは諸侯が、あなたからは晋の国人がはなれるでしょう、と読むべきだ。

「貳」を「二心」――フタゴコロと訓読するようだが――として読むことは、語釈として妥当でないだけでなく、実は春秋時代の国際関係の在り方に対する無理解を示していると思う。当時の列国間の関係は、会盟と戦争の繰り返しである。会盟に参加して特定の国とくっついていても、また状況によってそれからはなれても、祀《まつり》と戎《いくさ》の自主権を保有しているそれぞれの国家にとっては、そのことは、「二心」とか何とかいうふうに道義的に非難される謂《いわ》れはなんらない。くっついている必要性がない、くっついていても「賂」や「貨」を取られるだけで何の利益もない、と判断すれば、その相手からはなれる自由を保有している。その場合には、相手が「徳」がないとか、「非礼」であるということばが口実に、選ばれる。ときには、はなれたはずの相手がそのことに不満をもって、いろいろな制裁や嫌がらせを加える場合もあるが、とにかく、厭な相手から「貳」して、まともな別な国に「貳」する自由はあった。その自由は、国家と国家との関係だけでなく、国君（公）に対して大夫も、さらに大夫に対して有力家臣も、ある程度は保有していたようだ。

「貳」と並んで「叛《はん》」という字もひどく誤解されている。訓読では、これを「ソムク」と読むものだから、後世の「謀叛」――日本音では「ムホン」――と同じ内容に取られがちだが、『左伝』では、「叛」は、いまの「貳」とほとんど同義に使われている。楚との盟約を求めて晋から「叛」しようと

した魯の成公に対して、大夫の季文子《きぶんし》は次のように諫《いさ》める。

不可ナリ。晋ハ無道ナリト雖モ、未ダ叛ス可カラズ。国、大臣睦《むつま》ジクシテ、而モ我ニ邇《ちか》ク、諸侯コレニ聴《き》ク。未ダ以テ貳ス可カラズ。

この成公四年の条に見える言い方のように、「叛」と「貳」は相互に入れ替えが可能なのだ。甲から はなれることを「叛甲」、乙にくっつくことを「叛於乙」と書く点も、「貳」と同じである。また国家間だけでなく、一国内の国君と大夫、大夫とその家臣との関係においても「叛」が起こっている点も、「貳」と共通している。なぜそういうことが起こるか。

魯、衛、斉、晋といった春秋時代の諸国家の構造は、仮に都市国家ということばを用いるにしても、それから連想されるような小規模のものではない。確かに一国家には一人の公《きみ》しか存在せず、その地位は、お家騒動を孕《はら》みながら、名目上は世襲される。その公の住む町が、狭い意味での「国《こく》」であり、祖先の宗廟がある。魯でいえば曲阜《きょくふ》である。

ところが魯という国家は、曲阜とその周辺の鄙邑とだけに限らない。数十キロメートルは離れた費《ひ》、郈《こう》、成《せい》といった「都《と》」をも支配の系列下に収めるところの、かなりの広がりをもっている。これらの費や郈や成といった「都」も、ある時期までは独立の「国」だったのだろうが、春秋時代の段階では独立性を失って、魯という国家の構成内に編入されている。

費・郈・成の三「都」は、魯の桓公から分かれた三桓氏《さんかんし》(孟孫氏《もうそんし》、叔孫氏《しゅくそんし》、季孫氏《きそんし》)の拠城で——郈は、初めは郈孫氏の拠城だった——、それぞれの采邑として与えられた形を取っている。しかし三桓貴族の当主は、常時は曲阜の邸に住んでいたらしく、「都」の管理は宰《さい》に任せてある。宰は世襲の場合もあったようだが、一応中央任命の形を取っており——のちに孔子の弟子の子游《しゆう》や子羔《しこう》が費の宰となっている——、実際には邑の住民である有力者層の支持なしには、管理はスムースに運ばなかった。

つまり一つの国家は、外交的には一人の公によって代表されてはいても、その内部構成は階層的、地域的に多様で、かつ流動的だったと言える。だから、これらの諸関係の中ではなれたり、くっついたりすることは十分起こり得たわけであって、これが『左伝』では、国内における「貳」ないし「叛」として記されていると考えられる。

季氏《きし》（季孫氏を略してこうも呼ぶ）の家臣で、費の宰であった公山不狃《こうざんふじゅう》なる人物が、定公九年に季氏に「叛」したという事件も、以上の構造から見れば、それほど異変ではない。その翌年には郈の馬正だった侯犯《こうはん》が、魯に「叛」しながら、さらに郈の邑人から「叛」されて、逃げ出した例さえもあるのだから。

ところが『論語』の陽貨篇に、費に拠って「叛」した――『論語』では「畔《はん》」の字を書くが同じ意味だ――公山弗擾《ふつじょう》（＝不狃）のもとに、孔子が赴こうとして、子路がそれを止めようとした話がある。聖人ともあろう孔子が謀反人の所に行く筈がない、と信ずる忠実な儒教徒は別としても、これは、三桓氏の専制打倒をめざした民主改革者の行動であるとか、体制変革をめざす当時の叛徒に加担した変革者の証拠である、といった説が出されている。その僭越ぶりを孔子に批判された三桓氏こそは、封建的土地私有制の推進者である、という楊栄国氏などの考え方からすると、季氏に「畔」した公山弗擾のもとに赴こうという孔子の行動は、当然、反動的な性格のものとなるだろう。

それらの当否は別として、従来の諸説に共通していることは、『左伝』や『論語』の「叛」「畔」の字を、後代の――解説者の時代の――謀反や反乱の概念に短絡させていることである。それが、謀反はけしからん、反乱することはよいことだ、といった一見反対の、実は道義主義的な点では共通な、歴史の見方につながって来る。

「孔子」や「叛」などの字に対する先入観念を極力排除して、私なりに『左伝』を平心に読んでみたところからは、次のような状況が浮かび出てくる。――

季氏の采邑の費《ひ》の宰である公山不狃《こうざんふじゅう》は、季平子・季桓子父子と折合いが悪かった。そこへ定公八年(紀元前五〇二)に、曲阜で孟懿子《もういし》・季桓子と、陽虎と称せられる実権者との間に戦闘が起こる。しかし陽虎の軍は敗れて、讙《かん》・陽関《ようかん》に立ち退き、魯に対して「叛」した。すると翌年、費の公山不狃が「叛」する。さらにその翌年には、郈《こう》の馬正であった侯犯が「叛」する。つまり費の「叛」は、陽虎や侯犯の「叛」と一連の事件であり、その敵対する相手は孟懿子・季桓子グループであったと見られる。

陽虎は謎の人物だ。『論語』陽貨篇に出て来る、孔子に出仕を勧めた「陽貨」と同一人物らしいが、季氏の家臣と言われているにしては、権力をもちすぎる。計画では孟懿子に取って代わろうとした、と『左伝』がチラつかせているところを重く見ると、彼は孟孫氏の一族で孟懿子のライヴァルだった可能性がある。そう仮定すると、この前後の事件のスジが通る。『春秋』経文に、公宮から宝玉大弓を持ち出した陽虎が、「盗、宝玉大弓ヲ竊《ぬす》ム」と記されているのも、不祥事件を諱《い》んだというより、陽虎の身分に遠慮したのではあるまいか。『左伝』その他が「陽虎」と記すのも、わざと実名を伏せたのかもしれない。

費・郈・成の三つの「都」の城壁を破壊する話は、『左伝』定公十二年では季氏の宰となった孔子の弟子の子路《しろ》の発案、『史記』孔子世家では孔子自身の意見、となっているが、実は陽虎や公山不狃の「叛」を処理し、隣国斉《せい》との外交関係を好転させるための、孟懿子の策略だった疑いがある。なぜなら、叔孫氏の郈と季孫氏の費とは破壊が実行されたが――その際、費の公山不狃は最後に曲阜を攻撃して敗退した――、孟孫氏の成だけは破壊を免れているからだ。『左伝』はこれを、孟懿子と、成の宰の公斂処父《こうれんしょほ》との共同謀議の結果としている。しかもこの三都は、斉との交界線上に在る。定公十年の夾谷《きょうこく》の会以来、魯と斉とは外交的に接近しつつあった。三都の防備を撤去します、と斉側には言いつつ、自分の拠城の破壊だけはサボタージュする。しかもそれが自分の意志でないことを示すために、サボタージュしている成の町を定公の軍が囲む手続きだけはとる。——これはむろん、陽虎を孟孫氏の一族と仮定した上での推論だが、このあたりの「経」や「伝」の書きぶりは、虚々実々、裏のまた裏があるらしくて読み切れない、と言うのが正直なところだ。

問題がだいぶ陽虎や公山不狃の「叛」に偏してしまったが、この例からもわかるように、『左伝』で「叛」や「貳」と書かれている行為は、「ソムク」とか「フタゴコロ」とか訓読して、そのつもりで解釈すると、見当違いになることが多いのだ。ただ、『左伝』でも、その特定の部分には、「貳」を「二心」に置き換えた言い方をしているところがある。荘公十四年の条に見える「臣ニ二心無キハ天ノ制ナリ」という鄭の原繁《げんはん》のことばなどは、それである。しかし、臣たる者が仕えた君以外の者に心を寄せることを非難する主張は、本来的には、春秋時代の主君と大夫とを律するものとは言えない。私のいう『左伝』の構成上〔Ⅱ〕の要素に属するこの原繁の発言は、戦国以降の『左伝』の語り手の筆の走りだろう。そういう部分を含みつつ、『左伝』という大河は流れて行く。

## 華と夷

『左伝』を素材にしながら考えてみたことを、もう一つ挙げておこう。それは「華」と「夷」の差別に関する問題である。

さっきも触れたが、定公十年に、魯の定公と斉の襄公が夾谷で会盟した際のことである。斉側では犁弥《れいび》の策によって、この会盟の席に、武器を持たせた莱夷《らいい》の楽人を乱入させて魯側を脅かし、予定されている鄆《うん》・讙《かん》・亀陰《きいん》の土地の返却を帳消しにしようとした。すると、魯の相《しょう》（補佐役）であった孔丘《こうきゅう》（孔子）は、定公を退席させ、斉君に向かって凛然として次のように言った。

すぐにあの連中を殺しなさい。平和な会盟の席に、武器をもった裔夷《えいい》の俘《ふ》を乱入させるとは斉君らしくもない。

裔《えい》ハ夏《か》ヲ謀ラズ、夷《い》ハ華《か》ヲ乱サズ、俘《ふ》ハ盟ヲ干《おか》サズ、兵ハ好《よしみ》ニ偪《せま》ラズ。

という原則を守るべきである。こんなやり方は、盟誓しようとする神に対しては不祥、人道に対しては非義、会に参加している人に対しては失礼というもの。あなたがお命じになったことではありますまい。

そこで斉の襄公は、あわてて彼らを引っ込ませた。さらに盟誓の辞を作る際にも、孔丘は斉側の提案に異議を唱え、また会盟後の野外での享礼《きょうれい》を非礼として斥けるなど、断乎たる態度を取った結果、斉は魯に約束通りの土地を返還した。

この夾谷の会に関しては、『左伝』以外に異伝が多い。『穀梁伝』はこう伝える。――斉・魯の両君が壇上に昇ったとき、斉側では「夷狄《いてき》の民」をワァッと押し寄せさせて魯君を捕えようとした。すると孔子がツツツと階段を登って、ただし一段だけ残し、斉君を叱責する。

両君、好ヲ合スルニ、夷狄ノ民、何為《なんす》レゾ来レル。司馬ニ命ジテ之ヲ止メヨ。

そこで斉君は謝まり、退いてから大夫たちに対し、「自分を夷狄の俗に陥らせたのは汝らの責任だ」と叱る。ところが会が終わると、今度は斉側は優施《ゆうし》という俳優に命じて、魯君の幕下で舞を舞わせた。すると孔子は、こんどは、

君ヲ笑フ者ハ、罪、死ニ当《とう》ス。

と叫んで、司馬に命じて彼を死刑にし、「首足《しゅそく》、門ヲ異《こと》ニシテ出ヅ」という仕儀になった。

　文事有リト雖モ、必ズ武備有リ。

という原則の正しさが、これによって証明される、と『穀梁伝』はしている。

『史記』の斉世家の叙述は簡単だが、犁鉏《れいしょ》——『左伝』の犁弥《れいび》に当たる——の策に従って、「萊人《らいひと》」に楽を奏さしめ、会の席上に登場した「萊人」を孔子が役人に命じて斬らせた、としている。同じく孔子世家の方は、初め斉側で「夷狄の楽《がく》」を奏したのを孔子が斥け、ついで「優倡侏儒《ゆうしょうしゅじゅ》、戯レヲ為シテ前《すす》ム」のを殺して、「手足、処ヲ異ニ」せしめたという。優倡侏儒とは、君主の慰み者として宮中に養われた俳優や、こびとのたぐいである。

　ところで、私にとって関心があったのは、それらの異伝の比較の問題ではなく、『左伝』の中の、

　両君、好ヲ合スルニ、裔夷ノ俘、兵ヲ以テ之ヲ乱スハ、斉君ノ諸侯ニ命ズル所以《ゆえん》ニ非ザルナリ。

　裔ハ夏ヲ謀ラズ、夷ハ華ヲ乱サズ、俘ハ盟ヲ干《おか》サズ、兵ハ好ニ偪《せま》ラズ。

という「孔丘」のことばだった。裔《えい》と夏《か》、夷と華、俘《ふ》と盟《めい》、兵と好、はそれぞれ並立、混淆すべからざるものであり、もし「裔夷ノ俘（捕虜）」が「兵（武器）」を持って盟を乱すようなことが起これば、不祥、非義、失礼である、とする主張である。孔子説話を詳細に検討された渡辺卓《たかし》氏は、その遺著『古代中国思想の研究』の中で、ここの孔子のことばは、「礼」を絶対視する漢代儒家——とくに王莽《おうもう》——の思想である、とされた。そこまで時代が降るかは別として、私も、『左伝』の〔Ⅱ〕の部分に、孔子のことばとして記されるこの思想は、少なくとも春秋時代の時点からは、一定の距離をもっていると思う。

〔Ⅱ〕の部分に見られる華と夷を峻別する表現を幾つか挙げてみると、閔公元年には、管仲が斉の桓公に向かって、

戎狄は豺狼《さいろう》のような輩《やから》で、どうしようもない。諸夏（中華の諸侯）は近親だから、見棄てることはよくない。

と述べているし、襄公十四年の戎子駒支《じゅうしくし》が范宣子に弁明した中には、

我々諸戎は、飲食や衣服も中華と異なるし、相互に外交上の礼物も交わさず、言語も通じない。

と卑下したことばなどがある。

にもかかわらず、『春秋』の経文や『左伝』の〔Ⅰ〕の部分には、魯や衛が「戎」と呼ばれる相手と会盟したり、周や晋が「狄」と通婚したりした記事が出て来る。「羌《きょう》戎」「陸渾《りくこん》の戎」とか、「赤狄」「白狄」というものも出て来る。この〔Ⅰ〕と〔Ⅱ〕との間の断層は、どう理解したらよいのか。

結局、この場合も、〔Ⅰ〕の方は春秋時代の史実――に近い事件――を比較的忠実に伝えた部分であり、〔Ⅱ〕の方は、戦国時代以降の理念が加わっている、と見る以外なさそうだ。

〔Ⅰ〕について言うと、いくつかの青銅器銘文にも、「東夷」「南夷」「南淮夷」を伐ったことが見えるし、西北方から侵入した「厰允《かんいん》」を「戎」と呼んだ例もある（不嫢𣪘《ふきき》）。『詩経』の小雅出車《すいしゃ》の詩に、

赫赫《かくかく》タル南仲、玁狁《けんいん》、于《ここ》ニ襄《はら》フ。

とあり、さらにそれを

赫赫タル南仲、薄《いささ》カ西戎ヲ伐ツ。

と言い換えているのも、この類だろう。なぜそれらを「夷」「戎」と呼ぶのかについては、いろいろな解釈があるが、私にはよく分からない。ただ確かなことは、『詩経』や『尚書』に出て来る「夷」や「戎」の字は、必ずしも、戎狄や蛮夷についてのみ使われていないことだ。「夷」は平らか、悦ぶなどの意味に、「戎」は戦い、兵車、大きい、汝、などの意味に使われている。そういう多様な意味が「夷」や「戎」の字で表わされている。文字学で言うところの仮借《かしゃ》である。「淮夷」や「西戎」は、

むしろ少数例にすぎない。

だから、「夷」や「戎」をつけて相手を呼ぶことは、必ずしも相手に対する蔑視ではなくて、自分の集団と相手とを区別する標識程度の意味しかなかったのかもしれない。極端に言えば、自分の属する氏族――その氏族によって「国」がつくられている場合には自分の「国」――以外の集団は、すべて「戎」であり「夷」であったとも言えるだろう。

ところが、〔Ⅱ〕で使われている「戎狄」や「蛮夷」となると、それらは、「諸夏」「華夏」とは文化的に隔絶した存在として、ひどく見下げられた相手にされてしまっている。〔Ⅰ〕の「戎」「夷」の呼び名が、異なった氏族集団相互間のいわば本源的な排除標識であったとすれば、〔Ⅱ〕のは、自己の文化の優越性を誇る者の、低い文化の相手に対する侮蔑的表現だと言えはしないか。

王者の徳による教化（王化＝徳化）を基準にして、その中枢地域を「中華」とし、王化の及び方が低いか、あるいは王化を受けつけぬ民を「戎狄」「蛮夷」と呼んで蔑視する思想は、ふつう華夷思想と名づけられる。王化は高きより低きに流れるから、当然、「戎狄」「蛮夷」は辺境に配置される。東夷・西戎・南蛮・北狄というように。王化を受けつけぬ民（化外の民）がいることは、王者の徳の妨げになるように見えるが、実は、その分だけ、将来、王化が伸びる可能性を残しているわけだから、かえって王者の徳の悠遠性・無窮性を保障することになるだろう。王者の君臨する「天下」は、だから「中華」の範囲で区切られるものではなくて、周辺の「四夷」をも含まねばならない。原理的に言えば、それは国境をもたず、地上のすべての民を包括した世界、ということになる。

従って、「諸夏」と「戎狄蛮夷」とは、文化的にきびしく差別はされるが、反面、二つは絶対的に分離して別々になってはしまわない。その差は段階的で、ひとしく王者の「徳」の秩序、「礼」の体制の中に包み込まれてしまう。『尚書』の禹貢篇や、『荀子』の正論篇などに説かれる五服の制は、そういう包み込みの理論の代表だろう。『荀子』の説の大要はこうだ。

> 諸夏と、蛮夷戎狄とに対しては、形勢・遠近に応じて段階差を設ける。王畿内の甸服《でんぷく》の諸侯は毎日の祭に加わり、畿外の侯服《こうふく》の諸侯は毎月の祀に加わり、その外側の賓服《ひんぷく》の諸侯は四季ごとに享《きょう》礼に加わり、さらに外側の要服《ようふく》の蛮夷は、一年ごとに貢し、最も外側の荒服《こうふく》の戎狄は王の代がかわるごとに来朝する。このように段階差を設けることこそ王者の制度である。

甸服・侯服・賓服・要服・荒服の併せて五服の天下図の中で、「蛮夷」を要服に、「戎狄」を荒服に組み入れたりしているのは、いかにもこしらえものくさいが、とにかく便利な体系ではある。聞いたこともない異種族の民がやって来たりすれば、荒服が王者の徳を慕って来朝した、ということになる。といって、荒服は別に王者の領土ではないから、来朝しなければしないで、それまでの話だ。

こういう地理的な遠近による段階差の設け方のほかに、たとえ「諸夏」の諸侯であっても、その行為次第で「夷狄」「戎狄」扱いにする、という考え方がある。これは、『春秋』経文の筆法に対する『公羊伝』や『穀梁伝』の解釈に顕著に見られるが、『左伝』の〔Ⅲ〕の部分にも時に出て来る。たとえば、『春秋』経文の隠公七年の条に、

> 戎、凡伯《はんぱく》ヲ楚丘ニ伐チ、以《い》テ帰ル。

とあるのに対して、『穀梁伝』は、

> 「戎」とは実は衛のことである。なぜ衛を「戎」としたか。天子の魯への使者である凡伯を、衛の属邑の楚丘で攻撃したので、貶称《へんしょう》して「戎」としたのである。

と解説する。この解説が、どこまで歴史事実を踏まえたものかは確かめようがない。『左伝』『公羊伝』は、これをほんものの「戎」だとしている。しかし、『春秋』の記事をこういうふうに読もうとした志向が、この伝を作った人にあったことは確かである。『春秋』僖公二十七年の条に、

春、杞子《きし》、来朝ス。

とあるのに対して、『左伝』も、杞の桓公が「夷礼ヲ用ヒ」たので、「公」と言わずに、「子」と格下げしたのだと説く。私の分類では、『左伝』の〔Ⅲ〕の要素の文章だ。

その反対に、善行があれば、もともとは「狄」なのだが、その行為を褒《ほ》めて「狄人」と記す、というような論法がある（『穀梁伝』僖公十八年）。あまり話がくどくなるので、詳しい説明は省く。

こういうように、行為によって「諸夏」と「夷狄」との関係が変化するという考えを、時間の推移の中で体系づけたのが、後漢の何休《かきゅう》の公羊学である。彼は、『公羊伝』に基づきつつ、さらに一層それをふくらませて、『春秋』の筆法の中には、次の三時代の変化が象徴的に述べられていると説いている。

隠公・桓公・荘公・閔公・僖公の世……所伝聞の世……自国だけが中国で「諸夏」も「外」扱いにする

↓

文公・宣公・成公・襄公の世……所聞の世……「諸夏」を「内」とし「夷狄」を「外」扱いにする

↓

昭公・定公・哀公の世……所見の世……「夷狄」も中国と同じ扱いにする

『春秋』経文に、こういう「微言」を読み取ろうとする執念には、異様な感すら抱かされるが、「諸夏」と「戎狄」との転換を、「経典」の中で最も合理的に説明しようとすれば、この何休のような工夫でも凝らさざるを得なかっただろう。

いわゆる華夷思想のあれこれのタイプについて、すこし説明が傍道に入り過ぎたようだ。しかしこれで、華夷思想における「諸夏」と「夷狄」の差別は、純粋に文化的な範疇のものだ、ということがほぼ明らかになったと思う。それは、金文や『左伝』の〔Ⅰ〕の部分に出て来る、「何々の夷」「何々の戎」と呼ばれるものと、質的に違っている。〔Ⅰ〕の記事に続く形で、〔Ⅱ〕〔Ⅲ〕の部分に華夷思想の弁論が展開されていても、それは一応、春秋時代の実情から離れたものと見て差支えない。

こういう華夷思想が成熟していった背景には、戦国時代から秦・漢時代にかけて、中国がいわゆる郡県制的な統一方式を完成させて行った歴史があると思う。例えば陝西省北部にいた「義渠《ぎきょ》の戎」は、戦国時代に秦の昭王によって滅ぼされて、その地は北地郡となった。『漢書』地理志によると、漢代には義渠道——道《どう》というのも地方行政単位——が残っている。また山西省北部の「林胡《りんこ》・楼煩《ろうはん》の戎」は、趙の武霊王に攻撃され、その地には雲中郡・雁門《がんもん》郡・代《だい》郡がおかれ、地理志には楼煩県の名が残っている。つまり、こういう形でかつての「戎」は、郡県支配体制の中に編入され、「戎」の名は次第に解消して行ったと考えられる。

しかし、郡県制による中央集権的支配は、一面において中央の文化の強制を生む。そして、文化（教化＝徳化）を受け容れた程度によって、その土地の文化度は量られる。だが実際には、名が義渠道や楼煩県になろうと、もとの「戎」の風俗・習慣・言語などの特徴が急速に消滅した筈もないから、中央権力としては極力それを排除して、自己の文化への同化を謀りたがる。「戎狄」に対して文化的に蔑視すると同時に、その「戎狄」が「諸夏」に転化する可能性は絶えず残しておかなければならない。——

『左伝』に見える「華」と「夷」に関係する記事から、私が戸惑いながら手繰《たぐ》り出した糸筋は、おおよそこういう次第である。それはかなり多くの推論を含んでおり、あるいは全く違った考え方でもっとスッキリ解決できる問題かもしれない。

以上、「賂と質」、「貳と夷」から「華と夷」に至るような問題を、べつにこの順序に従ってではないが、『左伝』に関してあれこれ十年近く考えてみたことになる。その間じゅう、こんなことは誰かがもう言っているかもしれぬ、自分の考えていることは、『左伝』の注疏まで綿密に読んでいる正統派から見れば、きっとシロウトっぽい読み方と言われるだろうな、という気がしていた。しかし、せめて私に取り柄《え》があるとしたら、まさにそのシロウトっぽさにしかないのだから、と度胸を決めて論文にまとめてはいたのである。

『左伝』を素材にした最後の二論文――「貳」と「叛」を扱った――を書いて、『中国古代政治思想研究――左伝研究ノート』にまとめてから、五年がたった。その本の序説の結びに、

　　『左伝』を主題にしたモットモラシイ論文も、もうこれで打切りになるに相違ない、という予感にとらえられる。

と書いた、その予感は、今のところ適中している。一九六〇年に出発した私の「左伝研究」は、確かにこういう形で一ラウンド終わった。もちろん、取り残した問題が無数にあることは知っているが、その穴埋めに後の半生を捧げるのが学術的良心だとは、必ずしも思わない。それが必要だと思う人があれば、勝手になさればよい。私としては、とにかく一ラウンド終わったのだ。たとえこれから先の時点で、『左伝』をとりあげる機会がまた巡って来ようとも、少なくとも六〇年代のような構想のもとではもはやありえないだろう。

あのような『左伝』の読み方は、やはり終わったのだ。かつての『論語』への執着と同じように。

# 5 『史記』私議

## 『史記』を読むとは

一九六〇年から始まった第二の系列――『史記』、ないし司馬遷について考え直す仕事のことに移ろう。

『史記』を読む、とはどういうことだろう。あるいは、『史記』を読んだ、と言えるためには、どういう読み方をすればいいのだろう。正直に言えば、『史記』や司馬遷についてなにがしか書いてきた私自身、『史記』全体を納得の行くまで検討し尽くしたわけではない。特に礼書・楽書・律書・暦書などの、いわゆる八書はダメだ。『会注考証』本で綿密に読んでも、特に天文や音楽関係などはさっぱり分からない。人物のイメージがかなり明確な列伝はまだしも、本紀や世家の、特に年代記的な部分は文章自体はやさしくても、『史記』全体の中でどう位置づけつつ読めばよいのか迷う。

『史記』を読みたい、と言う人には私は、差当たり、冒頭の本紀からではなく列伝から読むことを勧めるが、しかしその第一の伯夷列伝からして、その格調の高さというか、屈折した文体というか、一度や二度読んでも、何を言おうとしているのか呑み込めないだろう。あれこれ拾い読みしたあとで、伯夷列伝に立ち帰ると、なるほどこれは列伝全体――あるいは『史記』全体――の序説であり、己れの志を述べた部分なのだな、という気がしてくるが、そう受け取ることが正しいかどうかの保証もない。まことに厄介な書物である。

というようなわけで、卒業論文で司馬遷を扱って以来、まともに『史記』を読みましたと言えるには程遠い現状である。だから、モットモラシイ顔をして、司馬遷について評論めいたものを書いたりするよりも、武田泰淳氏の『司馬遷』でも座右に置きながら、日々、『史記』の一篇ずつを味読し、タンノウしている方が、はるかに心が豊かになる。急《せ》き立てられて何か意見を述べるのは、世間づきあいのためでしかなさそうだ。

一九六〇年に筑摩書房の『世界の歴史』に寄稿したときに、差当って各篇末の論賛《ろんさん》――「太史公曰《いわ》ク」を冠した――と、『史記』末尾の太史公自序とだけは精読した。そして論賛でしばしば出てくる「天」と「人」の関係を、司馬遷がどう考えているかをまとめてみた。天道とか人道といった哲学的問題は苦手だが、この場合は避けるわけにはいかない。

論賛を通じて見ると、司馬遷は、秦による天下統一の事業を、天の意志の実現と考えているようである。例えば魏世家《ぎせいか》末の「太史公曰ク」にはこうある。

私は、昔の魏の都大梁《だいりょう》の跡《あと》に行ったが、土地の人はこう言っていた。「秦が大梁を攻めたとき、河溝《かこう》から水を引いて大梁を水攻めにしたため、三ヶ月で城壁が壊れ、魏王は降服して、魏は滅んでしまった」と。論者はみな、「信陵君を用いなかったので、魏は国力が弱まり、滅亡してしまったのだ」と言う。しかし私はそう思わない。天が秦に命じて天下を平定させようとし、その事業が進行中の時点においては、たとえ魏に殷《いん》の阿衡《あこう》のような賢相がいたとしても、何の役にも立たなかったろう。

時勢と状況の変化の中に歴史の必然を見る彼は、それを「天」とか「理」ということばで表現している。しかし、と言って、宿命論とも違う。むしろ、そういう時勢の必然を認識することによって、その時点に適した行動を取る――それはむしろ、「人」の側の自主的判断の責任だ、と見ているようである。だから項羽が西楚の覇王となった功業を褒め上げる反面、その地位を獲得して以後も、彼が武力や私智に頼り続けたのは誤りであり、その責任は項羽自身が負うべきである。それを、漢軍に追い詰められた最後の段階になって、

此レ、天ノ我ヲ亡ボスニシテ、戦ノ罪ニ非ザルナリ。

と「天」に責任を被せたのは誤っている、と言う。

したがってまた、漢の高祖の建国を助けた功臣である蕭何《しょうか》や曹参《そうさん》が、高祖の死後に呂太后《りょたいこう》が専権をふるった時代になっても、それに抵抗せず、宰相として無為の治に任せた処世法は、むしろ正しいとされる。政治の方針にしても、処世の態度にしても、「時ニ因ル」ことが推奨されるわけだ。なかんずく、漢帝国の建設者として「受命」した高祖劉邦《りゅうほう》こそは、「天」に応じた「大聖」であり、漢は、夏・殷・周三代の政道の変遷を受け継ぎ、「天統」を得た王朝である、とまで言う。

ところが、いかに時勢を見抜き、それに「因ル」言動をしても、なおかつ不遇な目に遭い、名が湮滅《いんめつ》してしまう場合があることに、司馬遷は疑問を抱いた。

儻《あるい》ハ所謂天道、是《ぜ》カ非《ひ》カ。

天道なるものは、いったい存在するのか、それともしないのか。その疑問とそれへの彼の解答を、極めて象徴的に述べたのが、伯夷列伝の全篇である。

伯夷・叔斉や、孔子の弟子顔回《がんかい》は、清廉であったのに不遇な生涯を終えた。それに対して、天下に横行した盗跖《とうせき》は、栄華を極めつつ一生安楽に過ごした。これではオテントサマが無いに等しいではないか。しかし、オテントサマは有る、有らせねばならぬ。有らせるのは、聖人のはたらきである。聖人の出現によって、万人万物はそれぞれにふさわしい所を得る。例えば、伯夷・叔斉が賢人であった

ことも、聖人である孔子の顕彰によってであり、顔回の篤学ぶりも、孔子の驥尾《きび》に附《ふ》したことで後世に伝わったのである。だから伯夷と並ぶ賢人であった筈の許由《きょゆう》や務光《むこう》という人物の事蹟が有名でないのは、彼らを伝える人がいなかったからだ。悲シイカナ。

このように、聖人たる孔子の仕事を位置づけることによって、司馬遷は彼自身の志を述べていたに相違ない。自分を直接孔子に比することとは、次第に儒学一尊に傾きつつあった漢王朝の官僚としては、いささか不遜とされる考え方だった筈だが、彼が、『史記』をまとめあげるという自分の仕事を意義づけるとすれば、論理的にそうならざるを得ない。

尤も彼のこの考え方は、太史公自序をよく読んでみると、彼の生涯を終始一貫していたものとは言い切れない。むしろ、父司馬談《しばたん》の後を嗣いで太史令となり、太初暦《たいしょれき》の改定作業が一段落したあと、公務の余暇に「一家の言」としての『史記』述作に従事していた頃の考え方ではなかったかと思う。もし公務として書くのだったら――つまり史官としての立場で書くのなら――、顕われた人物を顕われたままに書けばよい。しかし彼は、湮滅しかけた人物、政府からは敵視・蔑視される游俠《ゆうきょう》や貨殖家《かしょく》をも、積極的に取り上げようとする。これは、立場としてはあくまで官僚でありつつ、なおかつ官僚たることに埋没しきれぬ人物の考えることとである。

太史令となるまでの司馬遷は、父の誘導のままに、家業を継ぐための勉強や旅行に専念していた青年だった。父司馬談には、どんなに異なった立場でも、帰する所は一つ、という楽観的な世界観があった。景帝時代（在位紀元前一五六～一四一年）の安定した内外情勢が、その時の官僚である彼に、時勢はだんだんよくなるという見通しを与えていたのだろう。その中でのびのび育った司馬遷だった。

ところが、彼が太史令となってからの漢の政治は、武帝（在位紀元前一四〇～八七年）というアクの強い皇帝を軸にして、外には匈奴などへの度重なる遠征、内ではきびしい経済統制、と急速に荒《すさ》んで来た。司馬遷には、父譲りの、現実を歴史の中で捉える眼がある。世の表面に浮かび出るものだけが歴史ではない、それだけでは歴史は成り立たぬ、という視点がある。その視点がある限り、彼は時代の流れのままに流されっ放しになることは出来ぬ。時流とは別に「一家の言」を立てる。「時ニ因ル」ことを理想としながら、彼自身は「因リ」切れぬ。

匈奴に降った——実は奮戦の末に捕えられた——李陵《りりょう》を、武帝の面前で弁護した結果、宮刑に処せられた、いわゆる李陵の禍《か》は、こういう司馬遷を、むしろ必然的に襲った事件とも言えよう。李陵との私的な交友関係もあったことは、任安《じんあん》に宛てた司馬遷の手紙（「報任安書」）にある通りだろう。しかし彼が李陵を弁護したのは、李陵のためだけではない。また後年、自卑的に後悔したようなデシャバリのためでもない。むしろ彼は歴史の場から証言したのではないか。証言する彼自身をも含めた歴史の場を、彼は痛いほど自覚していた。この場で発言をしなければ、自ら作りつつある歴史に、自ら背《そむ》くことになる。歴史家である以上、発言せねばならぬ。いやむしろ、発言することによって、彼は『史記』の作者であることを証言したのだ。

宮刑を受けて宦官《かんがん》とされた屈辱感と、武帝に対する怨みを、『史記』述作の動機に結びつけるのは、かなり低次元の解釈だ。むろん士人の身分を失い、皇帝の玩弄《がんろう》物となった彼は、絶えず死を想った。しかし、死んでも宦官の名は消えない。死んでも死に切れぬ彼がすがったのは、『史記』を完成するという一事だった。それ以外に、湮滅しかけた人々の「名」を残そうとする自分の「名」を救う道はない。——

司馬遷における『史記』とのかかわり方を、一九六〇年頃の私はこのように捉えた。これは基本的には、今も変わっていない。晩年、獄中の友人任安に宛てた手紙を併せ考えると、そのことは一層はっきりする。

六十六歳になった武帝は、三十八歳のわが子衛太子《えいたいし》が、自分の死を願っているのではないか、という疑惑に囚えられた。それに乗じて、太子が巫蠱《ふこ》（桐の人形を土中に埋めて人を呪う術）を用いていると告発する者が出て来る。追い詰められた太子は挙兵し、ついに征和二（紀元前九一）年に、長安城の内外で、父子それぞれに属する軍隊間の戦闘となった。その際、長安城防備の司令官だった任安は、父子間の争いには介入しない、という態度を取った。史上繰り返された親と子の間の愚劣な権力争いの例が、彼の念頭にあったに相違ない。ところが、その中立の態度が、太子を殺してしまったあとの武帝には、「二心」と映った。かくて逮捕。

その獄中の任安に対して、時に武帝側近の宦官である司馬遷が手紙を書く。これは相当な冒険である。大っぴらに書けるはずはない。こっそり書いて見つかれば、これまた処刑は間違いない。しかし司馬遷は敢えて書く。もし現在『漢書』司馬遷伝や『文選《もんぜん》』に残されている手紙がほんものだとしたら、実際には任安の手元には届かずに、獄吏の手で差し押さえられた結果かもしれない。

自分の『史記』述作の意図を綿々と綴る司馬遷は、任安に向かって何を訴えようとしたのだろうか。明日は刑場の露と消えるかもしれぬ任安にだけでも、自分の胸中を聞いてほしかったのか。それとも獄中の任安が早く自決して、自分のような汚辱にまみれないように、と勧めたのか。どちらでもないような気がする。むしろ司馬遷は、この手紙を書くことによって、任安の採った中立の態度への共感を示しているのではないか。ということは、巫蠱事件に際して武帝がわが子衛太子に対して採った軍事行動を支持していない、ということだ。

だとすると、「報任安書」を書いた行為は、その七年前に李陵を敢えて弁護した行為と同じ意味をもつことになる。自分の言説によって禍を蒙らぬ歴史家は、実は歴史家としては不能なのかもしれない。——そんな想いも、この司馬遷像からは浮かんでくる。

## 王船山を通して

そういうふうな、歴史に生きる歴史家の眼とも言うべきものを考える契機を与えてくれたのは、王船山の『読通鑑論《どくつがんろん》』読書会だった。

それは、例の中国古代史研究会の流れの一つで、私が出席し始めた頃は董仲舒《とうちゅうじょ》の『春秋繁露』を蘇輿《そよ》の『春秋繁露義証』で読んでいたが、五〇年代後半に『読通鑑論』にテキストを変えた。実はそれまで私自身は、王船山について何も知らなかった。本名は夫之《ふうし》。顧炎武《こえんぶ》・黄宗義《こうそうぎ》と並ぶ明末・清初の三大思想家の一人とされ、一時、明朝の残存政権に仕えて清軍に抵抗したが、清朝の天下になってからは、出仕を拒否し、石船山にこもって著述に沈潜した——という位の概論的輪郭を知るのみだった。

ところが、この読書会に出て、読み進む一篇一篇についての先輩諸氏の談論を傍聴しているうちに、王船山の抱く文化理念の奥深さ、清朝の支配下に置かれた中華の現実に対する悲憤の激しさ、とでもいうべきものが、おぼろげに分かってきた。彼は『資治通鑑《しじつがん》』の歴史記述に即して「論」を展開しているのだが、中国の——彼にとっては自国の——歴史から彼が受け取り、また、その歴史に対して投げ返す問題の深刻さは、考証やら理論やらによる薄っぺらな歴史研究とは、質の違う迫力があることに圧倒される思いがした。

たとえば『読通鑑論』の冒頭には、秦の始皇帝による天下統一の歴史的意義を論じた一節がある。世の学者は、夏・殷・周三代の「封建」の世を理想として、秦が「郡県」の制を始めたことを非難し、「封建」の世に引き戻そうとするのが常だが、これは無用の論である。「封建」の世は、むろん理想的だったが、春秋時代に入った頃から数百年にわたって戦乱・悪政が続き、民生に莫大な弊害を及ぼした。ところが、秦が「郡県」を天下に置いて以後になると、中央から派遣される郡や県の役人は、「封建」の諸侯と異なって交代させせられる。つまりその分だけ、民は苦しみから蘇《よみが》えることが出来るというものだ。諸侯の支えがないために、天子の地位も安泰とは行かず、王朝の生命も短くはなったが、天下の利害の立場から見れば、それも「封建」の世よりはマシなのである。つまり、秦以来二千年、「郡県」の制が続いているのは、「勢《せい》」の趨《おもむ》くところである。むろん始皇帝は、天下を「私《わたくし》」しようという心で諸侯を廃し「郡県」に代えたのだが、実は天はその「私心」を借りて「大公」を実現させたと言えよう。——

現在、中国では焚書坑儒によって反動派を弾圧した始皇帝の事業を高く評価する議論がさかんで、その際には、この王船山の説が、それに似た唐の柳宗元《りゅうそうげん》の説とともに引用されるが、王船山の本来の議論は、儒家対法家というような直線的な対比法とは、もとより視点が違う。「郡県」の出現を「勢」(歴史の必然)と見て、その必然が始皇帝の「私心」という偶然を通じて実現された、という歴史哲学的見解を支えているのは、王朝やそれに依存する諸侯・官僚たちの利害よりも、被治者である「民」の禍福を重視する立場である。むろん、その「民」の中身を突き詰めて行くと、日常性に埋没した庶民ではなくて、なにか或る理念の実現を目指しながら、環境においては不遇な知識人——つまり王船山によって代表されるような階層、立場——ということになるかもしれぬが、少なくとも、ここには、始皇帝の事業を「私心」として非難しながら、実は自分自身「私心」の塊りである後世の、そして当世の王朝・官僚に対する告発がある。そういう連中の身勝手、無反省を発《あば》き出す王船山の論法は、『読通鑑論』の篇を追うごとに痛烈を極める。

その一例として、叔孫通《しゅくそんとう》論を挙げよう。

漢の高祖は晩年戚姫《せきき》を寵愛し、彼女に泣きつかれて、その産んだ如意《じょい》という子を、呂后の産んだ盈《えい》に代えて太子にしようか、迷った。呂后側は、必死にそれを防ごうとする。太子が代われば、呂氏一族もどんな目に遭わされるか分からぬからだ。彼らはいろいろな手段を採る。呂后の妹の夫である武人の樊噲《はんかい》が、宦官の膝枕で思案に暮れている高祖を強く諫めたのも、その一つだ。

兵をあげて天下を定めたあの頃の元気はどうなされました。宦官など相手になさると、秦の始皇帝の趙高《ちょうこう》の故事と同じことになりますぞ。

また策士の張良に立案させて、高祖が召しても出仕しなかった四人の老人（隠者）を、太子のもとに呼び寄せ、天下の人心が太子のもとに集まっていることを演出する。ただし、周昌《しゅうしょう》という硬骨の大臣が、ドモリながら太子変更絶対反対を主張したのには、呂氏側のさしがねはなかったらしい。

それでも高祖の心は決まらない。

そこへ、太子《たいし》太傅《たいふ》の職にある叔孫通が登場する。彼は儒家らしく多弁である。

昔、晋の献公は驪姫《りき》を寵愛し、太子を廃して、その産んだ子の奚斉《けいせい》を立てようとしたために、晋国は数十年にわたって乱れ、天下の笑い者となった。秦の始皇帝は、長子扶蘇《ふそ》を太子として確定しておかなかったために、宦官趙高が遺《い》詔を矯《た》めて末子胡亥《こがい》を二世皇帝にし、国を滅ぼしてしまった。これは陛下がじかにごらんになったこと。今、太子の仁孝は天下あまねく知るところ。呂后は陛下と苦労を共にして来られたのに、いまさら背《そむ》けましょうや。陛下がどうしても太子を変えようとされるのなら、まず私の首をこの場で刎《は》ねてからにしてください。

高祖は困って、

公、罷《や》メヨ。吾レハ直《た》ダ戯《たわむ》レシノミ。

と言うと、叔孫通は言葉尻をとらえて、

天子は天下の本《もと》である。本がひとたび揺らげば、天下は振動する。天下の大事を戯れごととは何事ですか！

高祖は、「わかった、わかった」と答えた、という一幕が『史記』叔孫通列伝にある。『資治通鑑』高帝十二年の条も同じ話を載せる。

儒者叔孫通の言は、まさに歴史の教訓を踏まえた正論である。ところが王船山は、この発言を次のように突っ放して批判する。

高祖が太子を代えようとするのを叔孫通が諫めて、「臣願ハクハ先ヅ誅ニ伏シ、頸血《けいけつ》ヲ以テ地ヲ汚《けが》サン」と言ったのは壮烈だ。だが、彼をそうさせたものがある。高祖は話のスジのわかる人間だ。背後の呂后の権力は恃《たの》むに足りる。四人の隠者を推挙した張良は、面と向かって高祖を諫めない。こういう状況なら殺されるはずがない。たとえ殺されても自分の功になることを、叔孫通は見抜いている。だとすれば高祖の面前で思い切って諫めても損はない。それが、秦末以来、陳勝、項羽、高祖、と十余人の君主に転々と仕え直してきた叔孫通をして、このように思い切った諫めを可能ならしめたのだ。上に明君あり、下にすぐれた士大夫あるときは、口先だけの者（佞《ねい》者）もまごころ（忠）を抱きうるし、柔弱な者（弱者）も強硬（強）になれる。世の中、人材無しなどと心配する必要はない。とびきりの天才（上智）と、どうにもならぬ愚者（下愚）以外なら、大方時代の影響を受けて変化するものだ。

中国の歴史について、こういう裏の裏まで読み抜いた分析の仕方があろうとは、私には思いも寄らなかった。太子変更問題に関する叔孫通の正論に対し、論の正当さそのものに引きずられることなく、彼をして「忠」にして「強」なる発言を可能にせしめた条件を冷徹に分析する。上に高祖の明あり、後に呂后の権あり、傍に張良の智あり、という状況を本能的に嗅ぎ取る中で、「佞者」叔孫通の「忠」

言はなされた。そういうふうに事態の舞台裏を発《あば》き出す王船山の、歴史記述の背後に斬り込む執念の激しさに、背筋の寒くなる思いがした。

王船山は、彼自身の歴史の論じ方を『読通鑑論』の叙論で、次のように言っている。

王莽《おうもう》・曹操《そうそう》・朱全忠《しゅぜんちゅう》のような、悪人たること天下に明らかな人物に対して、喋々《ちょうちょう》の論をさらに加える必要はない。それをやるのは「匹夫匹婦の巷議《こうぎ》」である。自分の論は、時代に即し、状況を考え、動機を探り、結果を分析する（「其ノ時ニ因リ、其ノ勢《せい》ヲ度《はか》リ、其ノ心ヲ察シ、其ノ効ヲ窮ム」）。過去の事例について、一般化して深く考え、博証して共通点を求める。わが心においてつかんだことを、他人の参考にしてもらいたいがために論ずるのであって、わが「論」が万古不易の定論だなどとは、もとより考えていない。――

叔孫通の諫言や秦の「郡県」化についての「論」は、まさに「時代に即し、状況を考え、動機を探り、結果を分析する」という方法によった議論だと言ってよいだろう。自己の既成のイデオロギーやなにごとかの論証のために、歴史を利用し、歴史を裁断して気焔をあげる、というような驕《おご》りがない。

ただ一つ、私に気がかりなことがある。それは、その王船山が大の司馬遷嫌いだという点である。なぜ嫌うのか、いくつか理由がある。夷狄の匈奴に対してそれほど反感を示さぬ司馬遷が、華夷の別を絶対視する王船山にとって慊《あきた》らなかったこともあるようだが、何よりも『史記』の躍動的な文章が、むしろ煽情的に世道人心に害を及ぼしていると見ている点にある。項羽が秦軍に囲まれた鉅鹿《きょろく》城の救援に赴き、上将軍の宋義《そうぎ》を斬って自ら楚軍の指揮権を奪い、秦軍と奮戦したくだりを、司馬遷は、

楚ノ戦士、一以テ十ニ当ラザルハ無ク、楚兵ノ呼声、天ヲ動カス。諸侯ノ軍、人人、惴恐《ずいきょう》セザルハ無シ。

と叙述する。こういう文章は、読み手に殺気を生ぜしめる。文章の魔力が、読み手の道義心を動揺

させる。その害は洪水猛獣にもまさるものがある、とまで王船山は言う。

ここまで来ると、私としては、世道人心の維持に責任ありと自覚する王船山の、荘重な士大夫《したいふ》の気概について行けないものを感じてしまう。別に司馬遷にヒイキするつもりはないが、『史記』の文章に道義心を麻痺させるものがあると言ったって、それは司馬遷の責任ではないでしょう、と言い返したくなる。その点では、王船山が嫌う明末のシニックな老人李贄《りし》（李卓吾《りたくご》）のような、「匹夫匹婦の巷議」の方が、はるかに身近だ。しかし、また考え直せば、中国の知識人にとっての文章とは、それくらい、その人物の全存在、さらには歴史全体にかかわる重大なコトなのかもしれない。

いずれにしても、『史記』を読むということは、単に論文の史料になりそうな人名や事項をカードに取って、適当に排列することで済むような気軽なことではない。古代の中国が、その土地に住む後代の中国人にどう受け容れられ、あるいは反撥されてきたか、その重層を濾過した上でないと、海外に住む私たちにとっての古代中国の影像は、内容の薄いものになるだろう。こんなことは、中国の哲学や文学をやっている人には自明なことだろうが、歴史学というメガネを常用していると、忘れてしまいがちなのだ。かつて私は卒業論文で、司馬遷の存在が、後世の『史記』評論史のゆれと幅の中にあることを直感した。その問題は、私の出発点であったと同時に、回帰点であるのかもしれない。

## 貨殖の道

カードを作るために『史記』を読むなんて、と書いたが、実際には、私自身それをやってみたことがある。S社で企画した通史——『中国の歴史』と題する筈だった——の、春秋・戦国と秦・漢の初めの部分を割り当てられ、それに備えて、世家と列伝を中心にメモをとりつつ読み返した。中国の中華書局から出ている新式標点本は、こういう通読には非常に便利である。

一九六六年の夏休みにかかる頃だった。時あたかも、はじめ「文芸整風」という名で伝えられた中国の激動が、「プロレタリア文化大革命」の名で一層高まりつつあった。その頃のノートには、中国人民代表大会常任委員会の郭沫若《クオ・モルオ》副委員長が、一九五六年以後の業績について「自己批判」したという新華社電の切抜き（『毎日新聞』、昭和四十一年四月二十九日）が挟まっている。その後ますます高張した「文革」の煽《あお》り――もちろん日本国内での――を受けて、このS社の通史は結局流産に終わったが、私自身は、その最終結論が出るまでに、自分のためと思って、かなりな分量の草稿を書き上げた。一九六六年の八月から十二月にかけてのことである。全体を春秋時代、春秋から戦国へ、戦国後期、漢初、武帝時代の五章に分け、各章を十項目前後に分けて、四百字詰原稿用紙で三百枚程にもなったろうか。

足掛け五カ月かけて書き継いだ草稿は、書き終えた時から自分で不満だったから、この企画が不成立に終わったことは幸いだった。それでも、その手控えは手もとにあって、時たま講義ノートを作ったりするのに役立っている。

未熟ではあったが、当時の私なりに強調しようとしたことがあった。それは『史記』の貨殖列伝に見られるような戦国・秦・漢の商工業者の実力が、戦後日本の学界で主流となった中国古代専制帝国論では、不当に低く評価されていることへの疑問である。国家の政策如何によって、彼らが簡単に繁栄したり抑圧されたりすると見るのは、官僚の立場で書かれた史書の叙述を丸呑みにしているせいではないか。また同じ頃に地域社会に根を張って来たと思われる土豪層のことが、皇帝による小農民支配の面が強調されるために、ゆるがせにされている。それが、武帝の統制経済政策によって商人が打撃を受け、そこで地方豪族が登場する、といった安易な見解を生み出すことになるのではないか。その段階になるまでは、小農民が平均的生活水準を保って階層差がなく、情深い「父老」が「子弟」を教化しつつ生活する牧歌的村落が普遍的に存在していた。ところが豪族の出現以後、そういう秩序が崩れた、という想定は、どうもあまりに楽天的に出来すぎてはいないか。

むしろ、彼ら商工業者や土豪たちこそ、古代中国の社会の基底を揺るがし、それまでの分立した小国家群に代わる戦国の列強国家の形成を促した実力者ではないか。官僚の立場からは、彼らは、末業に従事する商工の民として賤視され、あるいは、いかに富裕な土豪であっても、庶民として一律の戸籍に附けられればするが、それは表向きのこと。そういう扱いを、あるいは笑って忍び、あるいは図太く利用していたのは、実は彼ら自身ではなかったか。つまり、国家なるもののカラクリを最も強力に見抜いていたのは彼らであり、彼らを支配しているつもりの皇帝や官僚は、実は彼らの手玉に取られつつ、しかもそのことに気づきもしていなかったのではないか。——

この観点は、のちに「国家と民族」と題する文章を書いた際に一般化して、秦・漢の国家は、豪族、小農民、商工民の三者に支点のバランスをおいた〈点と線〉支配の体制だ、というふうに定式化してみた。こういう理解の仕方は、社会科学の立場からは、中国の政治や社会の普遍的発展法則を否定した中国特殊性論、として批判されるに違いない弱さをもっている。しかし私としては、幻に終わった『中国の歴史』のために書いてみた「貨殖の道」という項目だけは、ここに収録しておきたいと思う。それは、その頃の私の『史記』の読み方を反映しているだけでなく、多くの点で現在にもつながる面をもつからである。

孟子は「賤丈夫《せんじょうふ》」として賤しめてはいるが、市《いち》に集まって来る物品を、小高いところ（壟断《ろうだん》）から見渡して、安い物を買いつけ高値に売る行為こそが、商人としては最も手近な儲け方だったろう。もっと大規模な投機的買い占めや、売り出しによって巨富を蓄えた人としては、春秋末から戦国初の范蠡《はんれい》、子貢《しこう》、白圭《はくけい》などが有名である。范蠡はもと越王句践《こうせん》の相として、宿敵の呉を滅ぼすのを助けたが、のちその地位を捨て、鴟夷子皮《しいしひ》と名を変えて中原の陶《とう》の町に赴き、三たび巨富を積んでは散じたという。子貢は、もちろん孔子の弟子端木賜《たんぼくし》のことで、弁舌と貨殖の道に長じ、華美な馬車を連ねて諸侯の間を游説《ゆうぜい》した。白圭は魏の恵王の相となったが、人の顧みない物を買い、人の欲しがる物を売って巨利を博したと言われる。

このような投機的商業のほかに、戦国時代には、各種の産業によって富を致すことが可能だった。中でも生活必需品となった鉄の製造業者は、邯鄲《かんたん》の郭縦《かくしょう》をはじめとして富裕を極め、趙の卓《たく》氏、山東の程《てい》氏などは、秦によって蜀《しょく》に移されてからも、冶鋳《やちゅう》によって財産を蓄えた。山西の解州《かいしゅう》の猗頓《いとん》を初めとする煮塩業や、巴《は》・蜀の寡婦《かふ》清《せい》の丹朱業なども、戦国から漢代にかけて有利な産業だった。当時の通念として、財を成すには、「農は工に及ばず、工は商に及ばぬ」と言われたが、塩や鉄の業者は、製造の利益と同時に販売価格の操作によって、商業利潤を確保したのである。

また戦国時代に著しくなった経済発展の地域差、不均衡を利用し、諸地方を往来して、安く買い高く売って巨利を博する行商——例えば陽翟《ようてき》の大賈呂不韋《りょふい》——も出現した。天下に大盗として名を売っていた盗跖《とうせき》なども、一種の掠奪的行商人だったかもしれない。

そのほか、奇策さえ用いれば、どんな業種でも金儲けだけは可能だった。『史記』貨殖列伝は、田農、掘冢《くっちょう》（墓泥棒）、博戯《はくぎ》（すごろく）、行賈《こうこ》、販脂《はんし》、売漿《ばいしょう》（酢《す》売り）、洒削《さいさく》（刀研ぎ）、胃脯《いほ》（薬味屋）、馬医のような賤業でも、千金の財を積んだ人が稀にはいた、と述べている。

そういう商工業者の富を、当時の為政者が放任しておく筈はない。彼らは商工業者の利益に課税し、物資輸送の要地に関所を設けて徴税する。これが山沢《さんたく》の税、関市《かんし》の税と呼ばれるもので、直轄地からあがる園池《えんち》の税などとともに、戦国君主の重要な財源となった。商人を「市籍《しせき》」につけて一般民と区別し、時には強制移住の対象としたのも、国家による市《いち》の統制と関係がある。

こうして、巨額な税収が可能な中原の商工業都市が、隣接する強国の争奪の目標となったのは当然である。范蠡が三たび巨富を致したという陶（定陶《ていとう》）の町は、その代表である。この町は、斉・趙・秦の激しい争奪戦の後に、秦が獲得し、宰相の魏冉《ぎぜん》の封邑となったが、やがて秦軍が信陵君に敗れると、魏がここを占領した。また、秦が趙の都邯鄲を陥れると、冶鉄《やてつ》業者の卓氏を蜀に移し、魏の都大梁を陥れると、同じく冶鉄業者の孔氏を南陽の宛《えん》に移して、その地で冶鉄に従事させたのは、邯鄲や大梁から有力業者を追放すると同時に、その技術を新開地に拡げ、新たな財源にしようとしたのだろう。

才覚次第によって、身分や職業を問わず発財《ファーツァイ》（金儲け）が可能だという現実は、当然、人々に、たとえ職業としては軽視されても、富によって名声を得て、王侯貴人と対等につき合いたいという欲望を起こさせる。実際、財産と名声のある「素封《そほう》」の家ともなれば、賓客が寄り集まって、仁義の人物だとおだてあげてくれるし、罪を犯しても、「千金ノ子ハ市《し》ニ死セズ」と言われたように、刑罰の方が遠慮して避けてくれる。呂不韋がやったように、将来、成長株の人物――のち秦の荘襄王となった公子楚――にパトロンとして出資し、成功の暁には政治的栄誉で償還することも、まんざら夢ではない。

だから、誰しも金儲けがしたい。従って、自分に利得を与えてくれる人は大いに徳とするし、人の危急を助ける場合も、そのことへのお礼がなければ損だ、という打算がはたらく。「士道」ならぬいわゆる「市道《しどう》」が、戦国期の倫理として大手を振って闊歩したのは、そのためである。強敵を負かすにも、とくに武力は要らない。相手国の宰相や将軍に金を贈れば、あとは適当に計らってくれる。秦が終局的に東方諸国を併合できたのも、この金の力に負うところが大きかったと思われる。

とにかく、この『中国の歴史』の執筆は、大いなる（？）失敗作だった。しかし書き始めるに先立って記したノートの一節には、今でも共感することが出来る。曰く——

とにかく『史記』『漢書』の目で捉えられた世界を、そのまま受け容れることなく、その世界を成り立たせた全体状況を問題にしつつ、叙述を進める。『史記』の面白さに倚《よ》りかかりすぎて、「どうだ、中国古代史はオモシロイだろう！」と威張ったり、ヤニさがったりは絶対にしない。『史記』に面白く書かれていることの虚構性を十分に心得て、素材をこなすこと。

# 6 古代夢想

## 士道と市道

第三の系列、諸子百家に関する分野のことに移ろう。

一九六〇年に「孔子から董仲舒《とうちゅうじょ》へ」という設題を与えられた私は、題目に忠実に、孔子から董仲舒に至る儒家の思想的性格の変化を、法や刑に対する考え方を中心にたどってみた。ありきたりに、儒家、墨家、法家、道家……といった学派別に概説することは退屈だったからである。

『論語』を読むと、孔子は、現実的に効果の出やすい法律や刑罰に依拠する政治よりも、徳とか礼とかを重んぜよ、と説いている。こんな話が子路篇にある。楚に直躬《ちょっきゅう》という男がいた。まっすぐ者の躬、といった意味の呼称だろう。彼の父が、他所からまぎれこんだ羊をネコババした。すると彼は、そのことを役所に訴え出た。楚の葉公《しょうこう》は、それを「直《ちょく》ナル者」として褒め、来訪した孔子にその自慢をした。ところが孔子はそれに同意しなかった。

　わたしの村で直なる者と言われるのは、これと違います。父は子のために隠し、子は父のために隠す。そこから直はおのずと生じます。

「父ハ子ノ為メニ隠シ、子ハ父ノ為メニ隠ス。直、其ノ中ニ在リ矣」とは難解なことばだ。父が子の悪事を、子が父の悪事を隠しても、或いは隠すことこそが「直」だ、というのだから、常識的な

「正直」という概念には入りきらない。要は、家族内で密告しあうのを奨励するような、法律の威信にこだわるやり方では、当面の能率はあがっても、基本的な人間同士の信頼が損なわれてしまうことを言おうとしたのだろう。

ところが、そういう孔子の危懼《きぐ》にもかかわらず、春秋時代末期から戦国時代の初期にかけて成長した政治集団——それらが代わって「国家」を名乗るようになるのだが——の内部では、法律や刑罰を中心とした支配＝統属関係が急速に成長し、他の集団に対抗するために、富国強兵策が強行されて行く。

こういう動きに対して、いわゆる諸子百家はどういう対応の姿勢を示したか。儒家の孟子は、戦国国家の君主権力の存在を前提とはするが、その露骨な権力発動に対しては、一定の道義的歯止めを加えようとする。仁義を「仮ル」のではなく「行フ」王者を理想に掲げたのは、そのためだ。一方、『老子』に表現された道家の立場は、武力の行使はもとより、儒家の言うような「仁義」による教化手段をも、理想の聖人の治に背反するものとし、「無為」こそが「為サザル無シ」という最大の効果を生み出すと主張する。

ところが、韓非《かんぴ》に代表される法家となると、戦国君主による法律・刑罰本位の行政が、まだ不徹底だと考え、たとえ民から悪政と誇られようとも、より厳格に法治を貫徹することが「公」なる国家にとっては正しい、と言い切る。さらに、戦国末近くの儒家荀況《じゅんきょう》(荀子)になると、法律や刑罰で維持されている国家権力を前提として認めつつも、あくまでそれを徳治の補助として位置づける。その限りでは、君子の定める「法」は、「礼」と内容的に同じものになり、「礼法」ということばも使われるようになる。

徳が「本」で、刑は「末」だ、と本末関係で徳と刑の関係を考える思想は、武帝時代の董仲舒にも見られるが、特に彼および彼をとりまく漢王朝の政治においては、儒家の経典の一つである『春秋』に示された判断――「春秋の義」と呼ばれた――に従って、現実政治上の難問題に判決を下すことが慣例化された。「春秋の義」とは言っても、実際は『春秋』経文に対する『公羊伝《くようでん》』の解釈のことで、例えば殺人行為に対しては、「心ヲ原《たず》ネテ罪ヲ定ム」という原則に照らして、行為からさかのぼってその動機を問題にした。つまりそこでは、法律を適用するに当たって儒家の経典が衣《ころも》として利用されたのである。――

「孔子から董仲舒へ」という文章で追求してみたのは、以上のような儒家思想と現実政治との絡み合いの過程だった。はじめ、国家の振りかざす「公」の立場の政治に対決していた儒家が、国家の側が「私」を容認する知恵を身につけて来るにつれて、政治を対決の対象としてでなく、むしろそれを包摂する思考を生むようになる。それは、思想の側の進展とも言えるが、同時に、そうして政治を包摂することによって、逆に思想が政治体制内に包摂される道を深めたのではないか。いわば、思想があくまで自主的に政治に包摂されていった過程――それが「孔子から董仲舒へ」という設題への答えの主題であった。

この文章でたどってみたことは、そう誤ってはいないと今でも思う。ただ、その後、当時の知識人(士)のあり方について考えていくうちに、この表現には甘さがあることに気づいてきた。むしろ「士」は、はじめから政治に対決などせずに、参加の姿勢で登場したのであり、一見対決と見えるものと包摂との差は、実は相対的なものにすぎないのではないか、と思うようになった。

春秋時代の末ごろから、政治・社会の変動に伴って登場した「士」は、官吏となってその政治改革に直接参加したり、または一歩退いた立場から言論活動を展開する。そういう「游説《ゆうぜい》の士」のプライドは高い。仕えるに値いしないと判断すれば、国君や大臣のもとから潔く立ち去る。国君や大臣の方もその辺は心得ていて、自ら率先して彼らにへりくだり、礼遇の限りを尽くす。富国強兵のためには、多方面な人材を吸収することが必要だからだ。ズケズケ悪口を言われても、にこやかに耳を傾けるふりをし、役に立ちそうもない長談義に対しても、感心したふりをする。

「仕」を求める「士」は、この術に案外コロリと参る。自分の説が正しいので、あるいは自分が有能なので、国君や大臣が自分を尊重してくれるのだ、と思い込む。自分の期待以上の厚遇を受けたりすると、その恩義（徳＝得）に何としてでも報いようとする。実直な人間ほど、その思い込みが強かったようだ。

『史記』の刺客《しかく》列伝に、豫譲《よじょう》の有名な復仇譚がある。自分を「国士」として遇してくれた智伯《ちはく》が、趙襄子に滅ぼされた。豫譲はその智伯のために、炭を呑んで唖《おし》になり漆《うるし》を塗って人相を崩すまでして、あくまで趙襄子への復仇をはかる。そういう彼の行為を支えていたのは、

士ハ己レヲ知ル者ノタメニ死シ、女ハ己レヲ説《よろこ》ブ者ノタメニ容《かたちづく》ル。

という決意だった。友人が、いったん趙襄子に仕えた上で、すきを見て復仇しては、と勧めると、彼は、

既《すで》已ニ質《し》ヲ委《い》シテ人ニ臣事シ、而モ之ヲ殺サンコトヲ求ムルハ、是レ二心ヲ懐《いだ》キテ以テ其ノ君ニ事《つか》フルナリ。

と拒絶したという。壮烈な「士道」というべきである。

しかし、この感動的にも見える「士道」も、『韓非子』のクールな眼からすると、本質は「市道」と変わりがないことが見抜かれるのだった。難一篇に次のような句がある。

臣ハ死力ヲ尽《つく》シテ以テ君ト市《し》シ、君ハ爵禄ヲ垂レテ以テ臣ト市《し》ス。君臣ノ際ハ、父子ノ親《しん》ニ非ザルナリ。計数ノ出ヅル所ナリ。

つまり、君の側が爵と禄を売りに出すのに対して、臣の側は死と力を尽してそれを買い取ろうとする。君臣関係というのは、そういう勘定の計算によって成り立っているので、父子の間の近親関係とは全く別物だ、というのである。これが『韓非子』五蠹《ごと》篇に見えるような、君臣関係を「公」とし、父子関係を「私」として、「公」と「私」は矛盾し、両立し得ないとする主張とつながることは言うまでもない。

実際、豫譲のようにいったん受けた恩義を貫徹したのは例外で――例外だから話題になったのだ――、戦国から秦・漢にかけての君臣、主客の関係は、一枚、皮を剝いで見れば、「爵禄」と「死力」との売り買いの場だった。

趙の将軍廉頗《れんぱ》のもとには、多数の賓客が集まっていたが、免職されると、さっと居なくなってしまった。ところが彼が復職すると、賓客がまた寄って来る。廉頗は「君らの顔も見たくない」と怒る。すると客の一人は、廉頗にこう言い諭したというのだ。

将軍はお気づきではなかったのですか。世の中は市道で成り立っているのですぞ。あなたに権勢があればこそ、私はあなたのもとに来るし、権勢がなくなれば立ち去る。これは当然のことで、怨みに思うなど見当違いですぞ。

まことにそのものズバリで、廉頗も返す言葉がなかったと見える。

実際、臣となり客となろうとする「士」は、君や主たるべき人に対して、自分の技能や言論を売り、なるべく高い価値の爵や禄に交換しようとしたのだ。その点では、商人の「市道」と実質的に変わりがない。ただ彼らは、自ら「士」たることに誇りを抱いているために、それが「市道」であることを認めたがらない。彼らはあくまでも「士道」によって君主に対決したつもりになっている。しかし実は「士」は、初めから君主との取引きの場に引き出され、その取引きによって生活することを認められた存在に過ぎなかったのではないか。

こういう「士」の思想の自主性への執着と、それにもかかわらず、それを取り込んでしまう政治の知恵の深さ。また、その実体の底まで見抜いてしまう『韓非子』の冷やかな眼。古代中国とは、かくもオソロシキ時代であったのか。それなのに、そのような中国における政治と思想の絡み合いの問題を跳び越して、やれこの思想は人間主義だ、あの思想は実存主義だと、ヨーロッパ思想流に翻案してみても、まさに日本人の平均的教養に媚《こ》びた饒舌に終わることは確かだ。——ということを口実にして、私は依然として、諸子の思想に深入りするのをためらっている。

## 意義づけの試み

ざっとこんな調子で、古代中国らしきものの近辺を、私はふらふら、ぶらぶらして来たわけだ。まったくのところ、その時、その場の風任せだったような気がする。一貫した意図・目的など、見当たるわけもない。

それでも、ある一時期、古代中国にかかわることの意義について、かなり真面目に考えてみたことはあった。一九六七年の晩春に、二十日間足らずの中国旅行を続けているうちに、「日本人にとって中国とは何か？」という課題を背負わされて帰国しようとしている自分に気づいた。そのためには中国の何を、どう研究すればよいのか。たとえ日本の学界で研究業績として評価されたとしても、それがあの中国を理解するのに役立たぬならば、趣味的な問題の設定、思いつきの解釈、ということになるだろう。

その頃、私なりに考えた。「文革」で揺れているいまの中国に関して、中国〈専門家〉と言われる人たちに、あまり有効な解説を下す人がない、と言われる。それはそうかもしれない。〈専門家〉は、〈専門〉領域の研究で忙しいし、それにヘタに「文革」論議に加わることは、野次馬みたいでみっともないからだ。しかし、それは相当にミミッチイ〈専門家〉の話で、世の中にはホンモノの〈専門家〉もおられる筈。しかるに、そういうホンモノもいまの中国にすぐに反応しないことには、もっと深い理由がありはしないか。

思えば、いまの中国の表層現象だけが中国ではない。中国とは、もっと多元的、重層的な構造を持った存在である。いまの中国の動きを追いかけ解説することも、ただ毛嫌いしてソッポを向くよりマシだが、それだけでは振り回されてしまう。むしろ、そういういまの中国を、政治学、社会学、心理学等々の近代学問を道具として切りこまざくのではなく、まさに悠久の中国史の厚みと流れの中に位置づける仕事こそが、中国の〈専門家〉に課された課題なのではないか。それへの答えのためにこそ、古代史なり哲学や文学なりの、狭い意味の〈専門〉知識が役立たねばならぬ。――

そういう展望の中で、私なりに〈原中国と中国〉という相関概念を創案してみた。

〈原中国〉と〈中国〉とは別物である。〈原中国〉は〈中国〉によって否定されねばならぬ。しかし〈原中国〉なしには、〈中国〉も〈中国〉として形成・存立し得ない。〈原中国〉は即自的には自己を意識し得ないが、〈中国〉が形成される過程において、〈原中国〉が認識されるようになる。「日本人にとって中国とは何か?」という課題に答えるためには、〈原中国〉のみではダメなのと同じに、〈中国〉だけに焦点を合わせてもダメだ。〈原中国〉と〈中国〉との相関という形で中国を捉えなければ、日本人にとっての中国の「実像」はなかなか結び得ない。

伝統中国と革命中国、あるいは旧中国と新中国、という対比的なことばでは落ちこぼれてしまいがちな、両者の相関性をこういう概念で捉えて、旧中国に対する日本人のこれまでの研究の蓄積――漢学・支那学・東洋史学等の——と、いまの中国に関する分析・研究とを新たに結びつける道を摸索してみたのである。例えば古代中国の〈専門家〉の場合で言えば、「文革」論議に野次馬的に加わる必要はむろんないが、と言って、自分は古代〈専門〉だから現代中国にはかかわりがない、と逃げることは許されぬ。むしろ〈専門家〉は、〈専門〉の領域での研究を通じて、いまの中国の理解に問題を投げかけるような研究をすべきである。旧中国を研究すればするほどいまの中国が見えて来る、そういう研究がしてみたい。

そういう大それた願いの中で、当時の私は、自分の古代中国とのかかわりに何らかの意義づけをしたいと焦《あせ》っていたわけだ。戦国から秦・漢に至る時期について、これまでふらふら、ぶらぶらながら蓄積してきた自分の貧弱な〈専門〉知識に、何か積極的意味を与えたい、という窮余の思いであった。かくて考えた。戦国から秦・漢の初めに至る時期というのは、まさに、上に言った〈原中国〉の形成期に当たる。そこでは、ありとあらゆる試行錯誤の末に、〈原中国〉の範型が創り出された。中国全体を中央集権的に管理する官僚組織から、それにふさわしい天下国家・華夷思想の理念に至るまで。その範型は、その後、北方民族の侵入や人民の叛乱などによって、絶えず攻撃を受けて来た。しかし、その打撃にもかかわらず、十九世紀に至るまで二千年間それは持続した。持続のあげく、〈原中国〉は〈中国〉への脱皮を余儀なくされる。〈中国〉によって否定され、乗り超えられるべき〈原中国〉ではあるが、それだけの持続を可能にしたのは、〈原中国〉自体にそなわるしたたかな軟構造のためである。反面、そのしたたかさがまた、〈原中国〉から〈中国〉への脱皮をも極めて困難にしている。そういうしたたかな軟構造を、全く自前《じまえ》で——先進文明からの借用なしに——準備し完成した過程の中には、いまの中国を理解するのに重要なヒントが含まれてはいないか。

例えば中国は、いま自らを総人口の九四パーセントを占める漢族と、あとは五十三の少数民族より成る多民族国家と規定している。ところで、一九六〇年代の行政区分を見て行くと、省の段階に相当する「自治区」として、内蒙古、寧夏回族、新疆ウイグル、広西チワン族、西蔵の五つがある。これくらいは誰でも知っていることだろうが、省の下の専区や市に相当する段階に、「自治州」というのが二十九あることは、あまり知られていない。たとえば吉林省には延辺朝鮮族自治州が、甘粛省には臨夏回族、甘南蔵族の各自治州が、青海省には海北蔵族をはじめ六つの自治州が、新疆ウイグル自治区には昌吉回族をはじめ五つの自治州が、湖南省には湘西土家《トウチア》族苗《ミャオ》族自治州が、広東省には海南黎《リー》族苗族自治州が、といった具合に散在している。ところが、さらにその下の県の段階にも、「自治県」というのがあり、たとえば河北省にある大廠回族自治県、孟村回族自治県をはじめとして、全国で六十二あるという。

　こういう少数民族の居住地である「自治州」や「自治県」――「自治区」の内に含まれるものもある――は、それこそ解放前においては、行政上は中央政府に結びつけられながら、実際は「中華」の文化に達しない「夷狄」の村落として蔑視され、「中華」文化への同化が期待された地域だった。しかし、いまの中国では、そういう「中華」本位の立場は否定される。しかしそれは、少数民族の差を無くして、すべてを一律に扱うという方向ではない。彼らが現在ある状態を尊重しつつ、少数民族としての自主性を発展させることによって、中国という全体構造を考えようとしている。これこそ、〈原中国〉とのかかわりを切り離すことなく、と同時に、〈原中国〉とは異質の〈中国〉への脱皮を目指す試みと言えるのではないか。かつて華夷思想を練り上げた知恵が、いまや、それを否定する知恵として現われている。

　国境の観念についても、同様だろう。かつての華夷思想のもとでの天下は、王者の徳化を軸にして成り立つから、そのひろがりに限界が無かった。国境を設ければ、徳化の概念と矛盾する。国境の無いままに天下は、多数の民族をバラバラに包括する、政治的・文化的統合体をなしていた。「西力の東漸」までは、それ自体で充足していた。しかし十九世紀以後は、それが許されなくなった。帝国主義列強がこの状態につけこんで、「辺境」の領土や権益を奪取する行為を正当化したからだ。〈原中国〉は〈中国〉への脱皮を迫られる。だが、その場合でも、〈中国〉は〈原中国〉から全然切れてしまうわけではない。〈原中国〉の——具体的には清朝統治時代の——領域が、〈中国〉の本来の不可分の領土として主張される。国境ではなかったところが、いまや国境として意識される。その過程は、ヨーロッパの近代諸国家が体験したものとも違うし、ソヴィエト連邦の建国の過程とも異なる。まさに〈原中国〉独自の歴史を踏まえた人類史上の実験とならざるを得ない。——

こういう〈原中国〉は、ある時点で自然に〈中国〉へと完全に移行してしまうような性質のものではない。むしろ現在の時点においても、〈原中国〉と〈中国〉とは、激しくせり合い、せめぎ合っているのではないか。中国が〈中国〉たらんとするためには、〈原中国〉の重力圏を脱出しなければならぬが、その離脱のエネルギーは、他ならぬ〈原中国〉から補給を仰がねばならぬ、という歴史のパラドクス。

以上が、ざっと、その頃考えてみた古代中国研究の意義である。しかし、意義があるからといって、実際の研究が調子に乗るとは限らない。意義を説きつつ、かえって私は古代中国そのものからは遠ざかって行ったようである。

だいたい中国を理解するのに、〈原中国〉の理解が、しかもその形成期の理解が意義をもつとは、気がついた時には古代中国でメシを食うようになっていた自分に言い聞かせることばであって、最初からそう信じて古代中国にかかわり出したのでないことは、この本でくどくど述べて来た通りだ。ましてや他人に向かって強制できるスジのことではない。だから学生諸君に向かっても、中国古代史の研究は大事だからぜひおやんなさい、と言う元気はない。景気の悪い話だ。

それでも、なおかつ、漢字の魔力か、青銅器の魅力かに取り憑かれて、古代中国を研究しようという人が出て来るなら、それまで妨害する気はもちろん私にはない。二千年前の遺物や文書の発見が相次いでいる昨今である。それらに取り組みたい、という気迫を抱いた青年も現われるかもしれない。そういう真面目な研究志願者が現われれば、彼らは彼らなりに、古代中国の研究に、はるかに豊かな意義を発見して行くことだろう。私が今から心配してあげる必要はない。

ひどくまとまりのない、無責任な話になってしまった。しかし、最初にも書いたように、今の私の状況から言って、こんなことしか書けないのも、仕方があるまい。ここまでつき合ってくださった読者——が居られるとすれば——には、申し訳ないことだ。

# あとがき

この本の草稿の走り書きをしてから、半年経つ。

研究の回顧談などは、功成り名遂げた老学者のすることだろう。でも、決してこれは回顧談ではない。私がいま直面している迷いから踏み出す方向を探るための、摸索の試みであった。そのために、この本の場を借りる必要があったか否かは、読者の判断に委ねる。

私の迷い、といっても、他人から見れば贅沢な悩みだろう。ここ数年来続けてきた〈研究評論家〉めいた仕事を続けるべきか、それとも、そんな思慮はすっぱり断ち切って、中国古代史の〈専門家〉に納まり返ってしまおうか、という二つの間の選択の問題である。

このことが起こったのは、二年前の日中国交正常化以後の事態と関連がある。中国に対する戦争責任について、日本国政府が頰被《ほおかむ》りを続けている状況の中で、ヌクヌクと中国史の専門研究に陶酔することは許されない、と思っていた。研究に入り込む前に、戦前の、そして戦後の日本東洋史学の体質を批判する必要があると考えてきた。しかし国交正常化以後、流れは変わった。「過去において日本国が戦争を通じて中国国民に重大な損害を与えたことについての責任を痛感し、深く反省する」と日中共同声明に明記されてから後になっても、ヌケヌケと図にのって〈研究評論〉を続けるのが、照れくさくなった。もう何も言うのをやめて、〈専門家〉に戻ろう——そう何度も思いかけた。そう簡単に復帰できるほど、〈専門〉というものは甘くはないことも承知していたつもりだが。

戻るか、戻れるか、と自問している中で、岩波新書に書かないか、という誘いを受けた。その時点で書きたいことしか書かない、書けないが、それでもよいか、と編集部の鈴木稔さんに何度も念を押した。彼はかまわぬと言う。そこで書き始めてみた。書きかけの一部を見てもらって、どうです、これじゃあ本にならんでしょう、と迫った。

ところが鈴木さんも練達の士である。そういう私をうまく誘導して、とうとう一定の枚数まで書かせてしまった。駄々を捏《こ》ねていた私の負けである。

言い訳がましい話になった。とにかく私には、この本の読者というのが全く見当がつかない。今までまとめてきた本は、なんらかの形で中国史の研究に関心をもつ人々を対象にしていた。ところがこの本は、どういう読まれ方をするやら、さっぱり分からない。校正を終えつつ、私は強い不安に駆られる。

長沙の馬《ま》王堆《おうたい》第三号墓からは、絹布に書かれた『老子』や『左伝』『戦国策』が発見されたと伝えられる。現在の時点では、まだその詳しい報告書を見ることは出来ないが、近い将来、それらの新史料を使って、これまでの『左伝』研究を検討し直さねばならぬ時期が来るかもしれない。しかし、そういう研究に雑念を捨てて没入できるのは、まさにこれからの若い〈専門家〉たちである。私は、その反面教師たることに安んずべきであろう。

一九七四年九月

# Ⅱ

# 贅疣録《ぜいゆうろく》（抄）

（私家版『贅疣録』・一九八七年）

# 1　中国美術余話 Ⅰ

## 蘇州の運河

蘇州の南郊にある宝帯橋を見に行ったことがある。橋は、南方の杭州に至る運河沿いの陸路が、玳玳《たいたい》河を横切る地点にある。玳玳河は東に流れて蘇州河となり、上海のガーデン・ブリッジの所で黄浦江に合流するから、宝帯橋のあたりは水陸交通の喉首《のどくび》にあたる。

橋は長さ三一七メートルの石造で、川面に長く横たわり、アーチ型の穴が五十三個も空いている。中央の三つのアーチは特に大きく造られ、大きな船も潜《くぐ》り抜けられる構造になっているから、橋はその部分だけ背中が盛り上がっている。遊覧案内書などに「長い虹のような」と形容されているのは、そのためである。

「宝帯」の名前は、唐代の地方官王仲舒《おうちゅうじょ》が、自分の持っている宝帯を売って創建したことに由来するという。その後、何度も架け直されたが、構造は基本的に当初とあまり変わっていないらしい。

私がこの橋の袂《たもと》を訪れた折も、大型の艀《はしけ》が何艘か運河に浮かんでいたが、私をいたく驚かせたのは、その多くが、岸を歩く人の曳く長い綱で動かされていることだった。綱の端は、短い天秤棒《てんびんぼう》みたいな板片に二ヵ所で結びつけられており、船の重みを受けて、板片は曳き手の右肩にかなりきつく食い込んでいる。それも屈強とは言えない中老の人たちである。小学生くらいの女の子も、父親から分けてもらった綱を腰に巻きつけて歩いている。

そのとき私は、運河沿いのでこぼこの細道や石畳が、急に新しい意味を帯びて迫って来るのを感じた。歴史を、そして文化を、その底の底で支えて来たのは、こうして黙々と働く無名の民だったのではないか。そして、彼らによって踏み固められたこの道こそが、広大な中国の南北を繋いで来た。それ無しには、中国の歴史を彩る政治も経済も文化も、あのような形では存立し得なかったのではないか……。

それは中国の文化に対する私の見方に、一つの転換を喚び起こした衝撃であった。

## 馬王堆の木槨

長沙では馬王堆《まおうたい》を見学した。自動車に乗れば市の中心から二十分もかからない。野菜畑の中、民家に囲まれた高さ二〇メートルほどの赤土の小さな丘がそれだと指差されたときは、いささか拍子抜けの感があった。

軑侯《たいこう》利倉《りそう》夫人の遺体が出た一号墓はすっかり埋め戻され、先に死んだ長男を葬った三号墓の墓坑だけが、上屋を被せて保存されている。墓底までは深さ一六メートルあるというから、周囲の格子越しにはとても底は見えない。

長沙市内の烈士公園の隣に湖南省博物館があり、本館は閉まっていたが、馬王堆博物館の方は、ホルマリン漬けになった軑侯夫人の遺体を初めとして、出土品の一部が陳列公開されていた。夫人を納めてあった三重の棺も、その一室に並べてあった。

ところが、右手の少し離れた所に建っている屋内体育館風の別館に案内されて、それこそ度肝を抜かれた。内扉のガラス戸越しにではあったが、その一階の床に、一号墓の黒ずんだ巨大な木槨が見上げるばかりの量感で据えられていたからである。

一号墓の発掘簡報で調べてみると、三重になった一番外側の木槨は、高さ二・八メートル、上縁の枠《わく》は長さ六・七三メートル、幅四・九メートルで、厚さ二六センチの六枚の板で蓋《ふた》になっている。

しかし、こうした数字では、あの恐ろしいばかりのばかでかさは実感できない。二階部分の回廊から木槨が眺め下ろせるようになっていたが、これがあの丘の墓底に納まっていたとは、なかなか信じられなかった。

案内者の説明によると、湖南省の西方産の杉材だという。直径二メートルの巨木でないと、この大きさの板は採れないであろう。

ここ長沙の一角で、これだけの木槨の中に夥しい数の日常用具や食品を副葬させた長沙国宰相の利倉なる人物は、北方の漢の中央政府の存在を、果たしてどのような思いで遠望していたのだろうか。

## 銀縷玉衣

南京博物院は、南京城の東門に当たる中山門近くの堂々たる建物である。中山門から東に出れば、紫金山の麓に散在する明の孝陵や孫文の中山陵に道はつながっている。

宏壮な博物院の一室に、銀縷《ぎんる》玉衣が一体、ガラスケースに収まって横たわっていた。一九七三年に、日本で開かれた「出土文物展」に出展されたのと同一物らしく、だとすると、江蘇省徐州の後漢時代の墓から一九七〇年に出土したものである。同じ江蘇省内の南京市に置かれていて不思議はない。

二千六百枚余の小さな玉片の四隅の穴を、銀縷で綴《つづ》り合わせ、頭から足先まですっぽり包み込む鎧《よろい》状になっている。さしづめ、わが国のテレビ漫画風にいえば、「鉄人28号」である。

　天子・王・侯の身分差によって、金縷・銀縷と綴る針金にも差があった。この銀縷玉衣の主は、後漢の明帝の子、彭城《ほうじょう》王劉恭《りゅうきょう》の一族と関係があるらしい。一九六八年に河北省満城から出土した金縷玉衣の主は、前漢の景帝の子、中山王劉勝夫妻であった。権威にモノを言わせて、特別に金縷を使うことを認めさせたのであろう。

　『西京雑記』という本によると、荒淫で知られる前漢時代の広川王劉去《りゅうきょ》は、領内の目ぼしい古墓をごろつきを集めて掘りまくったらしい。こんな話もある。

　魏の襄王の墓は、上から鉄棒で三日かかって穴を開けると、黄気が霧の如く立ち昇って人の目鼻を刺激した。七日後に収まったので、外扉を開けると、冠剣を着けた石製の武人が左右に三人ずつ立っている。次の扉の鍵を開けると、黒光りする棺があったが、十幾重にも革で包まれていて開けることが出来ない。次の扉の鍵を開けると、衣服の残骸らしい埃がうず高く積もり、左右に櫛・鏡を持ち、食事を捧げている石製の婦人が二十人ずつ立っていた。

　魏王子且渠《しょきょ》の墓は狭いが、二十歳ばかりの男女二体が敷きつめられた雲母の上に、東を頭にして横たわっていた。その肌や髪は生けるが如く、さすがの広川王もそれには近づけず、再び墓を閉じさせたという。

## 杢太郎と龍門

　洛陽からバスで一路南下すれば、三十分ほどで伊水のほとりの龍門に着く。半世紀以上も前の一九一八（大正七）年に木下杢太郎がここを訪れた時は、途中の洛水を人力車もろとも渡船で渡り、黄塵の舞い上がる畑の中の道を南に向かっている。

二千余もある龍門の大小石窟の中でも、賓陽中洞は特に壮観である。正面には八・四メートルの本尊釈迦如来が坐し、南北壁の十体の諸仏像とともに北魏様式の雄偉さを伝えている。洞内の穹窿型の天井も隙間なく浮彫で埋められ、完成に二十年余を費やしたというのも、さこそと思われる。

ところが、かつて李太郎が実見して絶賛した洞の入口の左右壁にあった供養者行列の浮彫は、今は削り去った鑿《のみ》跡を残すだけであった。説明によると、一九三五年に一人のアメリカ人が北京の古物商某を通じて手に入れ、現在はニューヨークの博物館などに分蔵されているという。

これに限らず、龍門石窟全体で、石壁から剥ぎ取られた無残な跡を残す仏像や浮彫類は、夥しい数にのぼる。

李太郎が訪れた時も、賓陽洞などは兵隊屋敷になって住み荒らされ、顔面が大破した石仏の上に物干竿が渡されて、酒とニンニクの匂いを撒き散らす兵隊がウロウロしていたという。

李太郎は二年後（一九二〇年）、もう一度洛陽を訪れている。ところがこの時は、土地の役人に龍門に行くのを阻止された。龍門のあたりは「土匪」が多くて危険だという理由からである。

それでも彼が強引に人力車に龍門行きを命ずると、車夫は反対方向の洛陽駅に連れ戻してしまった。実際には「土匪」などではなくて、当時龍門一帯に駐屯していた軍閥の呉佩孚《ごはいふ》軍が、外国人、特に日本人の立ち入りを好まなかったためだろう、と李太郎は憤慨しながら臆測している。排日機運の昂まった五・四運動（一九一九年）の翌年だから、こうした扱いを受けるのもやむを得なかっただろう。

# 白馬寺門前

色の褪せた朱塗りの土塀をめぐらした白馬寺の門は閉ざされて、門外に立つ石造の馬が一頭、私たちを迎えてくれただけだった。

「文化大革命」最中のことである。蘇州の寒山寺でもそうだった。寺は整理中とかで、入門はどこも断わられた。それでも、とにかく門前だけでもいい、とマイクロバスで麦畑の道を現場まで運んでもらったのだった。

白馬寺は今の洛陽市からは東方に当たるが、漢魏時代の洛陽城から見ると、西方の雍門《ようもん》の外、一キロメートル余りの地にあった。

後漢の明帝が夢に高さ丈六の光を背にした金人を見た。その名を佛《ぶつ》という。帝は郎中の蔡愔《さいいん》や博士弟子の秦景《しんけい》らを天竺に派遣して、経文を求めさせた。やがて彼らは沙門の摂摩騰《しょうまとう》、竺法蘭《じくほうらん》を伴って洛陽に帰り、そこに中国仏教が根附き始めた。時に経典を白馬が荷ってきたので、白馬寺を城の西に建てた、と『魏書』釈老志は伝える。

バスから降りた私たちは、ひっそりと閉ざされた寺域の外側と、その南に立つ塼塔とをカメラに収めただけで、市内に引き返した。

漢魏時代の洛陽城の盛況を伝えた楊衒之《ようげんし》の『洛陽伽藍記』によると、白馬寺前のザクロとブドウは他所と異なって、枝葉は茂り、実が大きく、ザクロは七斤もあり、ブドウはナツメよりも立派で、味もすばらしく、洛陽随一だったという。

それが熟する頃になると、明帝も参詣がてら賞味した。従者に下賜すると、彼らは親戚中に分け合い、貰った者は、またすぐには食べず、何軒もの家を転々としたという。

当時の諺に「白馬甜榴《てんりゅう》、一実直牛」――白馬寺のザクロは一個で牛の値段、と、もてはやされたという。

全盛期には洛陽には寺院数千余りを数えたが、六世紀前半に北魏が東西に分裂し、東魏が鄴《ぎょう》に遷都してからは、洛陽の宮殿・寺院は荒廃に任された。楊衒之の著書は、その盛時を偲んでの記録である。

## 茘枝譜

広州市の郊外へ出ると、打ち続く水田の彼方の堤の上などに、緑濃い樹影が群をなしている。案内の人に聞くと、あれが茘枝《れいし》（ライチー）の木だという。夏の終わりには、それに小さな赤い実がびっしり生《な》るそうだが、私たちが訪れた十月には、残念ながらその風景は見られなかった。

茘枝といえば、誰もが楊貴妃が好んで食べた故事を思い起こす。産地の広東省から駅馬の乗り継ぎで急送させ、七日七夜で都の長安に届いたから、色や味は失われなかったといわれる。

もっともこれには異論がある。十九世紀の広東の人呉応逵《ごおうき》の『嶺南茘枝譜』によると、茘枝の実は枝から捥《も》ぐと一日で色が変わり、二日で香りが変わり、四、五日もたつと、味も無くなってしまうから、七日も馬の背に揺られて届いたものは食べられたものではない、という。あるいは根附きのまま鉢植えにして、広東から内陸の水路を利用して北方へ運び、秦嶺《しんれい》を越える手前で実を摘んで、早馬で華清宮に運んだのかもしれない。これなら一日で届く、と呉応逵は言う。

現在では、小さなトゲトゲのある青黒い皮附きのまま冷凍したものにお目にかかれるし、中身だけシロップに漬けた缶詰もある。しかし、おそらくは捥ぎたての色・香・味は、失われているのだろう。

蘇東坡は広東の瓊州《けいしゅう》に流されたとき、日に茘枝三百個を食べたという。福建では陳紫という品種が最も珍重され、樹齢三百年から四百年に達する名木もあった。

宋の蔡襄《さいじょう》の『茘枝譜』には、紅塩法という茘枝の保存法の記述がある。酸と塩の水に仏桑花《ハイビスカス》を加えた紅漿《こうしょう》の中に茘枝を浸し、取り出して乾燥させるもので、それだと三、四年は保存が利いたらしい。福建省の紅塩茘枝は都へ送られただけでなく、北は遼・西夏、東は新羅・日本・琉球からアラビアまで輸出され、商人は大いに儲けた。ために産地の福建の人たちは、かえって茘枝を口にすることが出来なかった、とさえ言われる。

## 元祐党籍碑

桂林から陽朔までの漓江《りこう》下りをしなくても、桂林の市中や周辺にも鑑賞すべき岩山はいくらもある。西北郊の蘆笛岩《ろてきがん》の鍾乳洞などは、広大な洞内の到る所に電気の照明が施されて、奇岩怪石が怪しい光を放っていた。

こうした天然の造作のみならず、人手の加わった洞窟もある。東郊の月牙山麓の龍隠洞《りゅういん》には、壁面に二百前後にのぼる磨崖《まがい》の石刻碑文があった。宋代のものが一一七で最も多く、明代の四七、清代の二七がそれに次ぎ、唐代は二、元代は一、と説明にある。

その宋の石刻の中に、「元祐党籍碑」があった。神宗の時代に王安石が施行した新法に対して、司馬光らが旧法の立場で反論し、新・旧両党派が次の哲宗、徽宗の時代にかけて激しい抗争を繰り返したことは有名だが、徽宗の崇寧四（一一〇五）年に、新法党の宰相蔡京《さいけい》は「元祐姦党碑《かんとう》」なるものを天下に刻せしめた。かつて元祐年間（一〇八六〜九三年）に新法を非難した三百九人の名前を連ねたもので、その中には司馬光、文彦博や蘇轍・蘇軾兄弟の名も見える。

しかし、翌崇寧五（一一〇六）年には、星座に異変が起こったという理由で、各地の刻石を破棄させたので、原刻は現在残っていない。

したがって、桂林龍隠洞の「元祐党籍碑」も、南宋になって慶元四（一一九八）年に饒祖堯《じょうそぎょう》が模刻したものである。同じ頃の模刻がもう一つ、広西の融安県にある真仙岩にも残っているという。

真仙岩の方の碑文を模刻したのは沈暐《しんい》という人だが、彼は蔡京が告発した三百九人の「姦党」中の沈干《しんかん》のひまごに当たる。彼は、自分の祖先が司馬光らと名を連ねていることをむしろ名誉と考えて、家蔵の「姦党碑」の拓本を崖に模刻したのである。石に刻しておけば、その名が万世に伝わる筈だから。

蔡京によって「姦党」として告発されたことが、かえって「君子の党」の一員として名が残ることになったわけで、蔡京はもとより、沈干も、まさかそこまで予測はしていなかっただろう。

## 花石綱

上海の旧城内に豫園《よえん》という庭園がある。もと明代の官僚の私邸だったところで、園内には廟堂・楼閣が建て込み、あちこちの屋根瓦に龍がのたうっている。築山や泉水もひねった趣向で、今は上海市民の遊覧の場となっている。

その庭の一隅に「玉玲瓏《ぎょくれいろう》」と名づける石が立っている。高さは四、五メートルあろうか。複雑に入り組んで節《ふし》くれだち、蜂の巣みたいな穴が至るところに空いている。見物人は周りに立って微妙な肌色の変化を見せる石を、なにやら奇妙な顔つきで見上げる。

『石譜』という本によると、名石にはその形態になぞらえて「滄浪独釣石《そうろうどくちょうせき》」とか「海潮瓔珞石《かいちょうようらくせき》」「萬花《ばんか》石《せき》」といった類いの名が附けられていたが、この「玉玲瓏」などは、さしづめ噴き上げる大噴水にもたとえられようか。

石は「縐《すう》」（複雑なしわがあること）、「透《とう》」（向こうが透けて見えること）、「痩《そう》」（すっくと立っていること）の三つを尊んだという。名石の賞玩は宋代から盛んになり、杜綰《とわん》の『雲林石譜』には一一六種の石について、産地・採取法・形状などが記されている。その中では、江州産の湖口石というのが、豫園の「玉玲瓏」の特徴に似ているようである。

北宋の徽宗皇帝は、趣味豊かな君主として知られるが、名木や名石の収集にも熱中した。「花石綱」と名づけて、江南の木や石を船に載せ、運河でどしどし都に運ばせた。その任務を取り仕切ったのが朱勔《しゅめん》という人物で、蘇州に本部を置き、名だたる木や石のある家に部下を押し入らせて封印し、御前の物と称して一指も触れさせず、もし禁を破れば大不恭罪に陥れた。運び出すのに家屋や土塀を容赦なく崩し、運河に跨がる橋までも壊したという。

洞庭湖の水中深く産する「太湖石」のような場合も、あらゆる手段を使って引き揚げ、それらを運ぶ船の船頭も、虎の威を借りて横暴を極めたと伝えられる。樹木はともかく、そうして都の汴京《べんけい》に集められた名石類は、今どこにどうしているのだろうか。

## 海印寺の大蔵経

韓国東南部の中心都市大邱《テグ》から西へ高速バスで二時間ほどのところに、伽耶《かや》山《さん》海印寺《ヘインサ》がある。今は観光地の一つとなって、駐車場には大型観光バスがずらりと並び、売店はスピーカーから音楽を流しているが、昔はここには渓谷沿いの山道しか通じていなかったという。

山腹にある海印寺本堂裏手の石段を数段上ると、二棟の蔵経閣が中庭を挟んで平行に建っている。間口三十三間、奥行き五・五間という細長い建物だが、この中には高麗大蔵経の版木が五段の棚にびっしり収蔵されている。観光客の賑わいも、ここまではあまり及んでこない。

この大蔵経の版木が彫られたのは、七百年余以前のことである。

それに先立って十一世紀の頃にも、契丹の侵入を受けた高麗では大蔵経の版木を作ったことがあったが、十三世紀に入ると、新たに蒙古の軍隊が南下侵入し、朝鮮半島各地はひどい破壊・掠奪を受けた。符仁《ふにん》寺にあった、さきの大蔵経版木も焼かれてしまう。

高麗王室は都を開京から西海岸の江華島に移して、蒙古（元）への服従を拒否し続ける。大蔵経の版木が彫り直されたのは、ちょうどその江華遷都中のことであった。

高宋二十三年から三十八年までの十六年間（一二三六〜五一年）に、当時実権を握っていた武人の崔怡《さいい》・崔沆《さいこう》父子は、私財を投じて、江華島の大蔵都監と南海島の分司都監で版木を彫らせた。済州島や巨済島産のタブ材を用い、各版木おおよそ縦三〇センチ、横七〇センチから八〇センチ、厚さ三センチ。両面に十四字二十三行の経文を刻し、計八万一千枚余に達した。

蒙古軍の退散を祈念したこの大事業の産物は、崔氏政権が倒れて高麗王室が江華島を出てからも、その地の板堂に置かれていたが、李氏朝鮮の時代になって、太祖七（一三九八）年に伽耶山海印寺に移置された。この秘宝の存在が世に知れたのは、一九〇二（明治三五）年、日本の建築史家の関野貞氏の海印寺調査によってであった。

## 孝陵と十三陵の間

道の両側に石の駱駝・象・麒麟・馬を初め、文臣・武官の像が立ち並ぶ、明の十三陵の風景は、北京を訪れる人が多くなるにつれて、一層われわれに馴染み深いものになっている。

古い写真で見ると、遠景には鋭い稜線を見せる山々が連なり、その山麓に散在する帝陵群に通じる参道は、石ころ混じりで、車の轍の跡が深く掘られたりしている。現在は、中央二車線分ぐらいが簡易舗装されているが。

十三陵の中では一九五〇年代に発掘された定陵が有名である。明末近い万暦帝の陵で、白玉をふんだんに使った地下宮殿とその副葬品の豪華さは、世人の目を驚かせたが、「文化大革命」の最中に訪れたときは、定陵には寄らずに、第三代成祖永楽帝の長陵の方に案内された。

長陵の墳丘は現在でも未発掘だが、墓域内に聳《そび》える朱色鮮やかな祾恩殿《りようおん》や、墳丘の前に置かれた高さ四、五メートルはあろうかという巨大な石の位牌などは、圧倒的な皇帝の気宇を私たちに感じさせるに十分だった。

永楽帝以後の帝陵が、この一帯に集まっているのは、彼が都を北京に遷したからである。初代の太祖洪武帝の孝陵は、南京城東郊の紫金山の山麓にある。

孝陵にも十三陵と同様に石獣・石人の行列がある。もちろん孝陵の方が建造年代は前で、北京のより規模が大きいということだが、先年私たちが訪れたときは、夕闇が迫っていたせいか、背後の紫金山も望むことが出来ず、十三陵のような雄大さは感じられなかった。山裾のなだらかな傾斜面に向き合う石獣・石人の行列の間隔も狭く、舗装道路は参道の外側を走っている。

初代洪武帝と三代永楽帝の間の二代目の陵はどこにあるのか。実は洪武帝の孫に当たる二代目建文帝は、叔父の永楽帝（その時は燕王）の軍に攻められて、南京の宮殿内で焚死している。帝位を「簒奪」した永楽帝は無論のこと、歴代の明の皇帝は最後までこの二代目を皇帝として認めなかった。従って帝陵はない。恭閔帝《きょうびん》という諡《おくりな》を貰ったのは、次の清朝の乾隆帝時代のことであった。

## マカオの媽祖廟

広い珠江の河口を挟んで、香港と対峙する位置にマカオがある。むろん海港としては香港より歴史が古い。香港がアヘン戦争後、十九世紀半ばから急速に発展したのに対して、マカオがポルトガル人の極東貿易の根拠地となったのは十六世紀のことである。

今でもポルトガル総督邸が丘の上にあるが、マカオの売り物は焼け残った聖パウロ寺院や、賭博、ドッグレースの類いしかない。それでも昼食のポルトガル料理に出た赤ブドウ酒は、飲み放題でけっこう美味だった。

外洋を望む海岸の一角に、小さな媽祖閣《まそ》が建っている。この廟はささやかだが、マカオの名は実はこの廟に由来する。

「媽祖」はまた「娘媽《ニャンマ》」、「阿媽《アマ》」とも言い、「おばさま」といった愛称・敬称で、航海の安全守護の女神として信仰されていた。阿媽の廟のある入江ということで阿媽口《アマカオ》、つまりマカオと呼ばれたわけである。日本では天川《あまかわ》と書いた。中国では澳門《アオメン》と呼んでいる。

媽祖信仰は、なにもマカオ一港だけに限られず、福建・広東の沿海地方に広がっていた。伝えによると、彼女は宋の頃、福建省中部沿岸の莆田《ほでん》県の林氏の娘だったが、幼時から霊異の能力があった。宣和年間に高麗へ向かう冊封使が海上で遭難しかけたのを救ったことで有名になり、彼女を祀った莆田の沖合いの湄州島《びしゅう》の廟に「順聖」という号を賜わった。以後、「神女」「龍女」として彼女に対する信仰は急速にひろまり、明の初めに鄭和《ていわ》が東南アジアに船隊を率いて遠征する際には、ここに宏壮な廟が建てられた。

初めは「霊恵夫人」と呼ばれていたのが、だんだんと「天妃」からさらに「天后」にまで格上げされて、政府筋の信仰も篤《あつ》かった。

しかし、民間ではむしろ親しみをこめて「媽祖」とか「阿媽」とか呼ばれていたのである。背後に小山を背負ったマカオの媽祖閣の一隅には、彩色された帆船の絵が大きな石に彫ってあったりして、潮の香りにふさわしかった。

## 崇禎帝の「殉国」

北京市内で一番高い場所といえば、紫禁城のすぐ北の景山であろう。といっても、せいぜい百メートルたらずの小山である。

それでも頂上に立てば、堀に囲まれた紫禁城内のくすんだ黄瓦の宮殿群を眺め渡すことができる。はるか南方には天安門、その左右には歴史博物館や人民大会堂の角型の建物も見える。歴代の皇帝・后妃・百官が集まっていた宮殿群が、そういう遠望を許すほど平たく低く広がっているだけなのは、いささかアクセントに乏しい風景ではあるが。

景山のふもとに「明思宗殉国処」と題した石碑が立っている。思宗とは明末の荘烈帝、その治世の年号を取って崇禎《すうてい》帝とも呼ばれる皇帝である。

時は崇禎十七（一六四四）年。陝西省で挙兵して、国号を大順と定めた闖王李自成《ちんりじせい》の軍は、山西省の諸都市を攻略して居庸関を突破し、三月十三日には北京城の西北三〇キロメートルの昌平を陥れた。明の守備軍は相次いで李自成側に降服する。三月十八日、彰義門外に達した李自成は、帝のもとに使いを送って譲位を要求する。帝はむろん拒絶したが、その夕方には李自成軍が外城内に入り込んだ。崇禎帝は宮中を出て景山に登り、北京城内に火の手が上がっているのを見て悲嘆し、しばらく徘徊して宮中に戻った。そして娘をわが手で刺殺し、皇后には自殺を命ずる。

翌未明、鐘を鳴らして百官を召集したが、誰もやって来ない。そこで再び景山に登り、山上の亭で首を縊って自殺した。殉死者数十人。襟に記した遺詔には、次のようにあったという。

——たとえわが身は八つ裂きにされようと、民草一人をも傷つけることなきよう。

しかし、李自成の北京占拠期間は一ヵ月もなかった。山海関を突破して代わって北京に入城した清朝は、崇禎帝を前王朝の皇帝として葬り、臣民に三日間の服喪を命じた。十三陵の一つの思陵がそれである。

「殉国」の碑が建ったのは、碑の文字によると「満洲事変」の前年、民国十九（一九三〇）年のことである。

## 太平軍讃歌

南京市内の太平天国歴史博物館は、瞻園《せんえん》という庭園に隣り合っている。というより、瞻園内の一部の建物が博物館として使われている、と言うべきであろう。

瞻園の庭園は明代からあって、その名は清朝の乾隆帝の命名だという。太平天国軍が南京を占領していた時には、東王楊秀清《ようしゅうせい》の住居に使われ、東王府と呼ばれていた。

この博物館には、太平天国軍を讃美して民衆が壁に書きつけた詩が幾つか展示されていた。どれも最近の調査で出て来たということで、中には民衆が書いたものらしいあて字も多くて、判読が難しい。館長の郭存孝先生の示教をもとに、おおよその意味をたどってみると——

漢口にいる清兵の逃げ足は　やせた鶏のようで
南京にいる太平軍の威力は　猛虎のようだ
常熟に清兵がいるうちは　みんなの難儀が続くぞ
太平軍が来てくれれば　だましたり家を焼いたりしないぞ
清兵にかかると　ひとり残らず焼き殺される
みなの衆　清兵の手にかからぬよう　逃げかくれるのが上策だ（江蘇省常熟県）

こうした新発見の資料は、近いうちに整理・出版される予定と聞いた。

瞻園は解放前には国民党の特務機関が置かれ、解放後は荒れ果てていたらしい。高い天井の応接室に並べられた黒檀の冷んやりした椅子に座って、窓外の池や岩山を眺めていると、たびたびの戦禍に見舞われた南京城内の一角にいることを、ふと忘れさせるものがあった。

南京には、太平天国の乱の首領洪秀全が住んでいた天王府もある。別な機会にここを訪れた友人の話によると、もと両江総督（江蘇・安徽・江西の三省の軍政長官）の邸だったこの庭園は、東王府を凌ぐ壮大な規模のものだったという。

ここに天王として君臨し、最後は清軍の包囲下で病死した洪秀全は、生まれ故郷の広東省花県（広州市郊外）の山紫水明の地を、どのような思いで回想していただろうか。

## 疫病神退散

新羅の古都慶州は、周りを低い山々に囲まれた平野に温和な姿を横たえていた。古墳公園内には、折り重なるように歴代の新羅王の円墳が並び、都大路の真ん中と覚しきあたりでは、かつての壮麗さを偲ばせる皇龍寺《ホアンロンサ》の発掘調査が行なわれていた。

公園内の天馬塚や、新築された国立博物館には、修学旅行の高校生に混じって日本人の観光団も見かけたが、あとはごく静かな農村のたたずまい。在りし日の飛鳥の里を想い起こさせるものがあった。

慶州は三国対立時代から統一時代にかけて、五百年以上に及ぶ新羅の都だった。

新羅第四十九代憲康王の世（九世紀末頃）のことである。王が慶州の南の開雲浦に巡幸したとき、にわかに雲霧に道を閉ざされた。それが東海の龍の仕業であると聞いた王は、龍のために仏寺を建てることを命ずると、忽ち霧は消え、龍が七人の子を連れて姿を現わし、王の徳を讃えて舞を舞った。王はその一子を都に連れて戻り、処容《しょよう》と名づけて官職につけ、美女を妻に与えて引き止めようとした。ある月の明るい晩に、処容が外出から戻り寝所に入ろうとすると、脚がなんと四本見える。しかし処容は少しも騒がず、歌を一節うたって外に出た。

今宵《こよい》都に月明らかにして　夜もすがら遊び暮らし
臥室《ふしど》に入れば　脚はよつなり
ふたつはわれのなれど　ふたつは誰《た》がものぞ
下のはわれのなれど　今奪うには如何すべき

すると、上なる男、出て来て処容の前に跪き、誓って言った。

〃私は疫病神だが、あなたの奥さんがあんまり美しいので、つい手を出してしまった。それなの

にあなたは怒りもしない。これからは、あなたの姿を描いた絵を見たら、決してその家には入らぬ。〃

それから新羅では、処容の絵を門に貼って疫病除けの呪《まじな》いにしたという。

これは『三国遺事』に見える話。この歌の部分は、日本の「万葉仮名」に似た漢字の使い方で記されている。

## 陶山書院

安東《アンドン》は大邱《テグ》の北約百キロメートルの町である。そこの安宿で一泊した翌早朝、バスで一時間ほどの陶山書院を訪れた。ここは李朝時代の代表的朱子学者、李退渓（李滉《りこう》）が一五七四年に造った書院である。

仏教を排撃した李朝時代には、私立の儒学の書院が続々と出来た。そこで郷土の賢才を集めて儒学教育を施し、士人としての教養を高めるのが狙いだったが、中央の政争が絡まって、書院は士人内部の派閥争いの温床になった。そのため、後になると書院の増設を禁止する政令が出されるようになる。

李朝一代を通じて造られた書院総数六五〇のうち、大邱や安東を含む慶尚道にあった書院数は二四〇と、ずば抜けて多い。都のソウルとは山で隔てられたこの地方には、それだけ郷土の賢才を育てようとする熱意が強かったのだろう。

バスを降りて切通しの坂道を抜けると、洛東江を見下ろす崖の上に出る。川が東から南に大きく曲がるあたりに、こんもり樹影に包まれた一角が望まれた。川岸のその場所まで降っていくと、小さな公園のようになっており、早朝なので人影も全くない。そこが陶山書院だった。

なだらかな傾斜地に、中央の道を挟んで小ぢんまりした殿屋が階段状に建ち並び、奥近くの書庫室には、漢籍類が並んでいるのが隙間から見えた。現在の所蔵本は九〇七種類、四三三八冊だという。この数字は同じ慶尚道にある玉山書院や屏山《へいざん》書院などに較べて、ずっと多い。また陶山書院では、活字による出版も十七種類行なわれている。名儒李退渓が居を定めた場所にふさわしい簡素で厳正な雰囲気だった。

折しも晩秋とて、この陶山書院の一角も、燃えるような紅葉に包まれていた。十六世紀末の豊臣秀吉の侵入（韓国では「壬辰倭乱《じんしんわらん》」と呼んでいる）や、大戦後の朝鮮戦争の兵禍にも遭わずに、こうして書院が存続していることは、なぜか私には奇蹟のように思えた。

# 2　中国美術余話 Ⅱ

## 展覧会の憂鬱

今年（一九六二年）の秋には、中国明・清美術展、永楽宮（元代の道教寺院）壁画展、インド古代美術展（現在展示中）など、アジア関係の大規模な展覧会がいくつか開かれた。警抜な文明批評家であられる金沢誠先生によると、近年アジア関係の書物がよく売れるのは、かつて日本文化の師匠だった〈ヨーロッパ〉が、今や単なる地球上の一地域としての重みしかもたなくなって来たことと関係がある、ということである。たしかに、そういう〈ヨーロッパ〉の凋落を促進した一つの、そして大きな要因としては、戦後におけるアジア諸民族の躍進ぶりが挙げられねばならない。〈アジア〉を知らなければ、〈ヨーロッパ〉をも含めた〈世界〉はわからない、というのが近頃のわれわれの実感ではないか。アジア関係の本が売れ、展覧会が人気をよぶのも、そのことと無関係ではあるまい。

というのは大義名分論。正直なところをいうと、私自身が展覧会に足を向ける動機は、「東洋史」を専門にしている職業的責務感であって、〈アジア〉を知ろう、と奮い立つ心境とは程遠いのが実情である。（おまけに、招待券でも貰わないとなかなかミコシをあげない怠惰さ！）その私に、しかじかの展覧会の感想を書けと命ずる編集者は、なかなかに残酷である。ある所で無責任に、「明・清美術展を見ての感想」というリポートの題を出した天罰なるかなと諦めて、恥を晒《さら》すハラを決めた。

純粋の美術展を見るのと違って、いわゆる歴史モノの展覧会には、私はいくつか複数の視点を準備せざるを得ない。それが展覧会への足取りを重くさせる原因となるのである。

先ず明・清美術展にせよ、インド古代美術展にせよ、それらは〈美術〉展である。〈美術〉として展示されているものを〈美術〉として鑑賞するのは、初歩的な礼儀であろう。とは言っても、〈美術〉的鑑賞ということの定義はよくわかっていないのだが、たとえば明の宣徳期の端麗な壺などは、理屈抜きにすばらしいと思う。静まりかえった白地に描かれた鮮烈なブルーの文様が、器形の高雅さをさらに引き立てている。二年ほど前のペルシャ名陶展で見た、多彩なイスラム系陶器の諧虐性とは全く味の異なった、〈静〉の世界のものだが、いいものは何といってもいい。

いいものはいいい、の反対は、つまらんものはつまらん、となるが、実は、つまらんものでもそうは言い捨てられないところに、歴史モノの美術展の面倒臭さがある。それは〈美術〉的鑑賞とは異なった〈知識〉的鑑賞法を動員せねばならぬことである。たとえば清朝の学者先生の書など、私は全く好きになれない。その篆書や隷書を気取った擬古的な書体といい、

撫景為懐風月主
及時脩学聖賢心

などという、マコトシヤカナ風流心・道義心を〈鑑賞〉する気持には全然なれない。しかし、これを書いた阮元《げんげん》という学者（あるいは学問のスポンサー）が、考証学の上で大きな業績を挙げたことを私は知っている。その知識が、しばらく私の足をこの掛軸の前で立ち止まらせる。不愉快だが、そういうことになる。あるいはインドのヒンドゥー教の神像の前でも、私は同じ内心の葛藤をくり返す。ヒップの極度に発達した女神像、男女神相愛の姿態などをインドという風土、ヒンドゥー教という信仰を抜きにして眺めるとしたら、およそ妙なことになるだろう。〈美術〉品として出陳されてはいる

が、そこには〈知識〉が前提されているのである。

ところで私は、この二つの視点の他に、さらに第三のそれを意識させられてしまうので、美術展がいっそうやり切れないものになって来る。それは〈思想〉的鑑賞法ともいうべきものか。

例えばこうである。中国明・清美術展を、あるいは〈美術〉的に、あるいは〈知識〉的に鑑賞し終わって、博物館の外に出る。その時、おや、と忘れていたことに気がつく。この明・清美術展の企画者は、これらの美術と今の中国とをどう関連させて考えているのだろうか。今の中国に生きる伝統をこの時代に探ろうとするのか、それとも両者の間の断絶を示唆しているのか。そういう視点から陳列品のあれこれを思い浮かべ直すと、何とも印象が稀薄である。どうもそこには、〈主張〉とか〈思想〉という類いのものはないとしか思えない。残るのは索漠感のみである。

また例えば永楽宮壁画展を見る。道教の神々の類型的な描写には、どうも〈美術〉的鑑賞欲が湧かないが、中国の宗教で道教は重要だからという〈知識〉で、ガマンして見てまわる。やがてこの企画は、かつての敦煌壁画展と同じに、中華人民共和国が文化遺産の保存に示す熱意を中外に宣揚する目的をもつことに思い至って、それならばそのつもりでよく拝見しましょう、ということになる。その意味で、これは〈美術〉展としてよりは、〈思想〉展として歯応えがある。インド古代美術展も、中国明・清美術展に較べると〈思想〉的要素が濃厚のようにお見受けした。

もとより私は、この三つの視点に高下の順位をつけるつもりはない。それどころか、始めに言ったように、その使い分けに悩んで、歴史モノの展覧会が催されるごとに、気も重く、足取りも重くなることを告白したにすぎない。

去年（一九七五年）の「中華人民共和国古代青銅器展」で、秦の始皇帝の陪葬坑から出土した陶俑と陶馬をガラス越しに眺め入っていたら、隣に居た実直そうな青年から、これも青銅で出来ているんですか、と訊ねられた。

一瞬、その非常識さに呆れたが、考えてみれば、これは「青銅器展」と銘打ってあるのだから、「特別出品」の字に不用意な人は、そういう疑問を抱くこともありうるな、と思い返した。

そう言えば数年前に、「定陵地下宮殿宝物展」というのが或るデパートであった際に、陳列された金の延棒の山の前で、老人の御夫婦が、やっぱり本物の金の色はいいねえ、と頷き合っていた。実はこれは模造品だったのだが、レプリカ（複製品）なる外国語を知らないと、本物と早呑み込みするのもやむを得ないような、精巧品揃いの展覧会ではあった。無論その時私は、その御夫婦に何の御注意も申し上げなかった。

そういう私だとて、先日の「中華人民共和国魯迅展」では、思いがけぬ早呑み込みをした。罫入りの原稿用紙に書かれた魯迅先生の肉筆の迫力に感動したあとで、展覧会の図録を調べてみたら、そのいくつかは「写真」とある。こういう時には、どうも感動の跡始末に手間がかかるものである。

それにしても、あの陶俑二体と陶馬一体はまことに逸品だった。私は都合三回、上野へ足を運んだが、その度に、あの部屋からは立ち去りがたい思いがした。ガラスに鼻をくっつけたり、遠目に三体を眺め渡したりしていたものだから、件《くだん》の青年も私に声を掛けたのだろう。

『文物』一九七五年十一期の報告書によると、それまでに大型の武人俑五八〇、戦車に繋ぐ馬二四が出たという。しかしこれは陪葬坑のごく一部で、全部では六千体ぐらいはありそうだとのこと。武人俑は身長一八〇センチ前後、重さ一五〇〜一八〇キログラム。陶馬の方は高さ二メートル、重さ二〇〇キログラムを超える。

それらを焼き上げた窯はどこにあったのか。それを焼くのにどのくらいの薪が必要だったのか。その薪をどこの森林から伐採したのか。武人と馬の前に佇みながら、疑問は次々と広がって行く。『文物』のカラー写真のは赤茶けて表面がザラついているのに、眼前のはむしろ白っぽく、肌あくまでも滑らかである。

殷周青銅器の重厚・壮麗さとは異質な、簡勁な写実の逸品を前にして、それらを生み出した二千年前の秦帝国の時代を、私は何とか感じ取ろうとした。

始皇帝が、まさに「皇帝」として天下に君臨したのは十二年間だが、それ以前に秦王として在位した期間は二十五年ある。その秦の王室は、陝西省渭水流域に根拠をおく諸侯として五、六百年の伝統をもつ。とくに戦国時代後半に入ってみるみる頭角を現わし、東方の諸侯国への政治的、軍事的圧迫を強化して来ていた。その蓄積の上に立って紀元前二二一年に天下を統一した始皇帝だったから、東方の諸地域から大量の人員・器材を都の咸陽附近に運び込んで、宮殿や陵墓の造営に使役できたのは当然だった。東方だけでなく、北方の匈奴や西方の西域方面との接触も、当然活発化していた。

そういう規模壮大な時代の気象が、あれらの力感に満ちた写実の逸品に繋がることは、ほぼ間違いあるまい。私は、広袤《こうぼう》万里の天下を一元的に統治しようとした秦帝国の当事者の緊張感を、この陶俑・陶馬の彼方に遠く想見してみた。

と同時に、陳列室の中をうろつく私に湧いてきたのは、こんなに立派な物が一度出来てしまうと、後の人は大変だろうなあ、という思いだった。

つまり、こういう完成品が作られたあと、人は何が出来るか。模倣をしていれば間違いはないが、それは形だけで、ナカミの創造性はなくなる。と言って、出来合いの創造性に身を任せたら、確実にあの完成度には到達できない。もし私が、もしもの話だが、あの陶俑・陶馬が作られた直後に生まれ合わせた陶工だとしたら、そのディレンマに悩んで、その世界から逃亡したくなったかもしれない。

しかし、これはもとより私のような線の細い人間の考えることで、あの逸品を生んだ当の中国の人々は、べつに逃げ出すこともなく、その伝統に堪え、その重圧を更なる新たな伝統を生み出す力に転化した。漢代四百年というのは、そういう重厚な屈折力を示した時代だと思うが、大きな意味では、その後の中国史二千年も、同じ力を内に潜めて展開して来たと言えるかもしれない。ただ残念なことには、それらは陶俑・陶馬のように、一見して逸品と見分けることが難しいのである。

## 「南郡守騰文書」

いささか旧聞に属するが、湖南省長沙の馬王堆の漢代墓から、二一〇〇年前の老女の屍体が恰《あたか》も死せるがままに出現したことは、われわれの耳目を愕《おどろ》かせたものだった。その後、隣接する二、三号墓の調査によって、この老女は長沙国丞相の軑《たい》侯利倉の夫人であることが確認された。

続いて湖北省江陵の鳳凰山一六八号漢墓からも、こんどは男性の屍体がほぼ同様な保存状態で出土したことを、あるいは記憶している方もいるだろう。この人物の方は、この地域の在地有力者らしく、伴出遺物によって、姓は嬰《えい》、名は遂《すい》と思われることが関西大学の大庭脩教授によって考証され、中国の学者も近頃はそれに近い見解を持っているようだ。

ところで歴史研究者にとっては、保存完全な屍体もさることながら、同時に出土する文書類の方ももとより見逃せない。馬王堆の三号墓からは、『老子』道徳経のテキスト二種類をはじめ、当時の長沙国南辺地区の形勢を描いた地図が三枚出土した（公表されたのは内二枚）。これらはみな絹布に書かれた、いわゆる帛書《はくしょ》である。

この軍事地図を通して、われわれは前漢文帝時代の長沙国が南方の南越国に対して抱いていた関心の深さを知ることができる。また鳳凰山一六八号墓出土の竹簡の一枚には、死者の冥途への旅のパスポートとも呼ぶべき文書（大庭教授は「遣冊《けんさく》」、黄盛璋氏は「告地冊」と呼んでいる）があって、漢代人の死生観の一端を窺う資料となる。『史記』や『漢書』などの文献には必ずしも記載されていない辺境や在地の状況を垣間見させてくれる点で、これらの出土文書は極めて貴重である。

近頃の『文物』誌などをしばしば賑わせているものに、一九七五年十二月に湖北省雲夢《うんぼう》県の睡虎地《すいこち》十一号墓から出土した「秦簡」がある。この地は現在の武漢市の西北六〇キロメートルほどに当たり、初め楚の領域だったが、戦国時代末に秦の将軍白起《はっき》に占領され、南郡として統治された地域である。出土竹簡は「南郡守騰《とう》文書」、「秦大事記」、秦の各種の法律など多数にのぼり、『文物』一九七六年六・七・八の各号にそれらの釈文が載っている。ここではその中で、竹簡十四枚より成る「南郡守騰文書」を中心に紹介してみたい。

二十年四月二日、南郡の郡守騰が、領域内の県・道の吏たちに告げる。

と、この文書は書き出す。二十年とは秦の始皇の二十年、紀元前二二七年。「郡守騰」と姓を略して名だけしか書かないのは、当時のしきたりである。

「騰」なる人物は『史記』にも見える。秦始皇本紀の十六年（前二三一年）九月の条に、韓から南陽の地を取り、騰に仮守させたとあり、さらに翌十七年には、内史騰が韓王安を捕虜にして韓を滅ぼし、その地を潁川《えいせん》郡としたとある。六国年表にもこれに対応した記事がある。

これらの『史記』に見える「騰」と、文書の「騰」とはおそらく同一人だろう。すると、十六年には南陽郡の仮守だった彼は、翌年、内史として韓を攻め滅ぼし、さらに二十年には南郡の守となって赴任したことになる。

二十年は、荆軻が秦王政（二十六年になって「皇帝」と称するようになる）を刺そうとして失敗した事件のあった年だが、南郡の郡守として、「騰」を派した記事は、『史記』にはむろん無い。ところで「秦大事記」と呼ばれる竹簡の年代記を見ると、十九年に、南郡に警戒すべき非常事態が起こったらしい。中国の学者はこれを、秦始皇本紀に見える、

楚王は長沙以西を秦に献じたのに、のち約にそむき、我が南郡を攻撃した。

という天下統一後の始皇の布告に結びつけようとしている。そうだとすると、こういう楚側の反攻への対策として「騰」が派遣され、二十年四月の文書の公布となったことになる。『文物』誌の解説者は、これを当地の奴隷主勢力の蠢動《しゅんどう》に対する秦の政治軍事闘争の激烈さを示すもの、としているが、『史記』によると、将軍の王翦《おうせん》・蒙武《もうぶ》が楚を撃滅したのは、さらに数年後の始皇二十四年のことである。

香港中文大学の饒宗頤《じょうそうい》教授は、この文書をすぐれた秦代の散文で、筆調は『韓非子』の句法に似ており、行文に精彩があり、水準の高い名文であるとしている（『東方学』五四輯）。その辺の味わいは私にはわからぬが、楚の反撃によって動揺する南郡に乗り込んだ「騰」の切迫した立場を踏まえて読めば、なかなかに劇的ではある。参考までに、ごく一部を訳出してみると――

……現在、法令は完備しているのに吏は準拠せず、民は勝手気儘である。これでは君主の明法が廃れ、邪僻淫佚の民がはびこって、邦に害となり民にも便ではない。それ故、騰は法令をあらた

めて徹底させる。……もし県の令丞が吏民の非法を知りながら取り上げないならば、君主の明法をごまかし邪僻の民を匿まうことになるぞ。それでは人臣として不忠ではないか。もし吏民の実情を知らぬようでは、令丞としての任に堪えず、不智である。知りながら取り上げないのなら、これは不廉であり、いずれも大罪である。……今、部下を巡行させて実情を調べさせ、告発の仕方が法令に従わぬ場合は、律に照らして令丞の責任とする。……

法家流の、いわゆる督責政治の具体的実施例としても興味深い。なお中国の竹簡・木牘《もくとく》類に関しては、大庭脩教授が『日本美術工芸』誌に「木簡のはなし」と題して連載中で、その研究史、分類、内容に至れり尽くせりの解説が加えられている。完結して一本となる日が待たれる（『木簡』学生社、一九七九年四月、としてまとめられた）。

## 影射史学

むかし、歴史はカガミである、と言われた。治乱興亡のあとを振り返り、治政の指針としようというわけである。宋の司馬光の『資治通鑑』は、書名そのものがカガミのように煌めいている。個人の伝記を中心とした正史と異なって、『通鑑』は編年体である。年月の順に直接関係ない事件が排列されているだけだから、特定の事件の顛末を手っ取り早く知るには不便だ。そういう目的で、のち紀事本末体というのが出来た。

不便ではあっても、一見関係のない遠く隔たった事柄の間に、読み手が独自な関連性を発見することは可能である。特定の状況の中での個人の判断や行動が、百年、千年という時間の流れの中でどういう意味を帯びて来るかが自ずと問われるような、コワイ本である。

『通鑑』は、今は亡き毛沢東の愛読書の一つだったという。延安の洞窟の中、あるいは北京の中南海の一室で、思いを天下に馳せながら『通鑑』を繰っていた毛氏の姿を想い浮かべると、なにやら凄味が出て来る。現代を動かす人物が歴史を振り返り、読み込んだ歴史がまた現代世界に変動を及ぼす。そこには〈いま〉と〈むかし〉が激しい火花を散らしていたに相違ない。

ところで、もっと気軽で安直な歴史好み――史癖とでもいうやつも、中国では昔からあった。ただし、庶民が物好きに骨董いじりをする分には自他に大した害毒は及ばないが、いったん権力を握った者がこの史癖を弄ぶと、エライことになる。その最も悪しき例が、ついこの間、中国では横行していた。例の儒法闘争史観というしろものである。

それは、次のような基本概念で組み立てられていた。

(1) 儒家と法家の対立が中国史を貫く基本的な路線対立である。
(2) 中国史は春秋時代と戦国時代を境界として、奴隷社会から封建社会へと変わった。
(3) 春秋時代の末に「仁」「復礼」を説いた儒家の孔子は、没落しかけた奴隷主を擁護し、その復辟を目指した悪党である。だから孔丘と本名で呼ぶ。
(4) 戦国時代に出た商鞅《しょうおう》や韓非《かんぴ》らの法家は、奴隷主に代わる新地主層の権力確立に寄与した。
(5) 法家路線で中央集権を確立した、秦の始皇の事業は偉大である。度量衡や文字の統一はもとより、焚書坑儒、長城築造などもすべて肯定される。
(6) 秦の始皇の功業を肯定的に評価した後世の学者はすべて法家であり、顕彰すべきである。
(7) 唐の則天武后はとくに傑出した女性政治家である。等々――

こういう判断の大胆さと言おうか、単純さと言おうか、およそ私たちの常識をはるかに飛び抜けた「歴史」論文が、『人民日報』『光明日報』『紅旗』などのトップ記事として毎号のように掲載されていた。一九七三年から七六年頃までのことである。

――これは歴史を借りた政治的プロパガンダだろう。

誰しもそう直感してはいたものの、体裁は一応「歴史」論文である。どう読んだらいいんでしょうね、というのが、率直に言って当時の私などの抱いた困惑感だった。

それが一九七六年十月某日以後、消えた。そういった論文はすべて、いわゆる「四人組」が周恩来総理や党中央を暗に攻撃するために、言論機関を操作して流した反動的な謬論であった、ということが暴露されたのである。

それ以来、「四人組」の史学は「影射史学」であったと非難するのが、これまた判で押したような決まり文句である。「影射」とは「含沙射影」が語源らしく、蜮《よく》という水中の動物（三本足でスッポンのような形をしているという）が、口中に沙《すな》を含んで水辺の人にひそかに吹きかける。吹きかけられた人は、それに気づかぬが、やがて病気になる、という伝説に基づく。「影射」は、だから、本人をそれと名指さずに攻撃する、いわば「当てこすり」に該当する。

「四人組」は周総理を攻撃するために、歴史に借りて当てこすりを行なった。秦の始皇の宰相だった呂不韋を無理やり儒家に仕立てあげ、呂不韋を非難することによって、「現代の大儒」つまり周総理を暗に攻撃した。後世の思想家を、始皇帝を褒めたか、貶したか、で法家と儒家に色分けし、賈《か》誼《ぎ》・柳宗元・王船山から章炳麟《しょうへいりん》までを法家に「欽定」した。時には、自分の議論に都合のよいように史実を「簒改《さんかい》」までした――といまの中国の各誌紙の論調は、またもや一斉に唱和している。

たしかに「四人組」が書かせたと言われる論文はひどすぎる。周総理を当てこすったのがけしからんと言うよりも、こんな当てこすりの素材に使われた歴史の方が気の毒になって来る。だいたい、言論機関を掌握した人間が当てこすりを行なうこと自体が、卑劣極まる。もっと堂々の論を張るべきである。そういう論を展開して権力の前に散った正義の士の例も、中国史には事欠かない筈だ。（ここで内証話をちょっと。当てこすりはもちろん堂々の論ではないが、庶民には当てこすりの余地をいくらか残してもらいたいものですねえ。それがせめてもの鬱憤の晴らし場所だってこともあるんですから。特に、当てこすった相手にそれと気づかれない当てこすりは小気味がよい。技能賞モノですよ。）

ところで秦の始皇帝陵の陪葬坑から、武人俑《ぶじんよう》や陶馬が大量に出て、その一部が日本でも展観されたことは、覚えておられる方も多いだろう。こんどは、その近くで第二号兵馬俑坑が発掘され、その略報告が『文物』一九七八年五号に載った。総面積約六千平方メートル。木製戦車（残骸）一一、陶製の車士二八、将軍一、牽馬六七、騎兵三二、鞍馬二九、歩兵一六三が整理済みで、将来全面発掘すればこの数倍の数字になるだろうとのこと。秦の始皇とは、そも何者なるや。中国古代帝国の謎は深まるばかりである。

# 3　中国の旅

## 中国旅行近況

旅行記の類いは本欄にはあまり相応《ふさわ》しからぬだろうし、当今隆昌の中国旅行だから、別に珍しくもあるまいが、現代中国の一断面を記録に留める意味を兼ねて書かせていただく。最初に今回（一九七八年）の旅行の概略の日程について。

十月六日に深圳《しんせん》から入境し、広州に三泊。桂林へ飛んで二泊。夜行列車で武漢へ北上し、三泊。長沙に戻って五泊（内一泊は韶山《しょうざん》）。長沙から南京へ飛んで二泊。列車で上海へ出て三泊。そして十月二十五日に上海から帰国、という比較的裕りのある日程だった。

一行二十人の旅行団のメイン・テーマは、中国近代革命史蹟参観ということになろうか。

例えば太平天国について言えば、洪秀全が生まれ育った広東省花県の官禄㘵《かんろっぷ》（洪秀全村）を訪れたのを初め、南京の東王府（東王楊秀清の住居で、瞻園《せんえん》とも言い、隣が太平天国歴史博物館になっている）や上海の豫園《よえん》（小刀会が起義した庭園）などを見学した。洪秀全の胸像は洪秀全村の洪氏族祠と、南京博物館と、太平天国歴史博物館と、三ヵ所にあった。

辛亥革命関係としては、武昌起義の旧址、あるいは孫文の墓（中山陵）があったし、毛沢東関係のものになると、韶山の生家をはじめ、彼が教鞭を執った長沙の湖南第一師範、一九二一年に中共一全大会が開かれた上海の旧址、広州や武昌の農民運動講習所等々、数え切れぬほどあった。

もちろん全行程がこうした革命史蹟で埋まっていたわけではなく、長沙の馬王堆博物館では、例の軑《たい》侯夫人のホルマリン漬けの遺体に対面したし、上海博物館では、その豊富な青銅器・陶器・絵画の収蔵を堪能した。

そしてまた、自然の造形した山水の美を満喫させてくれる桂林の漓江《りこう》下りの清遊の一日があった。

ごく一部だったにしても、十年前の華北中心の旅行と合わせれば、私にとっては、中国の土地と歴史の厚味や、この十年を隔てた中国の変化を読み取るには、ある程度十分な旅行であった。

今回の旅行中、驚きだったのは、どこへ行っても大量の観光団がいたことである。勿論われわれもその一部に含まれるわけだが、特に広州・桂林・長沙などでは、われわれ一行は白人（一部に黒人も含む）観光団の波に巻き込まれたと言ってよい。

第一、九龍から深圳へ向かう列車からして、軟席車は白人の大群にあっさり占領され、われわれは庶民的な硬席車に坐らざるを得なかった。

広州の東方賓館の大食堂には、丸テーブルが五、六十はあると思うが、われわれは片隅の三つを指定され、残りは「白人」が入れ替り立ち替りして、大体満席になっていた。他の土地でも似たり寄ったりで、英・独・仏語や伊・西語らしき言葉が聞え、華僑の団体も多かった。日本人には南京、特に上海で大量にお目にかかった。

日本人の旅行客も増えたはずだが、われわれが眼にした、あの大観光団の様子から見ると、「白人」の受け入れ数の方が、特に香港を起点としたコースでは、相当に上回っているに違いない。これからお出かけの節は、エレベーターの中で白人女性の逞しい胸や腕で壁際に押しつけられるのも覚悟された方がよい。

漓江下りの船も、こうしたお客様と相乗りだったから、頗る賑やかだった。

これだけ大量の客を受け入れる中国側の準備も大変なわけだ。ホテルには二種類ある。第一は植民地時代以来の施設を利用しているもので、上海の和平飯店や錦江飯店、武漢の璇宮《せんきゅう》飯店など。部屋や調度品は落ち着いているが、故障も少なからず、また部屋にかなりの階層差別があるのが気になる。第二は近年新築したもので、桂林の漓江飯店、長沙の湘江賓館など。洗面所の器具などもモダンだが、どことなく安っぽい。この二つの外に、韶山の宿泊所のような略式のものもある。

広州の東方賓館には十年前も泊ったが、今度行ってみると、中庭の向うに高層のビジネス・ホテル風新館が増築されていた。それがほとんど満員らしいのである。

通訳の問題も大変だろうと思った。原則として、一つの団には旅行社側から二人が、最初から最後まで附き添う。今回の場合、二人とも日本語の出来る人だった。そのほかに、行く先々で通訳が一、二名つく。英・独・仏語なら、かなりの人数が揃うだろうが、日本語となると通訳の養成は大変だろう。各省に外語学院があって、その卒業生が旅行社に分属し、われわれに附き添ってくれるわけだが、中にはその努力ぶりが痛々しい人もいた。日本人の受け入れ数が急増しないのは、その辺にも原因があるかもしれない。

いずれにしても、「四つの近代化」へと驀進する今の中国にとって、大量の観光客受け入れは外貨獲得のためには至上命令だろうが、その基本方針が現地の末端でスムースにこなされるためには、まだまだ困難な問題が残されていると見受けた。

最後に乗物について。

大型セダン「紅旗」号を先頭に、街衢《がいく》を疾駆する国賓級の扱いには、われわれは縁がなかったが、バスで一括運ばれるそのバスにも数段階あるようだ。「天津」号というのは比較的洒落た車体で、中型と小型とあったが、わが僻目《ひがめ》のせいか、専ら「白人」用に供されていた。

次は「北京」号で、新型はまだましだが、旧型はスプリングが相当に悪い。この「北京」号がわが一行の乗用車だった。もっとも上海では、トヨタ製の「コースター」なるマイクロ・バスが廻され、これは乗心地抜群によかったが、悲しいことに二十人の一行には窮屈すぎた。

「北京」号の下に、「広州」「武漢」「湖南」などの現地名を附けたバスがあり、外観も惨めで、何故か華僑の団体にはこれが割り当てられていたようだった。

## 茂陵行

茂陵へは、途中、道が悪いので少し歩かねばならぬという前もっての話だった。しかし前々日には雨の中を阿房宮址へ強行軍して、黄土の泥濘にいささか馴れ親しんでいた私たち、学習院大学東洋史専攻の教員・学生の一行十数人は、断乎茂陵へ向けて出発した。

私たちが西安に到着した翌日は雨になって気温が急に下がり、そぼ降る雨の中を、市内の大雁塔や清真寺、東郊の驪山《りさん》の麓の華清池や始皇帝陵、さらに新出土の兵馬俑坑などを駈け足で見てまわった。しかし翌日はすっかり晴れ上がって、唐の太宗の昭陵、高宗・則天武后の乾陵を一日がかりでまわり、次の日の午前を漢の武帝の茂陵詣でに充《あ》てたわけである。

茂陵行きの九月六日、秋の空は澄み切って、絶好のハイキング日和となった。

茂陵は西安から西に向かって渭水を渡り、咸陽市を過ぎてさらに西進、西安から約四〇キロメートルの地点にある。アスファルト道路でバスから降ろされたあたりで、はるか北方に霞む低い三角形の稜線を望んだ感じでは、歩いて三、四十分はかかるかもしれぬと覚悟した。歩き出してみると、トウモロコシ畑の間の一本道は、どこまでもどこまでも真直に果てしがない。

二日前の雨で泥濘になり、車が通れなくなった部分は、バスを降りてほんの十分位のところだけで、そのあとは、隴海線の踏切を越えたあたりから道はごく緩やかな上りとなって、泥土もほぼ固まっている。しかしバスがここまで入れない以上、頼れるのはわれらが二本足しかない。

茂陵は言うまでもなく、漢の武帝が即位後すぐに造営に着手し、在位五十余年間築造し続けた陵墓である。彼の遺体を包んでいるであろう金縷玉衣をはじめ、副葬された財宝類の壮麗さは、未発掘の現在、『漢書』貢禹伝などの記述から推察する以外にない。それにしても、四方を城門で固められていたこの陵園の周延には、紀元前後頃には六万戸、二十八万人近い町があった筈なのだが、いま一面に広がるのはトウモロコシ畑ばかりである。

一時間近くも歩いた末に、ようやく茂陵の麓まで辿りつく。先頭の若者の一団は、すでに頂上で手を振っている。陵の頂上には一〇メートル以上もある鉄塔が立っている。はじめはテレビの中継塔かと思っていたが、望遠レンズでのぞくと、ただの鉄塔らしい。何の目的でここにこんな物を立てたのか、さっぱりわからぬ。

当方は一辺二四〇メートル、高さ四六・五メートルの梯形の陵上に立つのは遠慮して、東側一キロメートルほど離れた霍去病《かくきょへい》の墓に直行した。霍去病は武帝の衛皇后の姉の子で、十八歳の時から六次にわたって匈奴に出撃して武功をたて、驃騎《ひょうき》将軍と称せられた。二十四歳で病没した際には、武帝は彼を悼んで、墓を彼が匈奴を撃破した祈連《きれん》山に似せて造らせ、長安から茂陵のこの地まで軍隊の葬列が続いたという。その小さな墳丘に昇ると、足元すぐ右手には衛青の墓、遠くに雄大な武帝の茂陵が盛り上がり、その右横に頂上の平らな愛姫李夫人の墓が可愛らしく寄り添っている。

陽射しは強いが、渭北の原野を吹く秋風はあくまでも爽やかだった。

ここで三十分ほど小憩、帰り道もまた歩くのかと気が遠くなりかけていたら、折よく、荷台の空いたトラックがあって、帰路の半分以上を運搬してくれたのは大いに有難かった。あの茂陵を望みながらのトラック上乗《うわの》りの気分も、いつまでも忘れられないだろう。こうしてバスを降ろされてから再び戻りつくまで、実に約三時間を費やしたのである。

西安遊歴はわずか三日間に過ぎなかったが、秦の咸陽、漢・唐の長安を含む、ここ渭水流域の関中の地は、北京や江南と較べて、はるかに懐《ふところ》が奥深く、かつ歴史の地層が厚いのを感じた。とくに文字通りの泥濘に足を取られながら歩んだ黄土の感覚は、私たちのややもすれば観念的になりがちな中国認識を、強く大地に吸い寄せる働きをしたと思う。

## 隴海線の旅

窓ガラスに顔を近づけると、自分の乗っている客車の長い列が、ゆるい弧を描いて山裾を進んで行く。——列車の旅の情趣は、概ねこのような瞬間に湧き起るものだ。むかし、東海道本線の由比、蒲原、興津といったあたりは、片側に海が迫っていて、いやが上にも若き日の旅情を掻き立てられたものだった。今の新幹線では、残念ながらその趣きは全くない。

中国の旅で言えば、さしづめ隴海《ろうかい》線の沿線がそのような旅情を誘う最たるものであろう。現在では山東省東海岸の海州から、甘粛省蘭州までを隴海線と呼ぶが、はじめに開封・洛陽間が開通し（一九一〇年）、その後、東は徐州へ、西は潼関《どうかん》から西安をへて、解放後蘭州にまで達した。その先ウルムチまでは蘭新線と呼ばれている。

最初に隴海線の列車に乗ったのは、一九六七（昭和四十二）年五月初めのことだった。北京発の夜行列車で南下して、翌日午前、鄭州に着き、ここで西へ向きを変えていよいよ隴海線に入ったのだが、鄭州から洛陽までの約二時間の沿線風景は、極めて印象深いものがあった。

滎陽《けいよう》駅を過ぎる頃から列車の速度は次第に遅くなり、登りになって行くことがわかる。窓外には段丘状をなして深く切れ込んだ黄土の崖が断続しはじめ、右手北側の台地の切れ目からは、時折ちらりと黄河の流れが見える。三十分ほどの間にトンネル九つを数えたところで段丘地帯は終わり、しばらく穏やかな平野を走って列車は洛陽駅に着いたのだが、この難所こそが、かつて洛陽四関のうち東方の固めとされた虎牢関《ころうかん》の地であった。

この時は洛陽で折返して、また鄭州に戻ったのだが、十数年後の一九八〇年秋、今度は洛陽から西安まで乗り継ぐ機会を得た。

洛陽駅を出て三十分ほどは、何の変哲もない平野だが、やがて左側の澗河《かんが》に沿って登りの気配がして来た。それでも車窓に移る山容は穏やかで、信州の高原地帯を走っている感がある。前後に機関車を繋いだ列車が次第に喘ぎ出したのは、義馬とか澠地《めんち》などの駅を過ぎたあたりからだった。

そのことは隴海線の駅間所要時間を時刻表で調べれば歴然である。西行きの登りに七七分かかる区間が、東行きの降りだと五七分。その差は実に二十分もある。

登り切って崤山《こうざん》のトンネルを抜けると、列車はやにわにスピードを増し、三門峡駅まで一気に駆け降る。降り四五分、登り五七分という差からも、その傾斜度が推し量られよう。

三門峡駅から西がいよいよ函谷関に差しかかるわけだが、現在の隴海線は、黄河の岸から遠く南に離れた迂回路を経由している。三門峡にダムを建設する計画があり、旧道は水没するためコースを南へ移動させたらしい。従って車窓から古関の跡を窺うなど不可能だし、黄河そのものも、時折鈍く光る流れが、対岸の白茶けた崖の手前にちらつく程度しか見えない。

それでも長い長い列車がゆるやかにカーブを描きつつ、潼関から西安目指して進んで行く風景は、深く胸に滲みるものがあった。

今年（一九八五年）の秋にも、北京を夜行列車で発《た》ち、洛陽で一泊、白馬寺や龍門石窟を訪れ、翌日洛陽から西安へと再び列車に乗る旅をした。

気の合った仲間同士であり、それにこの度は頭のつかえる寝台車ではなく、ゆったりとした軟座車を繋いでくれたので、われわれ一行は極めて御機嫌に七、八時間の旅行空間を味わった。

洛陽、西安の四、五日間はほとんど秋霖に降り籠められて、どこへ行っても寒さとぬかるみに悩まされたが、われわれは終始ニコニコしていた。その原因の一半は、列車の旅の余情に負うものだったとわたしは信じている。

## 蜀の桟道をたどる

市販の百万分の一の航空図、Operational Navigation Chart——略してO・N・Cは面白い。地表の標高はもちろん、煙突の高さ、送電線までが記入され、恰もわが手で航空機を操る如く、自在に大空を漫歩できる。飛行場の滑走路の長さや方向も出ているから、今度はここに降下してみるか、などと図上のシミュレーションも楽しめる。

いま私は、そのO・N・CのG9左下部と、H11の左上部をつなぎ合わせながら、虫眼鏡をのぞいている。北緯35度から30度、東経104度から108度にかけての一帯である。

　標高一二、六三〇フィート、換算して三、七六七メートルの太白山を最高峯とする秦嶺が東西に連なり、その北面には渭河の平野、南側は可愛らしい漢中盆地を挟んで大巴山脈が重なり、その南は四川の大盆地へとつながって行く。

　秦嶺の北辺、渭河に沿って、隴海線の鉄道が複線の記号で東西に延びている。宝鶏からは秦嶺の山地を横切って宝成線がうねうねと成都までつながり、電化されている旨の記入もあるが、この方は単線である。

　さて私も、人後に落ちぬミーハー族のひとり、孔明の北伐路線と聞けば胸が騒ぎ、玄宗の成都への蒙塵ルートと聞けば心が痛む。「蜀道ノ難キハ、青天ニ上《のぼ》ルヨリ難シ」と李白が詠った蜀道とは、そも如何なる道なりや。漢中に王として封ぜられた漢王劉邦が、道々焼き払ったという桟道・閣道とは、そも如何なるものなりや。

　もちろん、その道をこの二本の足で歩くことは叶わぬとしても、せめてその匂いだけでも嗅いでみたい。それには宝鶏と成都を繋ぐ宝成線に乗ってみること、しかも沿線の風物が眺められる昼間の列車を利用するのが最も手近だろう。

　というわけで、数年前から中国の列車時刻表をひっくり返しては、適当な列車を探していた。ところが、たまたま洪水があったりして、西安と成都を結ぶ直通列車はほとんど無い状態が続き、ほぼ計画を諦めかけていたところ、一九八五年版の時刻表になって、大幅に列車の本数が増えていることがわかった。

　旅行社の協力も得て検討した結果、嘉陵江沿いの蜀の桟道を昼間眺めるためには、午前6時50分成都発の南京行き第132次直快列車が最も都合がよく、険路で知られる陽平関が午後2時、鳳州が6時で、宝鶏に午後8時に着く。全長六六九キロメートル、十三時間。秦嶺で夕暮れになるのは残念だが、これならほぼ目的が達せそうだということになった。

この列車の旅を柱にして、気の合った仲間と日程を工夫し、香港から昆明に直接飛び、そこで中国に入境、さらに成都に飛んで都江堰などを見学、成都から一日列車に乗って西安に到着、西安から広州に戻るという約十日間のスケジュールを組んだ。

結果として、この計画はほぼ予定通り実現した。ただし、実際に第132次直快列車の座席を獲得するまでには、ぎりぎりまで、かなりきびしい折衝が必要だったことを言い添えておかねばなるまい。その委細は今は省略する。

八月三十一日早朝6時50分、成都駅を定刻に発車。成都の夜明けは遅い。東経104度というのは、北京と較べても一時間ずれる。しかも九月半ばまで中国では「夏時間」を実施しているので、東京と北京は同時刻。もちろん成都も同時刻だから、夜明け、日暮れとも東京より約二時間遅いことになる。

暁闇の中を発車した列車の窓外は、白々とした霧である。雨期に入った成都は曇天続きで、時を定めず雨が落ちて来る。滞在数日間、ほとんど太陽を見なかった。蜀犬、日に吠《ほ》ゆ。この日も冷たい霧がしつこくつきまとう。

8時50分、綿陽に着く頃から、空は明るみ、霧も霽《は》れて来た。道は次第に登りとなり、トンネルも幾つか数える。10時36分、馬角壩着。ここで電気機関車に交換する。

かつての剣閣の下あたりかと思われる長いトンネルを抜けると、左手は白龍江支流の渓谷である。列車は川沿いに、目まぐるしくトンネルを出入りしながら降る。

昭化で平地に出て、白龍江を渡り、12時43分、広元着。陽射しは暑い位だ。広元はかなりの町で、丘の上にホテルらしきものが建っている。この秋、唐史研究会がこの町で開催予定と聞いていたが、なるほどと思う。

広元を発車すると、昼食のため食堂車に案内された。しかし、こちらは気が気でない。これから先、陽平関までの間に、明月峡をはじめ、蜀の桟道跡が列車から望まれる筈だからである。

朝天駅を過ぎたあたりの明月峡は、列車の通る側もトンネルのため、対岸は眺められなかったが、食堂車を出てからも、嘉陵江に沿って遡る列車の右手には、桟道が尽きることなく延々と続いた。始めはトラックも走れるくらい整備されていたが、やがてその道が川から離れて奥に外《そ》れてからは、鉄砲水か落石で道は切れ切れになりはじめる。絶えず人手で補修せねば、この川面すれすれの道は維持できぬのだ。それでも頑丈な岸壁の部分では、トンネルのように鑿ち込んだ道が残っている。材木を挿し込むためのホゾ穴が等間隔に空いている岩角もある。その材木の上に板を敷き並べたのが、かの桟道である。まさしくその桟道沿いに列車は進んでいるのだ。

漢中への分岐点陽平関に着いたのが、定刻の2時22分。略陽には途中対向車を待合わせたため、ややおくれて3時45分着。まだまだ対岸の桟道跡は断続しながらついて来る。

5時をまわって鳳州に近づいた頃から、さすがに嘉陵江も浅瀬になりはじめ、黄土層の山肌が見えて来た。

6時52分、秦嶺駅に着き、四分後発車してまもなく、ついに川は視界から消えた。続いて三分間のトンネルを抜けた途端、右手に深い谷が口をあけた。孔明が陳倉、つまり宝鶏を攻めるに際して道を修築させたという綏陽《すいよう》小谷である。まさに「山崖絶険」、一時停車した青石崖駅から望むと、谷の向かい側、はるか下方に、これから降りて行くらしいレールや鉄橋がある。私の貧弱な連想で言うと、箱根の旧道から望んだ箱根新道の雄大なカーブと、箱根登山鉄道の急坂とを組み合わせて、それを何倍かした規模、と言ったところか。

ここでまた食堂車に呼ばれて夕食。その間に列車は、断崖沿いに急激に下降し、わずか一時間後の8時丁度には、宝鶏駅のホームに停まっていた。「夏時間」のおかげでホームはまだ薄明るく、西の地平線には夕陽が映えていた。

宝鶏を出ると、窓外は闇。遠くに見えていた太白山も夜空に消えて、列車は東に向かって三時間走り、11時20分、西安駅に到着。長かった列車の旅は終わった。

もう一度、航空図O・N・Cを手にする。

四川盆地の成都は標高一、六四〇フィート、五三八メートル。以下メートルに換算して行くと、綿陽が五五〇メートル、馬角壩あたりで一度一、〇〇〇メートル近い山地を越えて、嘉陵江に出ると、広元で六五〇メートルになる。それからが嘉陵江沿いの上りとなり、秦嶺駅はおよそ一、六〇〇メートルに達する。そこで北に向けて一気に駆け降り、渭河平原の宝鶏で広元と同じ六五〇メートルになる。

つまり成都から秦嶺まで六二四キロメートルの道を十二時間かけて登り、標高一、六〇〇メートルの秦嶺から宝鶏までの四五キロメートルを、たったの一時間で降りてしまうわけである。大散関の秦嶺越えとは、このようなものであった。

宝鶏から逆に秦嶺へと匍《は》い上がるのは大変だったと思うが、現代の電気機関車は強力で、上りも下りと同じ一時間しか要しない。

数々の新知見を残して、私の蜀の桟道ゲームは終った。

# 4 漢文余話

## 現代「論語読み」

少し前のことになるが、池島信平さんの司会するラジオ座談会「歴史よもやま話」に引っぱり出された。題は、「孔子と孟子」。宇野精一（東大教授・中国哲学）、W・シファー（上智大教授・中国思想史）、邱永漢（評論家）といった錚々たる顔ぶれが出席するので、とても私ごとき軽輩が口を出す余地はないから、と極力断わったのだが、歴史関係者がいないと困るということで、とうとう出席するハメになってしまった。もし一言も発言しなかったら、出席しなかったことにする、という条件をつけた上で。

ところが、司会者を含めて五人が円卓を囲んでみると、予想外に気分がいい。それはもっぱら池島さんの司会のうまさによるもので、さすがは当代一流の編集者なるかな、と敬服した。巧みに話を引き出して、とりまとめていかれる。その手腕は見事だが、それ以上に私が感心したのは、池島さんが実によく『論語』に親しんでおられるということだ。なんでも中学時代に上海から線装本を取り寄せて読んだということで、そういう漢文古典の教養と西欧的知性とが、池島さんの中で複雑にミックスされているのを面白いと思った。

座談会の話題はいろいろあったが、司会者の指示で『論語』の中で好きなことばを一つずつ挙げ合ったところが、私には一番興味があった。いわば二十世紀に生きる人間が、『論語』という古典から何を読み取っているのかの抽出例になるだろう。ラジオをお聞きになった方もあろうが、その部分を簡単に紹介、併せて感想を書いてみたい。

まず邱永漢さん。「人、能く道を弘む。道、人を弘むるに非ず」（衛霊公篇）。「道」とは人の歩く道路と考えてもいいし、人の踏むべき道徳と考えてもいい。そういう道は、人が歩く以前に存在しているのではなくて、人が歩いて踏みしめていくうちに道になる。孔子の考え方には、そういうふうに人間をあまり窮屈に考えない幅の広さがある。邱さんは、それが孔子のいいところだと言われる。なるほど俊敏な経済評論家でもある邱さんらしい見方だ。敗戦直後にはヤミ経済が横行したが、ヤミがいけないと言ってみても、ヤミ買いをしなければ食って行けない現実においては、ヤミ行為を法律や道徳で禁じることは見当違いだ。道が人を縛るのではなく、人が道を創り出して行くのである。邱さんはそこが面白いと言われる。

シファーさんは、「人の生くるは直《なお》ければなり。これを罔《し》ひて生くるは、幸《さいわい》にして免れたるなり」（雍也篇）を挙げられた。人間が生きておれるのは正直だからなのであって、不正直でも生きていられるのは偶然にすぎない。人間の本性と正直とを結びつけた孔子のことばに、シファーさんは共感されるようだ。私の考えでは、『論語』の「直」という語は、そのままに正直（honesty）には置き換えられぬ複雑な内容があると思うが、そのことは今は問うまい。とにかくシファーさんの好まれることばは、やはり聖職者にふさわしいものだ。

次は宇野精一さん。少し長い話になるが、武城という町の宰となっている弟子の子游の所へ孔子が行った時、儒家の正式の礼である楽の音が流れてきた。孔子はニヤッと笑って子游をからかう。「鶏を割くに焉《いずく》んぞ牛刀を用ひん」。武城のような小さな町を治めるにしては大袈裟すぎる、というわけだ。すると子游は、昔私は先生から、君子小人の別なく礼を学ばせよ、という教えを受けましたが、といぶかしげに反問する。その時の孔子の応答――「二三子よ、偃《えん》（子游の名）の言は是《ぜ》なり。前の言は戯れしのみ」（陽貨篇）。二三子よとは、孔子のまわりにいる弟子たちに呼びかけたことばだが、謹直な子游をちょっとからかい、子游が真面目に反問すると、「さっき言ったのは冗談だよ。子游の言うことが正しいのだ」と答える孔子。この辺の子弟間の心情の交流が何とも言えずよろしい、と宇野さんは言われる。なるほど研究者にして教育者である宇野さんが、傾倒されるにふさわしい章である。

池島さんが挙げられたのも、やや長い話。葉《しょう》公が孔子の人柄を弟子の子路に尋ねたが、子路は答えられなかった。それを孔子が聞いて、こう答えてやればよかったのに、と子路に語ったことば――「その人となりや、発憤して食を忘れ、楽しみて以て憂を忘れ、老の将《まさ》に至らんとするを知らず」（述而篇）。学問でも仕事でもいい、それに打ち込んでいるうちに、思わず年をとるのも忘れてしまっている。このことばが大好きです、と池島さんは言われる。「それは池島さんが年をとって来たからでしょう」と邱さんが早速まぜっ返したが、そういう面もあるにせよ、やはり仕事一途に打ち込んでおられる池島さんにして、このことばを愛しておられることに感銘を受けた。有名な「三十而立、四十不惑、云々」（為政篇）よりも淡々とした味わいのある名句だ、と私も思う。

ところで、私自身の発言が後まわしになった。私の挙げたのは次の章である。

子、大廟に入りて事ごとに問ふ。或人曰く、「孰《たれ》か鄹《すう》人の子（孔子のこと）礼を知れりと言ふや。大廟に入りて事ごとに問へり」。子之を聞いて曰く、「是れ礼なり」。（八佾篇）

孔子が魯公の廟に導き入れられた時、先導者に一々質問した。それでその人は、「孔子は礼について物知りとの噂があるが、何も知らんじゃないか」と陰口でもきいたのだろう。それを聞いた孔子が言ったことば――「そうするのが礼なのだ」。この話は孔子の三十歳前後のことではないかと想像するのだが、大廟に案内された時には、知っていることでも何でも質問をする、それが即ち礼にかなったことなのだ、と切り返す気鋭さが好ましい、というのが私の意見。どうも池島さんの枯れた心境に較べると、少々青臭い感じがする。

こうして、好きなことばを並べ合ったが、さて皆さんならどんなことばを選ばれますか。池島さんの設問は、どうやらわれわれのテストだったようだ。意地の悪い人ではある。

## 漢文訓読あれこれ

『春秋』冒頭の隠公元年の条に、「夏五月、鄭伯克段于鄢」という記事がある。十年あまり以前に、『春秋左氏伝』(『左伝』と略称する)の読み合わせを、あまり専門でない連中が集まってやっていた時、この条を、「夏五月、鄭伯段《だん》に、鄢《えん》に克《か》つ」と五・七・五の俳句(季語もある)に見立てた漢文の先生の話が出て、笑い話になったことがある。『論語』や『左伝』を素読する教育を受けた世代の人なら、こんなことは常識だろう。

漢文の先生の朗読には、共通して一種独特の調子があるようだ。ねっとりと、からみつくような抑揚がある。私が昔漢文を教わった先生方もそうだったし、今のテレビやラジオの漢文の授業を聞いても、やはり朗詠調がある。ああいうのは、私には出来ない。声を出して読む必要があるときは、出来るだけパサパサ、ボソボソと、干涸《ひから》びた読み方をする。情緒に流されずに、内容を読み取るには、それが適切だと思うからだ。だから、「夏五月、鄭伯段に、鄢に克つ」と、抑揚とリズムをつけて読まれると、背筋がうそ寒くなってくる。

そのやり方は今後も続けて行くつもりだが、反面、漢文体で書かれたもとの文章自体は、もともと当の中国人によって、豊かな声調を伴って書かれ読まれたことまで否定するつもりはない。津田左右吉は、こういうことを書いている。たとえば『戦国策』という本に見られるような大言壮語、筋みちには合わぬたわいのない話やおせじが、当時の君主の心をとらえ、読み手に共感をひきおこしたのは、〝もとより、かれらが知識と批判力とをもたなかったからのことであるが、一つは生きたことばの魅力にかかったためである〟。それに反して日本人の場合には、第一に日本語に直して、第二に声を出さずに、第三にゆっくり考えつつ読むから、ごまかされない、と（『シナの古典の文章と口にいふことば』『全集』第21巻）。批判力と論理的な考え方をもつ日本人の方が、中国人の書いた漢文を正しく読める、とする点は保留したいが、いわゆる漢文自体に読み手や書き手を陶酔・麻痺させる声調が含まれていたことは、津田の指摘する通りかもしれない。ただし、だからと言って、わが漢文朗詠調が正統的となるわけのものではない。

つとめてパサパサ、ボソボソと読むにしても、訓読は訓読である。漢文体で書かれたもとの文章の翻訳としては中途半端だし、とくに助辞に対して無神経だ。何よりも、訓読で使われることばは、現在生きている日本語ではなく、文語文、それも訓読のために造作された特殊言語である。特定の時代にのみ通用した死語や、どこかの方言や、伝承の過程で誤って固定した言いまわしなど、雑然と混淆しているらしい。それに加えて、漢字には音と訓の読み分けがあり、音にも呉音・漢音・唐音等々の系列がある。私などは、もとの漢文をなんとかかんとか訓読で読みほぐすたびに、ほとんど自嘲に近いものを覚える。

にもかかわらず、教師としての私は、時に漢文訓読法を伝授せねばならぬ立場にしばしば置かれる。

高校で、国語「古典」の一部として「漢文」の教科を担当する人には、この悩みはもっと深いだろう。いまの青年に漢文で書かれた教材に関心をもたせる困難さは言うまでもないが、問題は、たとえ関心をもつ少数者が現われたとしても、彼らに訓読を仕込むことが、果たしてどういう意味をもつかである。中国のことを勉強したいなら、先ず中国語から始めればよい。訓読に熟達することが、それにどうかかわるか。突き詰めれば詰めるほど、答えはニヒルに近くなる。例えば戸川芳郎は、次のように言う。〝要は、中国という外国文化の探究や理解に真に奉仕するものは「漢文」ではないこと、を再認識すると同時に、「漢文」教科は一貫して日本〝古典〟文化に責任をもって、比較文化史的研究を背後に展開すべき独自の領域を樹立すべきこと、を自覚せしめること〟(「「漢文」教育にむかっての繰り言」『野草』一九七二年春第7号)。

そういうことかもしれない。現存する訓読法という畸型的文化遺産を、将来にわたって伝承する意義があるとしたら、まさにこういう訓読法を案出して来た日本〝古典〟文化を、トータルに批判する手段として以外にはないのではないか。訓読——この繊細にして且つ無神経なるもの。私自身の見聞した訓読は、千年以上にわたる日本人の訓読体験の極小部分に過ぎないが、それ自体が、この文化遺産の一発現形態と考えればよい。訓読を若い世代に教えることの後めたさから脱却するには、この位の自己暗示が必要である。

このところ、江戸時代の日本人が書いた漢文体の文章を、もともとの訓読体の読み下し文に戻す作業をやっている。はじめは、訓読読み下し文を作るなんて、と屈辱に思ったが、作業の日を重ねているうちに、漢文体で文章を書いていた江戸の儒者が、次第に身近に感じられて来た。彼らの思想内容に共鳴したのではない。彼らが漢文体を用い、論理や語彙に中国古典から多数引用していても、それを通じて表現されたものは、まさに彼ら自身の日本語による思想だ、ということである。たとえ彼らの舌足らずで、気張った言いまわしが鼻につこうとも。あたりまえと言ってしまえば、あたりまえ至極のことだが、これは私自身にとって、日本人と漢文、日本人と訓読の関係を考え直す上で、一つの転機になりつつあるように思う。

日本人の訓読は、日本語として読もうとするために、もとのシナ語から離れてしまっていると、津田はしばしば指摘している。出典を引用する際に、白文のみを示して、訓読文を使っていないのは、そのためだろう。しかし彼が、古典をすべて音読派の人たちのようにシナ音（現代中国語音？）で読んでいたとも思えない。漢文・シナ語と日本語との性格の相違を強調するのが、津田の主旨だったのかもしれぬ。たしかに漢文体の文章を古典学的に正確に理解するためには、かの繊細にして且つ無神経なる訓読技法に足を取られている必要はない。現代中国語なら、外国語として読めばよろしい。『毛主席語録』の林彪の「前言」――これも歴史的文献となった――を、訓読で読み下す試みをなされた先生もいるが、御苦労様なことだ。にもかかわらず、訓読法が将来にわたって伝承されるとすれば、好むと好まざるにかかわらず、それが日本文化史の一齣として、やはり不可欠だからに他なるまい。

## 颶風ニ遇ヒテ舟ヲ敗ル

漢文といえば旧制中学で教わったきりで、あとは、自我流の訓読をやって来ただけなのに、目下、史学科の学生に漢文訓読法の伝授をやらねばならぬハメに陥っている。

この間、こういうことがあった。ある史料で、至元十八年の元寇の条を読んでいたら、実都・洪俊

奇・范文虎・李庭・金方慶らが日本攻撃に赴き、

　已航海至平壺島、遇颶風、敗舟。

という叙述があった。「已ニ海ヲ航シテ平壺島ニ至リ、颶風《ぐふう》ニ遇ヒテ舟ヲ敗ル」と読んだところ、一学生から質問を受けた。「舟ヲ敗ル」ではおかしい、「舟ヲ敗ラル」ではないかというのだ。

自我流漢文先生は、もともと自信がないから、「なるほど、舟ヲ敗ラルと読んだほうがスジが通るかもしれんが、敗舟は〝敗レ舟〟と返り点をつけて、舟ヲ敗ルと読むのがふつうのようじゃ。長年、そんなふうに読むのを聞き慣れておる」とか何とか、如是我聞流の説明でその場は収めた。

　教室から戻って、さる漢文の文法書などを繙いてみると、こういう語法についてちゃんとした説明がある。

「何事かが起こる」または「何かがある」というような自然現象の場合は、「開花」（花ひらく）、「有人」（人あり）という言い方をする。日本語にするには「開レ花」、「有レ人」と返り点をつけて語順を逆にせねばならない。「門前生レ草」は「門前ニ草生《は》ユ」が正しく、「草ヲ生ズ」と訓読するのは誤りである。孔子が諸国を流浪して、「在レ陳絶レ糧」とあるのを、「陳ニ在リテ糧ヲ絶ツ」と読むのは誤りで、南北朝期のある写本に「かてたえたり」と訓読しているのが正しい。糧を絶やしたのでなく糧が絶えたことを「絶糧」と表現するのである、云々。

　自我流漢文先生はハタと膝を打って、これぞあの「敗舟」に当てはまるわい、と嘆じたものである。「敗レ舟」を「舟ヲ敗ル」と読むのは、返り点がつけば「舟ヲ」「舟ニ」と助詞をつけるものと思いこんでいるせいだ。「敗レ舟」とあっても、「有レ人」と同じに、「舟敗ル」と読むのが正しいのだ。「舟ヲ敗ル」と読むのがふつうだなどというそのふつうが、実はだれかの誤読の受け売りにすぎなかったのだ。

さて、我が漢文先生は、この発見をいささかトクトクとして、昼飯どきの話題に仲間の教師にしゃべった。「舟ヲ敗ル」という読みで学生が納得しないのももっともだ、「舟敗ル」と読めば実にすっきりする。

「なるほど」と一応、漢文先生の話を肯定した相手は、しかし、と反問した。「しかし、その舟敗ルということを、日本語では舟ヲ敗ルとも言うんじゃないか？」

そう言われて、漢文先生は、またもやハタと行き当たった。なるほど、われわれが、「舟をこわした」と言う場合、なにも自分で道具を使って舟を破壊する意味だけとは限らない。舟が何か他の力によって壊れる（こわされる）ことも、「舟をこわす」と言うことがある。「胸を患う」と言ったって、実際は胸が痛むことであって、なにもわざわざ胸を病気にすることではない。だから、「敗レ舟」を「舟ヲ敗ル」と読んだって、日本語として誤りだとは言えない。

というわけで、自我流漢文先生は、結局、「敗レ舟」は「舟ヲ敗ル」と読んで差支えなし、という見解に舞い戻らざるを得なくなったのである。

たしかに、舟を壊すとか胸を患うといった場合の「を」は、欧米語文法でいう目的格を示す「を」ではない。受験英文法で鍛えられた学生にはすんなり納得できない用法だろうが、日本語の文法として柔軟に理解せねばなるまい。その意味では、「舟ヲ敗ル」というふつうに読み慣らわされてきた訓読の中には、日本語の深い知恵が籠《こ》められているのかもしれない。

そのことは十分承知した上で、なおかつ、自我流漢文先生は次のように提言する誘惑を抑えがたいのである。――「敗レ舟」は「舟敗ル」と訓読することにしませんか、と。

理由は簡単、訓読はあくまで原文を理解するための便法であり、そのための人工言語だと思うからだ。「遇颶風、敗舟」という表現に、「舟をこわした」と日本語で言う独自なニュアンスがあろうとは思えない。台風にぶつかって舟がこわれた、という、ごくドライな叙述にすぎないだろう。ならば、「舟敗ル」で十分だ。

日本語による〈思い入れ〉が、時に原文とは別の世界を創作していることがある。それ自体は日本文化の現象として理解できることだが、原文からの離れを自覚しないときには、喜劇ともなり悲劇ともなる。

正しい訓読法、ということ自体、形容矛盾ではないかと思う。あるのは正統派訓読法と自我流訓読法……。訓読法がこれからも維持されるとすれば、これまでの約束に従いつつ、同時にそれから自在に離れる柔軟さが必要だろう。これは自我流漢文先生の正統派漢文先生に対する悲鳴である。

## 酒ハ及バザレバ乱ス

先日、ある『論語』の素読をする集まりにもぐりで出かけた息子が、帰宅するなり、
「おやじ、酒ハ及バザレバ乱《らん》ス、というのを知っているか」
と得意げに言う。これが『論語』郷党篇中の句のもじりで、正しくは、

肉ハ多シト雖ドモ、食ノ気ニ勝タザラシム。唯ダ酒ハ量ナク、乱ニ及バズ。

「肉はごはんより余計に食べないが、酒の方は定量がなく、ただし乱れるまでには至らない」であることぐらいは知っていたから、幸い面目を失墜せずに済んだ。

この『論語』の聖句「酒不及乱」を揶揄して、「酒ハ及バザレバ乱ス」、つまり「飲み足りぬと悪酔いする」と敢えて誤読することを誰が発明したかは詳らかにしないが、かなり以前から『論語』を講釈する漢学先生の間に伝えられて来たジョークらしい。未成年の息子が興味を示したところを見ると、

この種の息抜きは学習になかなか効果があるようだ。

同じ郷党篇に、孔子は市販の酒や乾肉は口にしなかったともある。「酒ハ量ナシ」とは、そういう自家醸造の酒を料理に応じて気の向くままに嗜んだ、ということなのだろう。それなら「乱ニ及バズ」というのもわかる。

郷党篇によると、孔子は食べものについてもかなりうるさかった。「形がくずれたり、色が変わったり、匂いがわるくなったものは召し上がらない」などというのは当然だろうが、「煮方のまちがったもの、季節外れのもの、庖丁の入れ方の正しくないもの、適当な醤《たれ》がついていないもの、などは召し上がらない」となると、いささか料理人泣かせの気味がある。しかし、こうした食事のマナーをうるさく言うことの背景に、食べものの色、形、匂い、味をひとつひとつ確かめながら生活する孔子の食の文化の豊かさがあることは否定できない。その豊かさが逆に、述而篇にあるような、

蔬《そ》食《し》ヲ飯《くら》ヒ、水ヲ飲ミ、肱《ひじ》ヲ曲ゲテ之ニ枕スルモ、楽シミ亦《また》ソノ中ニ在リ矣。

「肉なしの食事に水を飲み、肱を枕にごろりと眠るような暮らしでも、けっこう楽しいものだ」という言葉を生み出すわけだ。「発憤シテ食ヲ忘ル」（述而篇）というのも、充実した食生活経験者にしてはじめて言える言葉だろう。

しかし孔子が生きていた春秋時代には、そのような上品さが常に通用するとは限らず、むしろ食いものの恨みがそのまま行動に直結する相当に殺伐な話が多い。『左伝』宣公四年（前六〇五年）の条に、こんなことがある。

鄭《てい》の国の公子宋《そう》が国君霊公《れいこう》のもとに参内しようとすると、人さし指がぴくりと動いた。「食指が動く」というやつである。公子宋は同行する公子帰生に、

「これまで食指が動いた日には、必ず御馳走が出た」

とほくほくしながら公宮に入ると、はたして、料理人がスッポンを割いている。当時からすでにスッポン料理は珍味とされていた。二人は「やっぱり」と笑って目くばせする。それを霊公が見とがめて、「なにを笑ったのか」とたずねた。公子宋がわけを話したところ、宴席になって、彼の前にだけスッポン料理が取り分けられなかった。

霊公の公子に対する意地わるは、おそらく一寸したいたずら心に過ぎなかったのだろうが、公子宋の方は怒って立ち上がり、スッポン料理の入っている鼎《かなえ》に指を突っこんで、そのスープをなめて退出した。すると今度は霊公が怒って、公子宋を亡きものにしようと謀ったので、公子宋は先手を打って霊公を殺してしまった、というのである。

『左伝』にはこの外にも、ひとりだけ羊肉料理を振舞ってもらえなかった恨みから、自分の主人を車もろとも敵陣に連れ込んでしまった羊斟《ようしん》という御者の話などもある（宣公二年）。いずれも孔子が生まれる五十年ほど前の事件である。

この羊斟の行動に関して『左伝』は、「私的な恨みによって国や民に損失を与えた人でなしだ」という「君子」の批判を加えている。彼の無思慮の行動はたしかに批判されてもしかたない面があるが、凡夫たるわたしなどには、こうした食い意地の張った話の方が、身につまされて心に残る。

十八世紀フランスのブリア・サヴァランなる美食家《ガストロノーム》の著『美味礼讃』に、「おとしあな」と題する挿話がある。シュヴァリエ・ド・ランジャック氏は、リヨン市に住む今は落ちぶれた財産家だが、一七八〇年の冬も終わりの頃、彼はA…氏から十日以上も先の食事の招待を受けた。期待に胸をふくらませて出かけたシュヴァリエ氏が、栄養たっぷりな第一、第二コースに取り組み終わったところで、当日とびきりの第三コースの御馳走が並べられ、それまで食べ控えていたA…氏とぐるの同席者たちは、いそいそと食べ始める。満腹のシュヴァリエ氏は彼らの陰謀に気づき、ナプキンを投げて席を蹴って帰った、というたわいもない話である。読者のわたしたちは気の毒なシュヴァリエ氏に同情したくもあるし、陰謀をめぐらしたA…氏の側に喝采を送りたくもなる。食べものをめぐる問題は、なかなかキレイ事では片づかない。

わが漢学先生が酒盃片手に酔眼モウロウ、ロレツのまわらぬ舌で「酒ハ及バザレバ乱スゥ」などと、日頃の『論語』への恨みを晴らしている風景などを想像すると、いささか楽しくなるではないか。

## 〝どう書きますか?〟

たとえば電話で、未知の相手に自分の名前を教えるとなると、〝オグラは小さいクラ。ヨシはクサカンムリにカタ、カンバシイのヨシ。ヒコはふつうのヒコ〟と説明する。それでだいたい相手は書き取ってくれる。

同じことをこちらもやる。カワカミさんと聞けば、〝三本ガワですか、サンズイですか?〟と訊ね、トモコさんと聞けば〝朋友のトモですか、ニンベンの伴ですか?〟と聞き返す。聞き返さずに、誤って思い込んでは申し訳ない。ましてや誤った宛名を書いたりすれば、大変な失礼になる、という配慮がある。

近頃、学校の受講者名簿がコンピューター処理のために、カタカナ書きになる傾向が出て来た。やむなくカタカナのままで出席をとる。学年末の試験答案ではじめて漢字にお目にかかり、それでやっと得心が行くといったひどい話にもなる。ホー・チミンを漢字で胡志明と書くと、一種独特な安心感が起こって来るのは、私の特殊な場合だろうか。

しかし逆に、いったん漢字で書いてあると、その読み方はかなり無神経になりがちだ。聞一多とあればブンイッタと発音して怪しまない。Wén Yī-duō氏からすれば、〝ブンイッタとはおれのことか？〟と訝《いぶか》ることだろう。杭州を、クイシュウなんて言ったりする。

耳で聞いただけでは落ち着かず、文字でどう書くかがすぐ気になるのは、漢文に淫した私だけの癖かもしれない。中国語の会話を聞いていても、すぐ文字を思い浮かべようとするものだから、たちまち話の流れに追いつけなくなってしまう。

耳で聴く訓練を、もっと徹底してすればよいのかもしれない。あるいは禁欲的に拼音《ピンイン》記号だけで学習する努力を重ねるべきなのだろう。しかし、〝どう書きますか？〟と聞き返すのが習性になってしまっている私のような人間にとっては、こういう中国語の勉強は相当に困難なことである。

## Xiaocang かオグラか？

そのむかし、大学で魚返善雄《おがえりよしお》先生に中国語を習っていた頃のこと。先生は学生の名前を中国音で読んで出席をとられた。私の場合だと、

―― Xiǎocāng xiānsheng！（シァオツァン　シェンション）

それに〝Daò！〟（到《タオ》）と答えることを教わったものだ。魚返先生にしてみれば、少しでも中国音を身近に感じさせようと配慮されてのことだったのだろう。実際、新しく中国語を始めようとする者にとっては、Mr. Ogura などと呼ばれるのとは異なった新鮮な感じがしたものだ。

しかし、いま突然、町角で、Xiǎocāng xiānsheng！　と呼びかけられたら、一瞬、私は戸惑うだろうし、おそらく、〝私は Xiǎocāng ではなくオグラです〟と一応、念を押すと思う。私をコクラと呼ぶ人に対して、オグラと訂正を求めるのと同じに。

聞一多 Wén Yī-duō氏にウェン・イドゥオ、郭沫若 Guō Mò-ruò氏にクオ・モルオと、きわめて不完全な表記法だがルビをつけるのも、そのことの裏返しにすぎない。ブンイッタ、カクマツジャクと呼ばれた御本人が、いちいち〝私の名前の本来の読み方は……〟と説明なさる労を省くのが礼儀だと思うからである。なにも中国人に阿《おもね》っているわけではない。

ところで、一方には、こういう議論もあるだろう。〝かの英国人を見よ。どんな外国の地名も人名も、彼らは敢然と英語読みしているではないか。われわれ日本人も、断乎として日本漢字音で読めばよろしいのだ〟――

たしかに、ヘタな中国語の発音を試みるより、この方がすっきりした行き方かもしれない。しかし、その場合には、たとえば私の名前が Xiǎocāng と呼ばれようと、コクラと呼ばれようと、あるいはコグラと呼ばれようと、少しの抵抗もなく応対できる心構えが出来ていなければならぬだろう。（芳彦はホウゲンの方がエラそうに聞えるのだが、人はあまりそう読んではくれません。）

# Ⅲ　史記・左伝を読む

# 1　史記を読む

## 1　司　馬　遷――「記録者」の意義と生涯

### 一　歴史における人間

1

王船山の『読通鑑論《どくつがんろん》』の冒頭に、秦の始皇帝が封建を廃して郡県を始めた功罪について論じた一節がある。秦以来二千年、人びとが郡県制に安んじているのは、勢いの趨くところであり、いまさら封建の世に引き戻そうとするのは無益の論である、というのが彼の立場だが、郡県制のもつ歴史的意義について、特に次のように述べている。

郡県制において、官吏の選びかたが慎重でないために郡守や県令が民を苦しめるのと、封建制において、諸侯の徳が必ずしも代々立派というわけに行かず、政治が乱れるのとは、二つともに害がある。しかし郡県制の場合には、郡守・県令が貪欲残虐であれば、彼らが交代させられることによって、民は苦しみから蘇えることもできる。だから郡県制となった秦・漢以後、天子が諸侯という支えを失って孤立し、王朝の生命も殷や周のように長続きできなくはなったが、周の東遷後の数百年にわたる戦乱・悪政を革《あらた》めるという効果はあったのだから、後世の人民の禍はずっと軽くなったと言える。郡県制は天子にとっては利益とならず、王朝の生命もそのために短くなったが、「天下の利害」の立場から言えば、封建の末世の乱れよりは、ましなのである。ああ、秦は天下を「私《わたくし》」しようという心で諸侯をやめて郡守・県令をおいたのだが、実は天はその「私」に仮りて天の「大公」を行なったのである。神意の不測なるは、かくの如くである。

李自成の乱で明朝があっけなく倒れ、代わって清朝が入関したという事態は、当時の心ある知識人に、政治に関する深刻な反省を起こさせた。清軍の追求を避けて湖南の山中を転々と遁れた王船山の議論には、特に悲痛な調子が漂っているが、いま問題にするのは、ここの封建・郡県論である。

王船山の議論は、同時期の顧炎武が「郡県論」で、「封建の意を郡県の中に寓《ぐう》すれば、天下は治まるだろう」と述べた意見とは、議論の内容も違うし、両者の問題意識もその次元を異にしているように思われる。「かつて封建が郡県に変わったからには、郡県もまた行きづまって変わるかもしれぬ。現今の郡県は封建に逆転するかもしれぬ」という顧炎武の歴史大勢論は、大ざっぱに言って、治める者の意識にもとづく経世論である。

それに対して王船山の論は、天下の利害――より直接には民の禍が軽くなること――に立脚し、そのためには、封建が郡県に変わったのは、むしろ天下の「公」の実現だと言うのである。その天下の「公」は、秦が郡県制によって天下を独占しようとした「私心」を通じて、それに仮りて実現されたのであって、秦の「私心」は万世にその罪を問うべきだが、そのことを後世の王朝（それ自身、「私心」をもつ）が責める資格はない、と論ずる。これは統治者に対してはきわめて非情な歴史大勢論である。「天下の利害」に不動の視点を据えて、政治・人事の往来を冷徹に見定め、その是非を鋭く嗅ぎわけてゆく批判者の眼が、ここある。

ところで、いま司馬遷を問題にしようとしている時に、なぜ王船山の議論を持ち出したのか。それは、人間の意識的ないとなみ（私）と、それを超えて顕現するとされる天の意志との関連性の認識において、『史記』には王船山と一脈相通ずるものがあるように思うからである。もちろん司馬遷の場合は、殷・周から春秋・戦国を経て秦・漢に至る歴史を、必ずしも封建から郡県への変革として明確にとらえていたとは言えぬし、「天下の利害」の立場から政治自体へのラショナルな批判を示しているとも言えないだろう。その点で王船山にくらべて、司馬遷は徹底していない。

だから、ここで司馬遷から王船山を連想するのは、両者の本質の類似性においてではなく、むしろ単なる思いつきにすぎないかもしれぬ。しかし、司馬遷が「天」とか「勢」とかいうことばで考えたことの内容を探るためには、王船山の抱いた視点が一つの座標の意味をもつであろう。

『史記』各篇末尾の「太史公曰」に始まる賛語、また時には各篇初めの序の部分は、『史記』本文の叙述とは別に、司馬遷の感慨がなまのことばで盛られているので興味深い。「魏世家」末の「太史公曰」は次のように語っている。

> 私はもとの魏都大梁《だいりょう》に行ったことがある。そのとき土地の人びとは、こう言っていた。「秦が大梁を破るに当たって、河溝から水を引いて大梁を水攻めにした。そのため三ヵ月で城壁はこわれ、王は降服を請うたが、秦は魏を滅ぼしてしまった」と。また説をなす者はみな、「魏は信陵君を用いなかったために、国は削られ弱くなり、ついに滅亡した」と言う。しかし私は、そうではないと思う。「天」はこの時に当たって秦に海内を平定させようとしていたのであって、ただその事業が未完成に終ったまでなのだ。たとえ殷の賢相阿衡《あこう》のような輔佐が魏にいたとしても、なんの益にもならなかったろう。

戦国末期に当たっては、「天」がまさに秦をして海内統一を完成させようとしていたのであるから、魏の側で、たとえ信陵君を重用したとしても、この大勢をおしとどめることは不可能だったろう——と司馬遷は言うのである。

これはわれわれから見ると大胆な判断である。「天の意志」（天方令秦平海内）の前にあっては、いかなる賢君名臣があろうとも無効だというのだから、これは重大問題である。人の善意も努力も、「天」の前にはまったく無力となる、と断言するためには、歴史の流れに対するよほどしっかりした見通しがなければならない。その歴史の見通しが「天」という言葉でここでは表現されているのだが、「六国年表」序でも、司馬遷は戦国時代の六国が勢力を得た由来を述べて秦の統一に及び、次のように論じている。

　秦の徳義を問題にすれば、魯や衛の乱暴無道な者にすら及ばず、また秦の兵力を考えてみれば、韓・魏・趙の三国の強さに及ばなかった。それなのに、ついに天下を併せたのは、決してその本拠地の堅固さ、中国の西辺に位置したという優位性だけが原因だったのではなく、「天」がこれを助けたのではないかと思われる。

天が秦の統一を助けたとは、秦の天下統一が時勢の必然だった、ということである。ここでは王船山が問題にしたような、封建から郡県への段階は直接には意識にのぼっておらず、分裂状態が統一されたという変化が強くとりあげられているにすぎない。しかし一般に、統一後わずか十数年で滅亡した秦への道徳的非難が激しかった漢初において、その流行にとらわれず、秦の統一が歴史上必然的な出来事だったと言っているのは注意される。

歴史の必然は、「天」のほかに「理」という語によっても表現される。秦が滅んだあとを受けた漢王朝は、郡県制の強行を避けて一族・功臣を再び分封した。その政策は漢室が権威を確立して行くにつれてしだいに廃止されていったが、そのことは「斉悼恵王世家」で次のように評されている。

　諸侯の大国中でも、斉の悼恵王以上のものはなかった。それは、海内が定まったばかりで、劉氏の一族も数が少なかったし、秦が尺寸の地も封建を行なわなかったために滅んだのにかんがみて、大いに同姓を封じて万民の心の空虚を埋めようとしたからである。そういう事情でできた大国斉が後になって分裂したのも、「理」の当然である（固其理也）。

封建を全廃した秦が滅んだのにかんがみて、漢が封建を部分的に復活したのは「万民の心を埋める」ための処置であった。ところが、それゆえにこそ、漢室の統治体制の整備につれて、推恩の令（諸侯王の子弟に封土を分割させる）や酎金《ちゆうきん》律（宗廟に捧げる酎酒の金が不足・不純のときには諸侯王の封土を削る）などによって諸侯が分裂廃止させられて行ったのも、また「固其理也」というのが司馬遷の考えである。

秦の天下統一が実現されるというのは「天」であるが、封建全廃の行きすぎによって秦が滅んだあとを受けた漢は、暫時封建復活の策を用いた。しかし、それはあくまでも暫時の、その時勢において必要とされた限りでの策であって、後になって諸侯が分裂滅亡したのも仕方がなかった、ということになる。

実際に、「漢興以来諸侯王年表」・「高祖功臣侯者年表」・「恵景間侯者年表」・「建元以来侯者年表」などは、漢初の諸侯国のほとんどが、「国除かる」として消滅した末路を冷たく語っている。この表を作った司馬遷には、この諸侯の運命は「固其理也」と受け取られていたのであろう。

人為的な思慮を超えた「天の意志」という場合に思い浮かぶことは、「天官書」の次の語であろう。

そもそも天運は三十年で一小変があり、百年で中変があり、五百年で大変がある。三大変、すなわち千五百年を一紀とし、三紀でだいたい完備するとするのが一般である。国を治める者は必ず三・五の数（すなわち千五百年）を重視する。それに上下千年ずつを加えた三千五百年で、天と人との関係はすべて完備するのである（天人之際続備）。

あるいはまた、「平準書」の、

物は栄えればやがて衰え、時は極まればやがて転じ、あるときは「質」に、あるときは「文」に傾くのは自然の法に従った変化である（物盛則衰、時極而転、一質一文、終始之変也）。

というような中国古代思想の常套的な表現も思い起こされる。これらだけから見ると、司馬遷は三十年一小変云々といった「天人之際」の観念や、盛衰の交替、一質一文の観念をかれの思想としてもっていたように思われるが、しかし、そういう観念から出発して、司馬遷が『史記』を述作したと考えるならば、それはきわめて皮相な理解になってしまう。

司馬遷が「天」とか「理」という語を用いて述べようとした歴史の必然とは、当時流行の観念のたんなる借物ではなく、歴史の現実、人間の真実を見据えたところから滲み出た、ぎりぎりの思想だったと見るべきである。彼が歴史の流れを必然としてとらえようとした時に使い得た語が、「天」とか「理」とか以外になかった、ということにすぎない。そのことは、これからとり上げることでさらに明らかになるだろう。

2

自分の置かれた時勢にあって、最も要求されているものが何であるかを見抜くこと、そしてその認識にもとづく適確な行動を取ること――この困難な条件を充たす洞察力を、司馬遷はしばしば史上の人物に要求している。（その注文はほとんど無理な場合もあるが、それでも彼の推賞に値する人物はなくもない。）

司馬遷が、史上の人物にこのような洞察力を要求しているということは、つまりそれだけ彼が歴史的必然（「天」とか「理」とかいう語によって示されたところの）を認識することの重要さを自覚していた証拠と言えよう。人は自分の置かれた歴史の時点を正しく把握することによって、その時期に適した行動を取り、それを通じて己れの生の意義を獲得できる。言いかえれば、天の助けを期待する道は、そういう時勢の適確な認識によって始められねばならないとされるのである。
「秦始皇本紀」末の「太史公曰」には、賈誼《かぎ》の『過秦論』がそのまま引用されている。そのなかに次のようなことばがある。

およそ天下を統一しようとする場合には詐力を尊び、天下を安定しようとする場合には順権を貴ぶものである。これは天下を取る場合と、取った天下を守る場合とでは、その術策を別にすべきであることを意味する。ところで秦は戦国の争乱の時代を脱して天下に王となったが、天下を統一する前の政治の方式を改めなかった。これは天下を取る所以《ゆえん》の道ではあっても、天下を守る道ではなかった。皇帝ひとりだけがそびえ立つ形で天下を保とうとしたのだから、その滅亡は時間の問題にすぎなかったわけである（其亡、可立而待）。

「屈原・賈生列伝」での賈誼への同情と併せ考えれば、司馬遷がこの部分の賈誼の議論にも共感を抱いていた、言いかえれば、これは賈誼の論であると同時に司馬遷の意見であった、と見ても差支えないだろう。

つまりここでは、秦が他の戦国の手ごわい敵国を倒して天下を統一して行く過程の原理と、それによって獲得したあとの天下の統治の原理とは異なるべきであること、しかるに秦はこの二つの区別をはっきり立てなかったために早々に滅亡したこと、が論じられているのである。「馬上で天下を得ても、馬上で治めることはできない」と、皇帝になった劉邦に進言したのは陸賈《りくか》であるが、その着眼点は賈誼と共通している。賈誼の、また司馬遷の眼からすれば、秦は統一事業完成の前と後とで区別しなければならなかった処置を誤ったことになる。

時勢の変化に対応して、人の側でもすばやく術を変えるべきだ、という注文は、注文される側にとってはきわめて難しいことだが、劉邦との決戦に敗死した項羽についても、司馬遷は批判の手を緩めていない。「項羽本紀」は青年武将として項羽の姿を躍動的な筆致で浮彫りにした名篇であり、「太史公曰」の前半部分も、彼が一時「西楚の覇王」と号するに至ったことを「近古以来、未だかつてなかったことだ」と評しているほどである。ところがその後半部分に入ると、批判が急に手きびしくなる。

項羽が関中の地を去って出身地の楚をなつかしがり、ひとたび推戴した楚の義帝を追い出して自立するに及んで、それまで項羽に属していた王侯も彼に叛くに至ったが、このことを項羽が怨んだのは誤っている。自ら戦功を誇って、ひとりよがりな考えをふりまわし、古《いにしえ》を手本とせず、これこそ覇王の仕事だと思い込んで、武力で天下を経営すること五年、ついにその国を滅ぼし、その身は東城で死んだ。しかもなおその誤りに気がつかず、自らの過失を責めずに、かえって「天が自分を滅ぼすので、用兵の罪ではない」と言う。これは実にまちがっている。

武力・私智にのみ頼って、人びとの信頼にそむく行動を取ったところに、項羽没落の根本原因を求めているのは、秦の天下が早々に滅んだ理由が術の切りかえの誤りにあったことを指摘したのと同じである。覇王となったからには、今までとは変って、より慎重となるべきだったのに、かえって高姿勢に出た。そこに項羽の誤りがあるので、それを無責任に「天」のせいにすることは許されぬ、というのが司馬遷の考えである。司馬遷の考えている「天」とは、いわゆる運命とか宿命とかいう概念とは別物であることが、これからも推測できるだろう。

それならば、時勢の要求を正しく汲み取って、その認識にもとづいた適切な行動を取った人は、いったい現実にいたのか、ありえたのか。司馬遷は、いた、と考えている。その例は、蕭何《しょうか》・曹参《そうさん》といった漢初の宰相たちである。「蕭相国世家」(相国《しょうこく》とは宰相のこと)の賛語は、次のように述べている。

宰相蕭何は、秦の時代には小役人にすぎず、凡庸で、人と違ったところも別になかった。ところが漢が興ると、日月の如き高祖の余光を受け、鍵を預る財政の大役を慎み深く果たし、人民が秦の苛法《かほう》に悩んでいる状態に因って、時流に順《したが》い、人民とともに政治を一新した。韓信《かんしん》や黥布《げいふ》らが高祖に疑われて謀叛し、最後に誅滅された後にも、蕭何の勲功だけは燦爛と輝き、位は群臣の頂点に立ち、名声は後世に伝わり、かつて周の功臣だった閎夭《こうよう》・散宜生《さんぎせい》らと功業を争うほどである。

人民が秦の苛法に悩んでいた状態に因って時流に順い、人民とともに更始《こうし》したという蕭何の態度が、彼をして生存中は位《くらい》人臣を極め、死しては名声を後世に伝えしめた。——こういう説きかたは疑いもなく、蕭何の処世法に対する全面的な肯定であり、賞讃である。同じことは曹参についても述べられる。

曹参は漢の宰相となり、その政治は清静で、そのことばは道に合っていた。人民は秦の苛酷な政治から解放された直後だったので、曹参は人民とともに休息し、無為の治をなしたので、天下はみなその美を称揚した。

「太史公自序」にある司馬談の「六家要指」の中で、虚無因循によってかえって万物の主となることを説く道家が、他の儒・墨・名・法・陰陽の諸家よりすぐれた学説であると説かれていることは、周知のことである。蕭何や曹参が、漢室の実力が充実していない漢初の時期に、秦の時のような政治変革を強行せず無為因循の政治を行なったことは、司馬談の子である司馬遷にとっても、「天下がみなその美を称揚し」「名声は後世に伝わる」に値することだと考えられた。秦の苛法、秦末の大乱のあとを受けた漢初という状況においては、蕭何や曹参のような態度こそがもっとも適切であった、と彼が考えていたことは疑いない。

人為的な思慮によって「天」＝歴史的必然の方向を逆転することはできぬ。むしろ時勢の要求するところを洞察して、それに応じた行動をとることが、生存中の栄達と死後の名声を確保する所以である。歴史における人間の行為の意味を、このように司馬遷がとらえていたとすると、たとえば次のような「大聖」ということばを理解する場合にも、その心づもりが必要となってくる。「秦楚之際月表」の序に、秦末の動乱に際して劉邦が民間から勃興したことに及んで、次のように述べられている。

これこそ伝に言うところの大聖であろうか。天にほかならぬ、天にほかならぬ（豈非天哉、豈非天哉）。大聖でなければ、どうしてこのような際に受命して帝となりえようか。

劉邦が時に際会して皇帝となりえたことは「天」であり、しかもそれは彼に「大聖」たる資格があったればこそだ、と言うのだから、ここに言う「大聖」とは、「大聖」の資質が偶然に「天命」という外的な条件に合致したのではなくて、「大聖」という概念自体のなかに、天の時に合致し、天を内包する性格が含まれていると理解せねばならない。そういう「大聖」なのである。

同じことは賢・知・仁・徳と評価されている人の場合にも言える。禹の苗裔である越王句践《こうせん》は賢であり、漢の宰相陳平は知であり、召公奭《せき》は仁であり、舜は至徳である。彼らがそう評価される直接的理由は、句践はその臣范蠡《はんれい》とともに「名が後世に垂れた」からであり、陳平は「栄名をもって終った」からであり、召公奭はその子孫が燕《えん》で八、九百年も続き、周の一族中最後に滅んだからであり、舜もその子孫が陳で、さらに斉で田《でん》氏として「百世絶えず、苗裔茲茲《しし》」としていたからである。

生存中から死後にかけての栄名、さらに栄名を具体的に保証するところの子孫が継嗣を絶やさぬという事実は、その一族の誰かに賢・知・仁・徳の条件が備わっていたからにほかならない。その場合の賢・知・仁・徳とは、さきの「大聖」と同じように、天と切り離された個人の内面的徳性としてとらえられたものではなく、天の時に応じ、その中に天を内包する性格のものであったと見るべきである。

たとえば陳平が知謀によって栄名を保ったと司馬遷が言う意味は、陳平が知謀によって歴史の流れに、自分に都合のよいような小細工を施したというのではなく、よりよく歴史の流れに乗るために知謀を働かせたということなのである。つまり知謀によって時勢を正しく認識したのである。「天下の安危の岐《わか》れ目は、よく事を謀るか否かにかかっている」(安危之機、豈不以謀哉)と「孝景本紀」賛に言う「謀」も、まさに陳平の知謀に当たるもので、もとより今言う謀略の意味ではない。

時勢との対応、状況の認識を欠いた賢・知・仁・徳などは、もともと司馬遷にとっては賢・知・仁・徳に値しなかった、と極言することもできようか。それが言い過ぎだとしても、賢ではあったが終りがよくなかったとか、仁ではあったが子孫が絶えた、というような記述が『史記』には見当たらないことは事実である。その意味で『史記』の賛語は、おおむね結果を見ての判断である。終りがよければ始めになにかよいことがあったはずだ、という論理である。秦で革新政治を行ない、最後は恨みを買って処刑された商鞅は、「天資刻薄な人だったから、秦で悪く言われるようになったのも、もっともだ」と論じられる。司馬遷は成功者には甘く、中途で挫折した人には点が辛いという印象がそこから起る。

ところがそれだけのことなら、話もそれまでだし、司馬遷は一介の常識人になり終ってしまうだろうが、実は彼にはそれだけで済ましきれぬものがあった。その余分なものがあったればこそ、『史記』を書こうという意志を持ち続けたのであり、その結果『史記』に以後の正史には見られぬ精彩を加えることにもなったのだと思う。その余分なものとはなにか。簡単に言えば、それは、いかに時勢を見抜いた賢・知・仁・徳の「大聖」であっても、なおかつ不遇な場合があるという現実である。この現実を無視できぬ以上、司馬遷は悩み、かつそれへの回答を出す必要に迫られる。その内心の反省と決意をそのまま文字に表現したのが、列伝第一の「伯夷列伝」である。

天道は公平無私で、常に善人に味方する、と言う人がある。

伯夷・叔斉の伝記をきわめて簡単に紹介したのに続けて、司馬遷は思いを改めてこう述べ始める。それならば、伯夷・叔斉の如きは善人と言うべきではないか。仁を積み、行ないを潔くして、善人としての資格をもちながら、彼らは首陽山で餓死している。また孔子の門人たちの中で、顔回だけが「好学なり」と推賞されたが、その顔回はときどき食物に事欠いて、糟糠すらも十分に食べられず、ついに早死している。「天は常に善人に報施する」ということは、まことであろうか。

善人であれば天がこれに味方する。そう司馬遷は信じたい。しかるに現実は必ずしもそうではない。伯夷・叔斉のような清廉な人、顔回のような篤学の士が、実に不遇な生涯を終えている。この不遇な末路を見ると、決して「天道に親《しん》なく、常に善人にくみす」と楽観的に済ましてはいられなくなる。その上もっと矛盾した事実がある。

盗跖《とうせき》は日々に罪なき人を殺し、人の肝をナマスにして、暴虐の限りをつくし、数千人の徒党を集めて天下に横行するというひどさにもかかわらず、ついにその天寿を全うしている。いったい彼がどのような徳を行なったといえるか。

天道がつねに善人に味方するのが事実なら、伯夷・叔斉や顔回こそ長寿富厚を獲得し、盗跖は非業の死を遂げるのが当然だろう。しかるに事実はまったく逆なのである。

しかも問題が過去の人物についてだけのことなら、まだしも我慢ができるが、司馬遷にほど近い時代においても、この非道理に変わりはないのだ。

以上のことは最も顕著明白な例にすぎない。近頃に至っても、行ないが道からはずれ、人のにくむ悪事を犯してばかりいながら逸楽富厚の生涯を終え、しかも子孫もその余慶を蒙っている例が多い。その一方では、言うべき時を待って初めて発言し（時然後出言）、歩くのにも本道のみを択び、公正なことでなければやろうとしないという人でありながら、なおかつ災禍に遭う者は数えきれぬほどある。私はたいへん惑う。はたして善人に味方するという天道なるものは実在するのか、否か（儻所謂天道、是邪非邪）。

あらゆる方正さ、あらゆる慎重さが天の報施を受けぬとなったら、天道なるものの存在も疑わしくなりはしないか。司馬遷はそこまで疑問を押しつめて行く。天道の存在が疑わしくなったら、人はよりよく生きようとすることの意味に動揺が生じる。正義と言われている行為も、正義だという理由だけで遵奉することに疑いが湧いてくる。人は結局、盗跖のように手っ取り早い逸楽富厚の道を択んだ方が賢明だということになる。天道是《ぜ》か非《ひ》か、と問うた司馬遷は、そういう選択の関頭に立たされている。

しかしその関頭で彼が択んだのは、むろん天道を是《ぜ》とする方向であった。ただそこで彼は、天道を是とするために不可欠な条件を一つ提出した。その働きによって、一見非《ひ》ともみえる天道が本然の是の姿に立ちもどるもの、そういうきわめて重要な概念を提出した。それが「聖人」である。

司馬遷は天道の是非を問いつめてから語調を変え、志は知る人ぞ知る、君子は富貴よりも名を惜む、という趣旨のことを述べたのに続いて、次のようなことばで「伯夷列伝」を結ぶ。

同種の光は照らしあい、同類のものは求めあう。雲は龍に従い、風は虎に従う。そのように聖人が出現して初めて、万物は著《あら》われるのである。伯夷・叔斉はむろん賢人ではあったが、孔子が賞讃したので、その名はいっそう顕彰されたのである。また顔回も篤学ではあったが、孔子の驥尾《きび》に附したことによって、その行ないがいっそう顕彰されたのである。一方、岩穴に隠棲する高士が出処進退に時宜《じぎ》を得たとしても（趨舎有時）、かの許由・務光らのように、彼らを伝える人を得なかったために、その名が埋もれて称揚されなくなった例もある。悲しいことだ。巷間《こうかん》に住まって、行ないをみがき名を立てんとする者は、青雲の士の驥尾に附さぬ限り、その名を後世まで伝えることはできないだろう。

聖人が出現して初めて万物は著《あら》われる。孔子を得て初めて、伯夷・叔斉も顔回もその名が顕彰される。青雲の士（徳行ある名士）を得て初めて人は後世に名を伝えることができる。――ここに説かれていることはみな平行した論理である。許由・務光も伯夷らに劣らず出処進退に廉潔だったのだが、その名があまり伝わらない。それは、その事蹟を伝える「聖人」を得なかったからだ。だから司馬遷は悲しいのである。

「君子は死後に名が称揚されなくなることを恥じる」（君子疾没世而名不称焉）とは、元来『論語』のことばであるが、司馬遷はそれを「伯夷列伝」中に引用している。名が後世に伝わらぬことは恥ずかしい。人として生まれた面目は、まさにそのことにかかっている。仁を積み行ないを潔くするのも、それによって名が後世に伝わることを期待すればこそだ。ところがその名が伝わるためには、それを伝える人、名を顕彰する人が必要であることを司馬遷は認めざるを得なかった。その人なくしては、残るべき名も堙滅する虞《おそ》れがあるのである。虞れどころか、実際に伝わるべくして伝わらなかった賢人・善人がいかに多かったことか。「聖人が出現して初めて万物は著われる」とは、彼にとってはきびしい現実の掟《おきて》であった。

なればこそ、彼は『史記』の述作に己れの生涯をかけた情熱を注いだのではないか。あとで触れるように、自分を直接孔子に比することを避けてこそいるが、司馬遷は、今において自分が記録せねば、残るべき名も顕彰されぬままに堙滅するだろう、という焦りと虞れに駆られていたのではないか。これは単なる臆測ではない。もっとはっきりと彼自身のことばで、そのことを語っているのである。

## 二　その生涯と『史記』述作

### 1

司馬遷が実質的に『史記』の述作に当たったのは、二十歳代の後半以後、五十歳近くで没するまでの二十年間くらいだったと思われる。しかし司馬遷の生没年については問題がある。生年には、紀元前一四五年と一三五年の両説がある。前者は「太史公自序」の『正義』（唐代に張守節が加えた注）が、太初元年（前一〇四）のとき司馬遷が四十二歳だったと注しているのを基礎として逆算して、一四五年と割り出す。後者は同じく「自序」の『索隠』（唐の司馬貞の注）に引かれた『博物志』に、司馬遷の戸籍の記載があるのを根拠にする。その戸籍は、

太史令、茂陵・顕武里、大夫司馬、年二十八、三年六月乙卯、除六百石。

とあり、これによれば、司馬（遷）は元封三年（前一〇八）に太史令となり、六百石に除せられたが、その年に二十八歳であったというのだから、生年は前一三五年になる。前一四五年説には王国維・鄭鶴声らがあり、前一三五年説には桑原隲蔵・山下寅次・郭沫若らの説があって、それぞれ傍証につとめているが、二説を比較したばあい、前一三五年説の方がムリが少ないし、司馬遷の人生の歩みと周囲の状況とに合致する点も多い。『史記』述作の時期を二十歳代後半以後とここで考えるのも、父を失った数年後、二十八歳で太史令の職をつぎ、その本務の傍ら『史記』述作の仕事にとりかかったと見るからである。

一方、没年の方はいっそう問題が多いが、武帝の末年から、次の昭帝の初年に至る頃（紀元前八〇年代）に没したと見るのが妥当である。そうすると没年は五十歳近くなり、その死に至るまで『史記』

の補筆は続いていたと見られる。

ところで『史記』を述作するとは、具体的にはどういう内容の仕事であったか。『史記』が司馬遷の創作ではなくて、その多くの部分が、彼に先行する材料に依拠したものであり、それを整理編集し直すのが仕事の中心であったことは確かである。むろん上にしばしば引用したような「太史公曰」の賛語や、「伯夷列伝」のような個性的な叙述も多いし、本紀・世家・列伝を中心にして表・書を加えるという構成自体は、彼の創意に出たものと言えるだろう。とくに七十篇の列伝に、どのような人物を、どのように配列して扱うかの裁量は、完全に彼独自の判断に依存したものであり、その点に司馬遷の個性が流露していることは見逃せない。

しかしそれにもかかわらず、そういう大部の述作を進めるに当たって、彼が先行する材料を実に慎重に利用したことの比重を失うわけには行かない。「信を六蓺《りくげい》（六経）に考う」とか、「雅馴《がじゅん》」（上品で合理的）ならざるものは採用しない、とかいった資料批判の基準は、『史記』をフランス語に訳したシャヴァンヌに言わせれば「低度の合理主義」ということになろうが、それが司馬遷の自覚的態度であったことは注目せねばならぬ。多数の書籍・記録の中から、そういう基準に合致したものを択び出し、それを時に司馬遷自身の見聞・経験と結びつけて整理して行くという仕事は、きわめて重厚な学風を必要とする。『史記』が創作ではないと言った意味は、決してその凡庸さを低く見るのではなくて、むしろいわゆる創作以上の苦心が史記には籠《こ》められていることを指摘したかったからに外ならない。

ここで注意しなければならぬのは、『史記』述作の仕事は、太史令（宮刑以後は中書令）となった司馬遷にとっては、あくまで本務ではなかったということである。さきに引いた『博物志』に、茂陵、顕武里の人とあるが、これはもと夏陽に籍のあった司馬氏が、父の談のとき太史令となって出仕し、武帝の寿陵の傍に造られた茂陵邑《もりょうゆう》に移されたからで、その子の遷は、父の職をついで太史令となった。

その太史令の職とは、司馬遷が後年、友人の任安《じんあん》にあてた手紙に、「私の父はこれといって大きな功もなく、文史星暦を司《つかさど》り、卜祝の官などにもまじって、皇帝からはバカにされ、倡優のように扱われ、一般の人にも軽んじられた」とある。司馬遷が太史令となって果たした公的な仕事には、太初改暦の事業への参加があるから、「文史星暦」とはそういう性質の仕事であろう。

また『漢書』「芸文志」に武帝が文芸の復興をはかったことについて、

漢が興ってから、秦の焚書の失政を改めて大いに書籍を集め、ひろく献書の道をひらいたが、武帝の頃にはまだ書物には逸脱が多く、礼楽は崩壊していた。それを武帝は嘆いて蔵書の策を建て、写書の官を置き、諸子・伝説に至るまでみな秘府に備えしめた。

とある。その「蔵書の策」のところの如淳《じょじゅん》の注に引かれた『七略』という本に、「外則有太常・太史・博士之蔵、内則有延閣・広内・秘室之府」とあって、武帝のころ書籍の蒐集が宮廷の力によって組織的に推進され、その蔵書管理の役の中に「太史」の官があったことがわかる。「太史公自序」に

漢が興ってから百年の間に、天下の遺文古事はことごとく太史公の手もとに集まり、談・遷父子はその職をついだ。

とあるのも、このことをさす。(「太史公」とは太史令の官職にある者への敬称と考えられている。)太史令となれば、座して天下の遺文古事を利用する便宜が与えられたことは確かである。ただ、太史令の職分としてはそれの管理までであって、それ以上に、史書を編纂したりすることは、規定もされていなければ、要求もされていないのである。

そういう状況のもとで『史記』述作は始められた。その実質的な開始は、さきにも言ったように、父の職をついで太史令となった二十八歳前後の頃だろうと思われる。しかし、その開始に先立つ時期

のことも、『史記』の成立にとっては本質的な重要性をもっている。

むかし皇帝顓頊《せんぎょく》は南正重に命じて天を司らせ、北正黎に地を司らせた。堯・舜の頃には重・黎の子孫にまたこれを管理させ、夏・殷の時代に及んだ。ゆえに重・黎氏は代々天地を秩序づけて来たわけである。さらに周代に入ると程伯休甫がその子孫であったが、宣王の時に祖先以来の官職を失って司馬氏となり、司馬氏は代々周室の記録を管理した。

これが「太史公自序」の書き出しである。ここでは、司馬氏こそ顓頊時代の重・黎氏の末裔であり、中途でその職を失いはしたが、周の宣王以後は周史を司って来た家柄であることが、まず誇らかに述べられている。そして談・遷父子は、その由緒ある司馬一族のうち、秦に属する夏陽（龍門）に住まった者の子孫で、代々武将として、また土地の名士として活躍してきたことが、続いて語られる。

こういう書き出しで自序が始められていることは重視すべきだと思う。それは司馬氏父子にとって、漢の太史令となって秘府に蒐集された書籍・記録類を管理するという仕事は、たんに漢廷の職分を忠実に守るという義務以上に、太古以来の司馬氏の輝かしい伝統を復活することだと自覚されていたことを語るからである。元封元年（前一一〇）、病気のために武帝の泰山封禅《ほうぜん》の儀式に参加できぬことを悲嘆した司馬談が、当時二十五歳くらいだったと思われる息子の遷に与えた遺言にも、
自分の祖先は周室の太史であった。上古の舜や禹の時代に功名を顕わして以来、天文のことを司ってきた。その後、中頃から衰えてしまい、自分の代で絶えるのであろうか。お前がまた太史の職をついだなら、わが祖先の業をついでほしい。

とある。司馬遷が十歳の頃から、すでに彼に「古文」を誦させ、二十歳頃には揚子江から山東方面をひろく旅行させたりしたのも、父談の息子に対する深い期待の表われであった。司馬遷の方も、父のそういう期待を身辺に十分に感じながら成長したであろうから、この遺言を待たずとも、彼の心中

には『史記』述作をもって己れの使命とする意識が生まれていたことは十分想像できる。しかしその上にも、この父の遺言が、終生忘れえぬ感激となって、『史記』述作への熱望はいっそう高揚したであろう。

それとともに、この精神の高揚を支えるべき理論が、司馬遷の身近にあったことも注意せねばならない。武帝時代の代表的儒学者である董仲舒《とうちゅうじょ》の著書『春秋繁露』に、孔子が『春秋』を制作した意図について語った次のことばがある。

自分は行事（実際の事蹟）を通じて王心（批判）を加えようと思う。空言（抽象的な言辞）で示すよりも行事の方が、はるかに博く深く切実だと思うから。

これと全く同趣旨の語が『史記』の自序で、董子すなわち董仲舒から聞いたこととして述べられている。空言よりも行事のほうが人びとに印象深く訴えることができる、ということは説明するまでもない。ところで、行事によって王心を加えるとはいかなることか。これは董仲舒の特殊な三統説にもとづくもので、『春秋』の記録の主体である魯をもって夏・殷・周三代に続く新王に当たるものと見、『春秋』の文は、魯が未来の王となるという前提のもとに措辞に意が用いられていると解するのである。

魯を新王とするこの董仲舒の考えを司馬遷が採り入れていたことは、「孔子世家」で、孔子が『春秋』を制作した意図に触れた部分で、

魯に拠り、周を親《しん》とし、殷を故《こ》とする。

と述べていることによって知られる。

孔子が『春秋』を制作した意図を、司馬遷がこのように理解していたということは、空言よりも行事によって批判の趣旨を徹底させようとした孔子の意図を、彼が自分の述作の根本精神として学び取

ろうとしていたことを意味する。しかもこの点に関しては、すでに父の談がそのような考えに達していたようである。「自序」に次のようなことばがある。

私の父はこう言っていた。「周公が亡くなってから五百年で孔子が現われ、孔子が亡くなってから今まで五百年たつ。大道の明らかであった世を紹《つ》ぎ、『易伝』を正し、『春秋』を継ぎ、詩書礼楽の根源をきわめる者が現われるだろう」と。父の意は実にこの点に存したのか（意在斯乎、意在斯乎）。私もどうしてへりくだってばかりいられよう。

孔子が『春秋』を制作した精神を今の世において受け継ぎ復活させること、これが司馬氏父子のひそやかだが堅い決意であった。「伯夷列伝」で、孔子を得て伯夷・叔斉や顔回の名が不滅となったことを説き、善人の名が称揚される不可欠の要素として、その事蹟を記す「聖人」の意義について司馬遷が述べていることは、さきに触れた。これこそ、ここで言うところの、孔子が『春秋』を制作した意図の説明と合致するものである。

空言よりも行事によって王心を加える、王心によって意義づけられた人物や事蹟は不滅の価値を与えられ、それを通じて正義は顕現する。かつて孔子が『春秋』において実践した、そういう記録者の仕事を、司馬氏父子は漢代に存する材料にもとづいて果たそうとするのである。孔子歿後五百年と言えば、人事に「大変」が起こる時期である。その時期に際会して『春秋』制作の意図を受け継ぐことに、司馬氏父子は胸のときめきを覚えていたのではないか。

祖先の光輝ある伝統を継ぐという誇りと、孔子の『春秋』制作の意図を現代において受け継ごうという使命感とが、若き司馬遷を『史記』述作へと駆り立てた。その絶頂が河洛《からく》の間（洛陽）において父の遺言を受けた時期であった。

いま漢が興って海内は統一され、明君・賢臣あり、また忠臣にして義に死せる者がある。自分は太史令でありながらそのことを編集せず、天下の記録を廃絶しそうになっている。自分はこのことがとても心配だ。おまえはよくこのことを考えてほしい。

という父の遺言に、遷は首を垂れて落涙し、父の遺志を完成することを誓った。このことを記す「自序」の叙述には、追憶への甘美な陶酔がある。

しかしこの高揚した幸福な心境は、彼が『史記』述作を続けた晩年まで変わらずに続いたとは言えぬようである。その一端は上大夫壺遂《こすい》との問答に示されている。司馬遷が、孔子が『春秋』を制作した意図について一通り説明したのに対して、壺遂は次のように反問した。

孔子の時代には、上に明君がなく、下は任用が適正でなかったので、孔子は『春秋』を作り、文章によって礼義に照らして論断し、一王の法を明らかにしたのである。ところが今、上は明天子に遇い、下は人びとがふさわしい職についている（上遇明天子、下得守職）。万事すでに備わり、すべてはよろしきを得ている。この時代にあって、あなたは何を明らかにするために論じようとされるのか。

「上は明天子に遇い、下は守職を得ている」盛代にあって、上下混乱した時代の孔子の法にならうとは、そもそもいかなるつもりであるのか。壺遂の問いは難詰の調子を帯びている。太史令の職に在りながら、明天子の治世にいかなる批判を加えるつもりなのか。そういう考え方は思いあがりではないか。漢代という盛世に、敢えて非難すべきことを見つけようとする異端者ではないか。

この反問に対する司馬遷の答えは、どうも明快でない。口ごもりつつ、ことばの上だけで言い遁れをしているような気がする。

ええ、まあそうですが、ちがいます（唯唯否否、不然）。

そう受け答えてから、彼は父の言として、伏羲《ふくぎ》だとても八卦を作り、堯・舜のことをも『尚書』は

載せ、湯・武の事蹟をも詩人は歌っている。それに比しても、

　『春秋』は善をほめ悪をけなし、夏・殷・周三代の徳を推賞し、周室を褒めているのであるから、譏ることのみを目的としたのではない（非独刺譏而已也）。

と弁解する。譏るだけが『春秋』の意図ではないというわけだ。その上、その『春秋』にならって『史記』述作をするとは言っても、その間に大きな相違があると自ら強調する。

　私が故事を述べるとは、世々伝わったことを整理することであって、いわゆる作ることとは違う。あなたがこれを『春秋』に比較されるのは誤っている。

　この司馬遷の説明は苦しそうである。『春秋』は譏るだけが目的の書物ではないのみならず、その『春秋』と自分の仕事とは全く性質が違うと言う。「自分のは述べるだけで作るのではない」とは、『論語』の「述べて作らず」という孔子のことばを受けたものである。このような自分の仕事に対する弁明は、「上は明天子に遇い、下は守職を得ている」結構なご時世においては、自分は大《だい》それたことは申しません、という証言を強《し》いられたようなものではないか。孔子の『春秋』制作の意図を現代において継承しよう、という高らかな意気がここでは失われて、壺遂の質問から自分の立場を守ろうという弁解じみた口調がある。

　これは二十八歳で太史令となって以後の司馬遷に、新たにのしかかってきた重苦しい問題だったと思う。儒学を尊び孔子を神聖化することによって、王朝権威の強化をはかる漢の皇帝に対して、一官僚として敬虔に服従せねばならぬという課題が、祖先以来の光輝ある伝統を継ぐという従来からの意図の上に、新たに加わって来たのである。『史記』述作はその出発の当初から、あくまで司馬氏の「私」の家業であった。たとえ司馬談以来太史令となったことが、宮廷の書籍や記録に接近する便宜を得たことは事実としても、『史記』という形で述作することが、太史令の職分外の仕事であったこ

とに変わりはない。

そういう性質の仕事は、武帝という「明天子」の治世下においては、異分子的な印象を周囲の官僚たちに与えたのではないか。壺遂の疑問は、そういう立場からの司馬遷への糾問の意味を担っているように思う。「なぜおまえは『春秋』にならって述作するのか、その必要があるのか、資格があるのか」という、ややトゲを含んだ質問は、太史令となった司馬遷に重たくのしかかって来た問題であった。

さらに天漢二年（前九九）、三十七歳の司馬遷を見舞った李陵《りりょう》事件は、彼の心身に激変を巻き起した。時に『史記』述作の仕事も脂が乗って、予定の半ばを越えた頃だったろう。

この事件については中島敦の歴史小説「李陵」に重厚な叙述がある。装備不十分のまま匈奴の出没する漠北の地へ出動を命ぜられた李陵の一軍が、匈奴の大軍に包囲されて全滅し、李陵は勇戦の末、気を失ったところを捕虜になった。その報を受けた漢の宮廷では、降服した李陵に対する非難が急に高まったが、司馬遷はひとり敢然として武帝の面前で彼を弁護した。それが武帝の怒りを買い、宮刑に処せられてしまった——というのがいわゆる李陵の禍の大筋である。

宮刑とは、名を重んずる士人にとっては死ぬよりもつらい不名誉である、と感じられていた。名誉のために死ねば、肉体は死んでも、その名は残る。それにひきかえ、宮刑とは生ける屍《しかばね》である。死んでも死にきれぬ、とはこのことである。宮刑から数年後、武帝はその処罰を悔いて司馬遷を中書令にとりたて、彼は「尊寵されて職に任じた」ともいわれるが、たとえそうなったとて、司馬遷本人にとっては取り返しのつかぬ問題であった。

恥辱の苦しさから逃れるために死にたい、しかし死んだところで恥辱そのものは消えない、となった場合、人はいかなる行動を択ぶ余地があるか。司馬遷の場合は、幸いにもすがる綱があった。『史記』述作を継続すること、これこそが今となっては彼の唯一の生きがいとなったのである。

思えば『史記』述作の仕事は、青年時代にあっては祖先の遺業と『春秋』の志を継ぐ、という高揚した気概のもとに始められたことであった。やがてその仕事と漢廷の官僚としての立場との間にしっくり行かぬものが生じて、自分の意見を高らかに宣揚する明るさを失いはしたものの、自己の生涯に課せられた使命に根本的な疑いを抱くということはなかった。ところが、いまや司馬遷は、そういう誇りも夢も失って、わずかに『史記』述作を通じて自分の汚辱からの救いを期待することしか残されなくなったのである。自殺したいほどの恥を忍んで『史記』完成をめざすことが、生ける屍としての自分に、生きながらえている価値をもたらすのだ、と彼は歯を食いしばって、残生を書き続けたように思う。

しかもこの心境を、彼は軽々しく口外することをしなかった。わずかにそれを洩らしたのが、巫蠱《ふこ》事件（戻太子《れいたいし》が反逆をはかったという嫌疑に発した事件）に連坐して処刑寸前にあった友人任安《じんあん》への手紙（「報任安書」）なのである。この返書の日付は、山下寅次によると、征和二年（前九一）十一月の頃と推定されるから、司馬遷が宮刑に遭ってから数えると、十年近く沈黙を守っていたことになる。しかも、任安から司馬遷への来信から数えても数年はたっているのだから、武田泰淳も言うように、彼がいかに自分の心境を他人に語ることを抑えていたかがわかる。

任安が司馬遷に書き送った内容は、中書令の地位にある司馬遷が、もっと積極的に人材の推薦をやってほしいということだったが、それに対する司馬遷の返事の趣旨は、要するに、宮刑を受けた自分にはすでにその気もない、という断わりである。ただその結論に行く前に、なぜ自分が李陵を弁護したか、なぜ恥辱を受けつつ今も死なないでいるのか、の心境を縷々《るる》と書き綴っているのである。

数年前に受けた手紙の返事を、明日の命も知れぬ獄中の任安にあてて書いたということは、いろいろに解釈できよう。シャヴァンヌは、司馬遷は自分の恥辱を語ることによって、友人任安が、辱めを受けぬうちに早く自決することを暗示したと解する。しかし、そうまでカンぐらずに、心の秘密を誰かには打ち明けたい、という不安から、処刑寸前の友人に向かって筆を執った、と素直に見てもよいだろう。司馬遷にとっては、これが最初にして最後の機会であった。

本人の思いもかけぬ災禍に見舞われたとき、その人の志はその困難のゆえに、かえっていっそう深化純化されて、表現の道を求めるようになる、と「自序」はこの間の心境を、例を挙げて説明している。かつて文王も羑里《ゆうり》に拘《とら》われたために『周易』をのべ、孔子も陳蔡の間に苦しんで『春秋』を作った。屈原・左丘・孫臏《そんびん》・呂不韋・韓非らの著書も、逆境の所産である。『詩経』の詩も、おおむね聖賢が憤を発して作ったものだ――こういう論調が、以前とは少し異なった力点の置き方を含んでいることに気づく。孔子の『春秋』制作にならう点は以前と変わりがないが、いまや孔子が陳蔡の間で困窮したことに重大な意味が与えられている。ただしここでは、汚辱の環境をむしろ壮大な事業を完遂する試煉の場として一般的に意味づけている点において、「報任安書」の暗澹たる気分からは一歩踏み出して来ているようにも見える。

## 2

これまで考えてきたことをまとめると、次のようになる。『史記』述作の仕事は、太史令となった父司馬談の時代から、本務とはいちおう別の司馬氏一族固有の事業であった。『春秋』制作の意図にならって、孔子歿後五百年という時期に際会し、残るべき名を残し、隠れた善行を顕彰するという仕事の完成が、談・遷父子の目指すところであった。従ってその仕事は本質上、一般俗世間の評判や為政者の利害に規制された価値観とは、一応別な立場に立つ人間批判・政治批判であったわけである。

むろんそのことは、談や遷の立場がただちに王朝や世俗を敵視するものであったという意味ではない。現に本紀・世家・列伝という『史記』の構成法自体は、明らかに皇帝を中心とする安定した天下秩序を理想として組み立てられているし、世間の評判というものも司馬遷は十分尊重している。司馬氏一族の立場から漢王朝の支配を根柢から否認する、というような気配は、『史記』全篇を通じて見出すことは不可能である。

元来、『史記』述作とはそういう性質のものであった。ところが司馬遷が太史令となって年がたち、武帝の積極的な内治外征政策が進行するにつれて、世間の風潮に変化が生じて来た。異例な政治事件が頻発し、異常な人物が横行することが目立ち始めた。そういう変化は、変化とともに動いている人には変化とも異常なこととも意識されないが、司馬遷の場合には、その変化が明らかに不可解なものとして映った。それは父から親しく語り聞かされていた、政治や人間の理想像が、自己の信念とまでなって彼の中に育っていたからである。世間は変わったが司馬遷は変わらぬ。ここに武帝という時代に対する彼の抵抗の姿勢が生じる。彼を襲った李陵の禍は、そういう彼の同時代に対する距離感を決定的なものとした点で、重大な意味をもつ。

古く後漢の王允《おういん》以来、『史記』は謗書《ぼうしょ》である――つまり司馬遷が武帝の処罰を不満として、それに憤りを発して『史記』を書いた、という説が一部に信じられて来た。こういう理解のしかたが「史家の徳」という点から見て、きわめて低俗浅薄な説であることは、清朝の学者章学誠《しょうがくせい》が『文史通義』で述べているとおりである。第一、この説が、李陵事件以後に司馬遷が『史記』述作を志したという意味ならば、内容的にも時間的にもありえない話である。

もっとも『史記』には、武帝の政策への批判を含む「平準書」や、武帝の側近官僚への反感を示した部分など、謗書であるという俗説が通用しそうな要素がないではない。しかしそのことは、『史記』

がそういう非難のために書かれたということでは決してない。『史記』に見られるそれらの批判は、宮刑以前からの司馬遷のもともとの思想に発するものであり、さらに父の談以来の伝統でもあった。その意図の基本線は、宮刑以前と以後とで急激に変化したようなことはないのである。変わったのは司馬遷の周囲であった。そして、変わった周囲といっそう妥協できぬことを強く自覚したのが、彼にとって生ま生ましい李陵事件であった。

それでは武帝の時代に入って変わったという周囲の状況とは、具体的にはいかなる動きであったか。その変化の一つの集約点が、「酷吏《こくり》」とよばれる一群の官僚グループの権勢であった。

朝鮮・南越・西南夷の征服を初め、とくに北方の匈奴遠征に手を焼いたために、漢の財政は涸渇した。武帝は五銖銭を改鋳して質を悪くし、塩や鉄を専売制にし、告緡令《こくびん》という財産申告制を布いたりして、富商大賈を除き豪強の土地兼併を抑えようとした。こういう新措置を天下に施行する役割を担って登場したのが、酷吏とよばれる武帝の側近官僚群である。

なかでも御史大夫の張湯《ちようとう》の信用は絶大で、彼の上奏のたびに武帝は食事も忘れ果て、政策はすべて御史大夫によって決まり宰相は名のみとなった、と「酷吏列伝」は記している。司馬遷は、こういう張湯に対して、武帝に向かっても遠慮なく苦言を呈する汲黯《きゆうあん》という硬骨官僚を配して、「汲鄭列伝《きゆうてい》」（汲黯と鄭当時の伝）をまとめているが、汲黯は張湯を次のように非難罵倒している。

世の中では、刀筆を手にする小役人は、大臣とすべきでないと言っているが、まさにその通りだ。天下の人民が恐れて足を重ねて立ち、不安のあまり正面を向いて物を言う者もなくなるのは、必ず張湯のためであろう。御史大夫張湯は、智力は諫言をせき止めるに足り、詐術は非道を飾り立てるに足りる。巧佞の話を操り、すこぶる能弁であるが、敢えて天下のために正言するのではなく、もっぱら陛下の考えに阿《おもね》っているのだ。……好んで事件をでっちあげては法律をそれに当てはめ（好興事、舞文法）、内に詐心を抱いて陛下の心を操縦し、外は人民をいじめる属吏どもを手足として威勢を張っている。

この汲黯の張湯批判は、そっくりそのまま司馬遷の意見であったと見てさしつかえない。「好んで事を興し、文法を舞わす」、これが酷吏の常套手段であった。同じ「酷吏列伝」中の周陽由《しゅうようゆう》についても、地方官の中で彼は最も暴酷驕恣であり、「愛する者は法を撓《た》めて活《い》かし、憎む相手は法を曲げて誅滅し、任地として赴いた郡では必ず土地の豪家を滅ぼした」と記されている。中央官・地方官を問わず、酷吏は相手の弱点をほじくり出して平地に波瀾を起こし、それに対して法の権威を笠に着て抑圧を加えるという手法をとる。表向きは「法」をたてまえとするから、この権威にあからさまに反抗することは許されない。反抗しても、「文法を舞わ」されて処罰されるのが落ちである。

司馬遷が李陵を弁護して宮刑に処せられたのも、直接にはまさにこの「文法」によってであり、かれの罪をそのように裁いた獄吏の小賢しい智術によってではなかったか。そのことは司馬遷自身のことばで語られていないし、また彼がそのことを怨んで、急に酷吏嫌いになったわけでもないが、酷吏の手法を身をもって体験したという点で、李陵事件は重要な契機をなすように思う。

法令は政治の道具ではあるが、民心の清濁を取締る根源ではない。

と「酷吏列伝」は述べている。法令によって天下の秩序を維持しようとするのは本末顚倒である。天下のために法令が存するのであって、法令のために天下が存するのではない、というのが司馬遷の法令に対する基本的な考え方であった。「循吏列伝」の序に、

一身がよく修まっている者が官にあれば、その官は未だかつて乱れたことがない。職を奉じ理に循っているだけでも治をなしとげることができる。なにも威厳が必要ではない。

とある。酷吏のあくどさに対して理想とされたのが循吏であるが、「循吏列伝」の人物は半ば

意識的にか、孫叔敖《そんしゅくごう》・子産《しさん》のような春秋時代の史上の人物に限られている。

その意味で、司馬遷が漢代において酷吏と対照的異質的なものと見ていた人物は、さきの汲黯らに代表される官僚群であった。増淵龍夫『中国古代の社会と国家』（一九六〇年）では、汲黯らのような、任俠を好み、黄老の言を学ぶグループを、劉邦に服属・転戦してそのまま漢の官僚となった人たちの伝統を引くものと解し、パースナルな任俠的人間結合関係を是《ぜ》とする旧官僚群であるとする。それに対する酷吏は、武帝の強圧政策の実施者として登場した新官僚群とも言うべきである。汲黯・鄭当時らと、張湯・公孫弘らとのあいだに横たわる宿命的な敵対関係は、このような社会史的背景のもとに初めて理解されよう。そして司馬遷が酷吏の抬頭に反感をもつ反面、汲黯らに親近感を抱いたのは当然の成行きであった。

さらに游俠の問題は酷吏に関係している。『史記』の「游俠列伝」は班彪・班固父子以来、「貨殖列伝」と並んで司馬遷の異端的な評価の例として挙げられるのが常だが、司馬遷は游俠の問題をとりあげるに当たって、先ず『韓非子』の「儒は文をもって法を乱し、俠は武をもって禁を犯す」の句を引用している。彼がこの句をここに引いた意味は、後文を続けて読むとわかるのだが、儒・俠をともに譏った韓非の説の反駁に目的があるのではなく、むしろ儒も俠も両成敗している韓非にならって、漢代の現在においても、儒者のみを無反省に賞讃するのはおかしい、游俠にも同程度の関心と理解をもつべきだ、と提言するためなのである。

游俠の行為は「正義」に合せぬことがあるが、その言は必ず信頼でき、その行為は必ず果敢で、ひとたび応諾すれば必ず誠意を尽し、命を惜まずに人の苦難に赴き、常に一身の生死存亡を無視する。しかもその才能を誇らず、人にかけた恩義を売物にするのを恥じる。

こうして司馬遷は、一平民として金品の受け渡しや事の然諾《ぜんだく》に筋を通し、義のためには死をもかえりみない人物として、朱家《しゅか》・郭解《かくかい》らの伝記を綴るのである。

殷・西周の氏族制社会が分解し始めた春秋時代末以来、古代中国人の中に生きて働く習俗として成長した任俠的気風の大勢から見れば、「游俠列伝」に載った游俠は、ほんの氷山の一角にすぎぬことが、さきの増淵氏の研究によっても明らかにされている。劉邦とその周囲の集団とを結ぶ内面的結合意識も、汲黯ら漢の宮廷の旧官僚たちの傾向もそうだったが、さらに戦国から秦・漢にかけて制度的に完備されて行く官僚制自体も、そういう任俠的習俗と一応別の国家秩序の原理に立ちつつも、その原理自体がこのような社会の現実に基盤をもって生成されたのではないか、とさえ見られるのである。

ただしこのことは、司馬遷がこのような歴史的認識のもとに游俠をとらえていた、ということではない。彼の出発点は、「俠」が非難されるなら「儒」もまた非難されねばならぬ、「儒」を褒めるなら「俠」の立場も認めねばならぬ、という二元論にある。それは、「帯鉤《たいこう》を盗む者は誅殺されるのに、国を盗む者は諸侯となる」という現実の不合理への反撥である。それは権力の側にある者が、法を笠に着て人民を追い立てることへの反感にもつながる。

ただ、酷吏の弾圧の対象に豪俠の徒が多かったことは事実だが、その理由だけで司馬遷が游俠に同情したと考えることは正しくない。問題は俠者の廉潔退譲の私義にあった。だから司馬遷は、「匹夫の俠」・「閭巷《りよこう》の俠」のような隠れた俠者と、「仲間や有力な一族が徒党を組んで、財を積み貧民を役使し、弱い者をいじめて自分一人だけ快しとする」ような「豪暴の徒」とを区別している。

真の游俠と豪暴の徒とは異なるのに、人びとは混同して排斥し、学者は游俠を記録しようともしない。そのため秦以前の匹夫の俠は、その名が堙滅してしまった。自分はこれをたいへん残念に思う。

と司馬遷は述べている。行為の具体的な記録によって人物や事蹟に不滅の価値を与えようとしたのが、『春秋』を継ごうとする『史記』のもともとの述作意図であった。それが、この「游俠列伝」の場合にも鮮やかに発揮されているのである。

「一家の言」を成した『史記』については、「貨殖列伝」の問題を初めとして、まだまだ語るべきことが多いが、いまは紙数も尽きた。せめて読者各自が『史記』原文について、その妙味を感得されることを期待するのみである。

## 2　刺客列伝考

「刺客」とは何か？　突如として現れ、忽焉として没する者である。彼等が歴史に接するのは、武器を手にして権力者に近づくその一瞬時である。

武田泰淳『司馬遷』（別題『史記の世界』）中の、「刺客列伝」を序する一節である。「刺客列伝」には五人の刺客が名を連ねる。魯の曹沫《そうかい》、呉の専諸《せんしょ》、晋の豫譲《よじょう》、衛の聶政《じょうせい》、そして燕の荊軻《けいか》。司馬遷はこの五人を評して、「その義が成就した者もあり成就しなかった者もあるが、彼らの立意は明確で志を貫徹した。後世に名が伝わったのも偶然ではない」と記す。

この五人は、たしかに時の権力者に向かって白刃を以て臨み、あるいは成功し、あるいは失敗して命を落としている。曹沫が脅かした斉の桓公は春秋時代の覇者の筆頭、専諸が殺したのは兵士に厳重に警固された呉王僚《りょう》、豫譲が復仇を謀った相手は晋の実力者趙襄子、聶政が単身刺殺したのは韓王の叔父にあたる宰相の侠累《きょうるい》、荊軻がいま一歩のところで刺し損なったのは天下統一寸前の秦王政《せい》――すなわち始皇帝――であった。

思うに暗殺は已《や》むことを得ざる行動である。仁人志士が人の苦衷を悲しんで暗殺という手段を使うのは、大不幸なのだ。暴力に反抗するがために暴力に訴えざるを得ない。罪悪を毀滅するがために罪悪を行なわざるを得ない。しかし強暴なる者が暗殺を快心の道具としてその悪事をなしとげんとするなら、滔々たる禍水の流毒の止む時があろうか。

世は民国となった一九一三年、宋教仁《そうきょうじん》が暗殺に倒れたことを憤った李大釗《りたいしょう》は、「暗殺と羣徳」という文章の中で、こう書いている。同じ暗殺の行為でも、英雄が行なえば悪人を除き、義侠の風が伸びる。逆に盗賊が行なえば、賢能が害され残忍の風を生じ、その害は洪水猛獣よりも甚だしくなるだろう。羣徳（社会のモラル）が堕落した国では暗殺はよくない。かつて戦国任俠の世に、秦の暴力に対して荊軻は匕首を投げつけ、主家の韓王室を滅ぼされた張良は博浪沙で始皇帝の車に鉄椎《てつつい》を投げつけた。これは羣徳の昌《さか》んな時代の現われである。伊藤博文を殺した安重根、李完用を刺した李在明（ともに一九〇九年）によっても、朝鮮の羣徳はまだ衰えていないことがわかる。清朝末期には我が国の男児も意気盛んで、海外視察に赴く五大臣に爆弾を投げつけた呉樾《ごえつ》や（一九〇五年）、満人の安徽巡撫恩銘《おんめい》を殺した徐錫麟《じょしゃくりん》が出た（一九〇七年）。ところが今や、民国となって羣徳は日に衰え、かつては民の賊を殺す手段であったものが、今やわが国士を傷つけ、かつてはわが民国に功のあったことが今やわが民国に禍いするものとなっている……。羣徳との関係で暗殺を捉えた李大釗の視点は、痛憤にみちている。

暴力に抗するための已《や》むことを得ざる行動として暗殺を考えた場合、言うところの「暴力」がまさに暴力であり、「已むことを得ざる」が口実に使われぬことが必要だろう。『史記』「刺客列伝」の刺客たちは、果たしてそのような条件を備えていたか。

## 一　国士か盗か

先ず曹沫《そうかい》の場合から見てみよう。彼は勇力をもって魯の荘公に仕えて将となったが、斉と三度戦って三度とも敗北し、魯としては遂邑《すいゆう》の地を斉に献ぜざるを得なくなった。それでもなお将の地位にあった曹沫は、魯の荘公と斉の桓公との柯《か》における会盟の席で、壇上の桓公を匕首で脅かし、魯から奪った土地を還す約束をさせた。とたんに曹沫は匕首を投げ捨てて羣臣の坐に戻る。桓公が怒って約束を翻えそうとすると、管仲が諫めてそのまま魯に侵地を返還したとある。

これに該当する話は、『春秋公羊伝《くよう》』の荘公十三年の柯の会盟の個所に出てくる。話の骨子は似ているが、『公羊伝』の作者はこれを、「要盟（脅迫して結ばせた盟）には背いてもよいのに桓公は欺かなかった。曹子を殺してもよいのに桓公は怨まなかった。桓公の信が天下に知られたのはこの柯の盟から始まる」と、桓公礼讃に話題を移している。『穀梁伝』も「曹劌《そうけい》の盟は斉侯（桓公）を信とした」と、同趣旨である。だから桓公を壇上に脅かして約束をとりつけ、そのまま自席に戻って「顔色変ゼズ、辞令モトノ如シ」、かくて奪われた土地を取り戻すのに成功したことに重点をおく「刺客列伝」の叙述は、司馬遷独自の視角なのである。奪われた土地を脅迫によって取り戻す作戦は、あとで述べる燕の太子丹と荊軻の場合にも試みられている。『公羊伝』では、曹子は荘公と前もって打合せをした上で会盟の壇上に昇り、管仲を相手にやりとりしたことになっている。するとこれは刺客と言うより、外交折衝の際の非常の手段ということになろう。いわゆる「要盟」である。しかもそれを魯の将たる者が行なっている。魯の国益恢復と同時に、三戦三敗の自己の名誉を挽回する手段でもある。斉の桓公の「暴力」に対して、この要盟が「已むことを得ざる」方法であったかは疑わしい。曹沫の一挙がなくても魯は滅びはしない。彼の行動は春秋時代の外交折衝の一テクニックにすぎなかったように思う。

次に専諸はどうか。彼は呉の公子光が呉王僚を殺して王位に就く作戦の手助けをしたにすぎぬ。楚から呉に亡命した伍子胥《ごししょ》が、父兄の仇を復するために呉軍を動員しようとし、そのことに乗り気でない呉王僚の替わりに公子光を王位に就ける計画に、一役買わされた人物である。そういう役を専諸が自ら引受けたのは、伍子胥の推薦で公子光の「客」となった恩義に感じてのことらしい。専諸は暗殺決行に先立って、「わたしの母は年寄りで、子供は幼いし、二人の弟は討楚作戦に従軍しています。私が死んだあとをよろしく頼みます」と公子光に言う。公子光は「私の身はあなたの身と同じです」

と約束する。事実、呉王僚の刺殺に成功した専諸はその場で殺されたが、公子光が呉王闔閭《こうりょ》として立つと、専諸の子を上卿にして功に報いた。暗殺によってクーデタの手助けをするに当たって、一家の将来の保障を求め、しかもクーデタ成功者がその約束を実行する――これは美談に属する話なのだろうが、どうもあまりに計算づくめの臭いがする。暗殺者としては専諸はむしろ恵まれた立場にあり、「暴力に対する已むことを得ざる」一撃であったとは思えない。むしろ予想される次期権力者から依託された殺人ではないか。

第三番目の豫譲の話は、あまりにも有名だ。彼は智氏から「国士」として遇されたのに報いるために、智氏を滅ぼした趙襄子への復仇をあくまでも遂行しようとする。いったん趙襄子に仕えて隙《すき》を狙ったらどうか、と勧める友人に対しては、「二心を抱きつつ君に仕える者を恥じさせるのが、わたしの意図なのだ」と斥ける。まさに「国士」の風ありと言うべきだが、しかし彼が智氏に「国士」として遇されたという内容は、少々失礼な言い方を許してもらえば、それまで仕えて来た范氏や中行氏よりも禄をかなり多額に頂戴したということではなかったか。禄の高さに感激して、智氏に殉ずる気を起こしたまでのようだ。

というのは、彼の判断に不徹底な点があるからだ。豫譲は初め人足に化けて趙襄子の宮殿に忍び込み、厠《かわや》の壁を塗っていて気づかれたが、このとき趙襄子は彼を殺さず、かえって「これこそ義人である、天下の賢人である」と褒めて釈放した。こうした扱いこそ「国士」以上の待遇であると豫譲は知るべきではなかったか。それでもなお智氏の恩義が忘れられなかったのなら、この趙襄子の新たな恩義との板挟みで、自殺の道を択ぶことも出来たと思う。そういう先例は『春秋左氏伝』宣公二年の条にある。趙襄子の五代前の先祖趙盾《とん》（趙宣子）は、時の晋の君主霊公を諌めたために煙たがられ、霊公は趙盾に刺客鉏麑《しょげい》を送った。鉏麑が屋敷に忍び込むと、まだ夜も明けきらぬのに玄関は開け放され、趙盾は参内の正装で坐ったまま仮寝をしている。鉏麑はそのまま引き下って歎じる。「恭敬を忘れぬ民の主たるべき人物を殺せば不忠になる。しかし霊公の命令を棄てれば不信になる。一つを択ばねばならぬとすれば、自殺以外に道はない」。そして庭の槐《かい》樹に触れて死んだ。ここには判断し選択する主体としての人間がある。豫譲にも、そのように判断し選択する自由があったはずだ。それこそ「国士」たる者の道ではなかったか。にもかかわらず、人相を変えて再度暗殺に挑み、趙襄子の情《なさけ》で衣を与えられ、それに斬りつけて満足して自殺したというのでは、あまりに単純にすぎる。しかし一方では、その「思い込んだら命がけ」式の単純素朴さが、豫譲の話を明るいものにしていることも確かだ。豫譲が死んだ日に、「趙国ノ志士之ヲ聞キ、皆タメニ涕泣セリ」とあるのは、彼の実直を貫いた生涯に搏《う》たれるものがあったからだろう。

四人目の聶政は、厳仲子に頼まれて韓相俠累の殿中につかつかと入り込み、あっという間に殺したあと、依頼者がバレぬように面皮を剥ぎ、割服して自害し果てる。しかも話はそれで終らず、他家に嫁いだ姉が弟の首の曝されている韓の市《いち》へやって来て、「これぞわが弟聶政」と証言し、彼女自身もその場で自殺する。壮烈な姉弟の最期である。だがこの話も、よく考えてみるとすっきりしない点がある。

聶政はもと軹《し》の深井里《しんせいり》の人だったが、人を殺して仇を避けるため、母・姉と斉に遁れ、屠畜業に従事した。しかし彼の勇敢の噂は高く、政敵俠累を倒そうとしていた厳仲子は、彼に百金を積んで交際を求める。「母上の御長寿を願って」という名目だが、その背後のただならぬ事情を聶政が察せぬはずはない。しかし彼は、老母と姉が家に居るという理由で、問題にかかわり合うのを避ける。しかし、この断わり方の中に、彼自身がやがて陥る思考のワナが隠されているのだ。老母の喪が明けると――姉はその前に嫁いでいたのだろう――、聶政はこう考える。「自分は市井の賤しい屠畜業者なのに、諸侯の卿相たる方がわざわざ交際を求めに来られたのは、普通のことではない。しかも百金を積んで自分に頼もうとされたのに、老母が生きているのを理由にお断わりしてしまった。その老母が歿した以上、己れを知る者のために働かねばならぬ」と、こういうわけだ。

「士ハ己レヲ知ル者ノタメニ死シ、女は己レヲ説《よろこ》ブ者ノタメニ容《かたちづく》ル」とは、豫譲の感憤の言の中にもある。自分を知る者のために身を犠牲にしても働く——まことに立派な考え方である。だが一歩踏み込んで考えると、知られることを求める心があるから、知られた場合に感激措《お》く能わず、ということになるわけだ。任侠心は、だから「名」を求める心を核にしている。悪い場合には「名」を売ろうということになる。聶政の姉の場合は、とくに弟の「名」に拘《こだわ》っている。侠累暗殺者が聶政であることを暴露すれば、厳仲子の依頼もバレるし、聶政が面皮を剥いだ苦心も水泡に帰するではないか。

『史記』「六国年表」には韓の烈侯三年（前三九七）の条に、「盗、韓ノ相侠累ヲ殺ス」とある。「名」を求める暗殺者、「名」を惜むその近親者は、「盗」とはケシカラン、「盗」ではカワイソウダと思うだろう。しかし暴力に抗するために已むことを得ざる手段として暗殺を敢えてする者ならば、ただ「盗」の一字で記されることの方が本懐ではなかろうか。

## 二　秦王を狙った荊軻の場合

荊軻の場合はどうか。読書撃剣を好んだ彼は、滅亡寸前の衛の元君に「術」を説いたが用いられず、燕に去って屠畜業者などと深く交わるようになったという。日中から市で酒を呑み、筑《ちく》（琴に似た楽器）の名手高漸離《こうぜんり》の曲に和して歌い、楽しむかと思えば泣き、「傍《かたわら》、人無キガ若《ごと》キ」であった。彼らは何に慷慨して泣いたのか。荊軻のように書を読み撃剣の腕も立つ人間——撃剣だけでなく刺剣の術も学んでおけば秦王刺殺に成功したろうにという批評もあるが——に、進んで交わりを求めようとする「賢豪長者」は、どの土地にもいた。燕では処士の田光《でんこう》先生が彼を手厚く待遇したという。それだけでは荊軻は不足だったのか。彼はもっと己れにふさわしい、「名」が天下に立つような任務を与えられないことを高漸離とともに歎いていたのだろうか。

屠畜業者（狗屠《くと》、つまり犬殺し）は賤業とされていた。埋葬業者（転じて墓泥棒ともなる）、車引き、医術兼業の巫《みこ》などとともに賤業階層を形づくる。国家は農民を本業として重視し、商工業者を末業として圧迫するが、これら賤業民はそういう支配のさらに外側に抛り出されている。抛り出されるなりに彼らには「自由」があり、游俠のコントロールのもとに一種の反国家的集団をなす。そういう階層の中に身を投ずることは、国家秩序構成員としての士人の面子《メンツ》を捨てることを意味する。人を殺して斉の屠者の間に隠れた聶政と同じに、荊軻も衛を離れて燕の狗屠者の群に投じなければならない事情があったのだろう。国家秩序構成員の資格を失ったアブレ者の彼らの心中に、鬱屈し曲折した「名」への渇望が渦巻いていただろうことは、想像に難くない。戦国時代の動乱の中で転落して行く士人層の苛立たしい思いが、荊軻をも衝き上げていたのだろう。

その荊軻が、ついに燕の太子丹の面前に召し出されることになった。そこに至るまでの経緯はかなり複雑である。

燕の太子丹は、かつて趙の都邯鄲《かんたん》に人質に出されていたとき、少年だった頃の秦王政と交際があった。政の父は秦の公子楚だが、やはり邯鄲に人質に出され、そこで豪商呂不韋《りょふい》の妾だった舞姫を見初めて夫人とし、政が生まれたというわけである。政の実の父親は呂不韋だという噂の真偽は確かめようがないが、呂不韋が公子楚を秦王に擁立する運動のために千金の富を投資したことは事実のようだ。公子楚（荘襄王）が死んで秦王政の時代になると、呂不韋の権勢は絶頂に達する。しかし政が十三歳で即位してから十年近くたつと、呂不韋一派は失脚して、青年王の側近官僚が政策の推進者となって来る。戦国列強の王家を断絶して主要都市を直轄の郡県に編入する政策が急激に進行するのは、呂不韋が自殺した秦王政十二年（前二三五）以後のことである。

　秦の都咸陽に人質として赴いていた燕の太子丹が逃げ帰ったのは、秦王政十五年（前二三二）のことだから、政変以後の秦の外交政策の変化を読み取った上でのことかもしれない。『燕丹子』という本によると、丹が帰国の許可を求めると、秦王は「烏ノ頭白ク、馬ニ角生ズレバ乃チ許サンノミ」と答え、それで太子丹は逃げ帰る決意を固めたとある。他国からの人質を帰さぬとは、秦の東方諸王家断絶の方針が確立した表われと考えられる。実際、秦王政十七年（前二三〇）には韓王安が捕えられて韓が滅び、同十九年（前二二八）には邯鄲で趙王遷が捕えられて趙が滅んでいる。

　秦から逃げ帰った太子丹は、迫り来る燕の危機への対抗手段を考えた。太子太傅《たいふ》の職にある鞠武《きくぶ》はこういう策を進言する。「いま燕には、もと秦の将軍だった樊於期《はんおき》が逃亡して来ている。彼を燕が匿まっているのは秦に対してまずい。彼を匈奴に送り込み、斉・楚と匈奴の單于《ぜんう》と連合して秦の進出を食い止めてはどうか」。しかし太子丹は、「それでは気が長すぎる。それに逃げこんで来た樊将軍を犠牲にするわけには行かない」と反対する。そこで鞠武は、「智深クシテ勇沈ナル」田光先生を自分の替わりに推薦した。鞠武自身は降りたわけだ。

　田光を招き入れた太子丹は、例によって席からへり下り、「先生のお力添えをいただきたい」と頼む。田光は老齢を理由に辞退し、身替わりに荊軻を推薦する。ここで初めて太子と荊軻とのつながりが成立するのだ。田光がさっそく荊軻を迎えに出かけようとすると、門まで見送った丹は、「これは国家の最高機密だから他言は無用に願います」と注意する。「田光俛《ふ》シテ笑ッテ曰ク、諾《だく》ト」。さて荊軻のもとに赴いた田光は、太子を訪ねてくれと頼み、その場で自刎《じふん》して死ぬ。他人に洩らさぬようにと注意を受けるようでは「節俠」の名に恥じるという理由である。司馬遷はこれを、「自殺シテ以テ

荊卿ヲ激セント欲ス」としているし、明末の李卓吾にも『荊卿詠』という詩があって、

荊卿モト燕丹ヲ識ラズ
祗《た》ダ田光ノタメニ　一ニ難ニ死ス
慷慨悲歌シテ唯ダ筑ヲ撃チ
蕭《しょう》々タル易水　今ニ至ツテ寒シ

と、田光が死をもって荊軻を発憤せしめたと解している。そういう効果も考慮に入っていたかもしれないが、「賢豪長者」である田光の心境に即して言えば、彼を疑った太子丹に対して、他言無きことを死をもって示そうとしたのだろう。そうでもしないと人を信じきれない丹への憤りを籠《こ》めて。田光に眼前で自殺された荊軻はどうしたか。ここが彼にとっての判断の岐《わか》れ目だったと思う。田光先生を信じ切れなかった太子丹の人物を見抜いて、そのまま姿をくらますのも一つ。田光先生の知遇に報いるために自殺するのも一つ。最も下策は太子のもとへ出頭することだろう。ところが荊軻は、この下策を択んだ。荊軻から田光が自殺したことを聞かされて、太子は動顛する。そして、田光を死に追いやったのが自分の不信の態度であったことに初めて気づく。それに気づきはするが、こんどはその不信が荊軻に乗り替わって行くのだ。そうなることを洞察せずに荊軻が太子のもとへ出かけてしまったのは、まさに彼が「名」を求めていたからだろう。太子の打とうとしている大バクチに乗って、世の中をアッと言わす。「名」を揚げる最大のチャンスが彼の前にめぐって来たのだ。生死は問題外である。

彼自身が燕の亡国の危機を憂えていた痕跡は無い。秦国あるいは秦王政個人への恨みも無い。その点では、歴代韓の相の家柄だった張良が、韓王室の復興を謀って、すでに天下を統一し皇帝と称していた秦王政の暗殺を試みたのとは違う。張良は力士とともに、重さ百二十斤の鉄椎を、博浪沙を通過

する始皇帝の車目がけて投げつける。しかし命中したのは副車。「秦ノ皇帝大イニ怒リ、大イニ天下ニ索《もと》メ、賊ヲ求ムルコト甚ダ急」と、『史記』「留侯（張良）世家」は言う。張良のこの挙こそ、亡国韓のための復仇である。暗殺失敗後、張良は姓名を変えて下邳《かひ》の地で游俠の間に隠れる。橋の下にわざとクツを落として彼に拾わせた奇妙な老人から『太公兵法』一書を授かった話は、この頃のこととされる。そのあたりから彼の志は怪しくなり、擁立しようとしていた韓王成が項羽に殺されてからは、韓王国恢復の望みを諦め、次第に漢王劉邦やその妻呂氏のために知恵をめぐらす立場に追い込まれ、最後には仙境に憧れるようになるのだが、博浪沙の一撃の瞬間は、まさに秦の暴力に抗するための「已むことを得ざる」行為であった。「秦始皇本紀」二十九年には、「始皇東游シ、陽武ノ博狼沙中ニ至リテ、盗ノタメニ驚カサル、求ムレドモ得ズ、乃チ天下ニ令シテ大イニ索ムルコト十日」とある。大捜索令を出しても探し出されず、ために「盗」とされても、張良にとっては何の悔いもなかったはずだ。「已むことを得ざる」行動は本来、無償である。

　ところが荊軻の場合は、秦王政と刺し違えねばならぬ必然性はない。太子丹の場合も、秦王政を殺す気はなかった。荊軻を使って、かつて曹沫が桓公に対したように秦王を脅迫し、侵地を返還させる取引きをしようと考えたにすぎない。秦が始めた諸国の王家絶滅、直轄郡県化路線を、呂不韋執政時代の諸王国との同盟路線に引き戻させようとしたのではないか。燕の王家の太子としては、当然そう考えるはずである。しかし紀元前三世紀後半、戦国時代最末期の現実は、太子丹が考えるような国際関係の存続を実際上不可能にしていた。それは秦の戦力が東方諸国よりズバ抜けて強かった、という理由からだけではない。韓・魏を滅ぼし、やがて東方諸国をすべて直轄の郡県に編入しようという秦の政策は、東方諸国内の一部勢力によってすでに歓迎されていたと推測されるからだ。

　趙が滅びるとき、趙王の寵臣の中に郭開《かくかい》という人物がいて秦から金を受け取り、抗戦派の李牧と司馬尚の二将軍に謀反の罪を被せて失脚させた話が、『史記』の「廉頗《れんぱ》・藺相如《りんしょうじょ》列伝」の末尾に載っている。趙の政権の中枢にすら、すでに趙の王家を秦に売り渡す動きがあったのだ。類似のことは、少し後に斉が滅びるときにも起こっている。『史記』の「田敬仲完世家」によると、斉の相の后勝《こうしょう》は秦からひそかに金を受け取って、抗戦派を抑えたとある。燕の場合にも同様のことが起こっていたのではないか。

戦国時代の燕の王権は、都の薊《けい》(北京附近)から遼東に及ぶ長い交通路に依拠して維持されていたが、それ自体が今や動揺しかけている。戦国諸王国間の障壁をとりはらって中国全土を一元的な政治・経済圏に統合しようとする意向が、秦の東方進撃の波に乗って実現化に近づいている。咸陽から邯鄲をへて東北方に伸びるルートが、薊から遼東にまで連結されようとしている。燕の太子丹にとっては、その波に抗することは、秦軍に対峙する以上に手ごわい国内の敵との戦いを意味した。太子丹の立場は、すでに燕の国内で孤立に近い。田光に向かって、策は極秘だぞと念を押さねばならなかったのも、そのためではないか。秦王政をじかに脅迫して、秦の東方政策の撤回を迫るというイチかバチかの策に執着したのも、太子丹の追い詰められた状況のためと考えられる。

その意味で荊軻の役割は、たとえ曹沫のように秦王脅迫に成功したとしても、燕の王室の一時的延命策にしかならなかったろう。しかし荊軻は、この使命を課されたことで、心は誇りに満ち、気傲《おご》るものがあった。太子丹もそれを助長した。毎日荊軻の宿舎を訪ねて、御馳走や珍らしい物を差入れし、荊軻の欲するなりに車騎美女を自由にさせた。荊軻の本志露《あら》われたり、と言うべきである。国境に秦軍が迫っても荊軻が出発の気配を見せないのに苛立って、出発を督促すると、荊軻の方は条件をもち出す。「秦の国に乗り込むのに手土産がなくてはだめだ。燕が割譲する督亢《とくこう》地方の地図と、樊於期将軍の首をさげて行きたい」。太子が渋ると、樊将軍にじかに談判して自決を迫り、首を貰い受けて来る。己れの功名のために周囲を犠牲にすることがあたりまえになって来ている。なお出発を遅らせている荊軻を再度督促すると、怒って太子を叱りつけ、十三歳の秦舞陽《しんぶよう》を連れて出立することになる。太子以下、この極秘の使命を知る者のみが白装束で易水のほとりまで見送る。高漸離が筑を鳴らすと、荊軻が和して歌う。

風ハ蕭々トシテ易水寒シ
壮士一タビ去ツテ復《ま》タ還ラズ

涙を流し涕泣していた士は、この歌を聞き、「皆目ヲ瞋《いか》ラシ、髪コトゴトク上リテ冠ヲ指《さ》ス」。かくて荊軻は車に乗ると、振り向きもせずに西に向かった。このあたりの司馬遷の描写は簡にして切、まさに「千載の間、なお人をして悲憤せしめる」風気を漂わせている。しかし、いったいこの場に居た士は何を怒ったのだろうか。事ここに至らしめた秦の暴力をか。それとも不本意な出発を強《し》いる太子丹への怒りか。あるいはまた丹の窮余の一策の道具となった己れへの怒りか。だとすれば、この種の怒りは、まことの暗殺者には無縁のものではあるまいか。この時、白虹が日を貫いたという伝えは、『史記』では鄒陽の伝の中に出て来ることで、荊軻の秦王刺殺成功の予兆と見る立場と、失敗の予兆と見る立場とに解釈が分かれているようだ。いずれにしても、天変異象に人事の吉凶を結びつけたがる人たちが附け加えたお噺《はなし》だろう。

　秦王政に面謁を許された荊軻は、地図に巻き込んであった匕首を手にして秦王に突きかかる。しかし秦王が身を引いて袖がちぎれ、剣を抜くことも忘れて柱の陰を逃げまわる秦王を、荊軻は追いかける。侍医夏無且《かむしょ》の投げた薬袋で荊軻がひるんだ隙に、秦王はようやく剣を抜いて斬りつける。荊軻は匕首を投げつけるが命中せず、柱に突きささる。八ヵ所に傷を受けた荊軻は柱を背にして笑い、秦王を罵る。「お前を殺さずに脅迫しようとしたばかりに失敗したわい」。かくて荊軻の命は秦の殿中で消えた。先に触れた清末、徐錫麟の恩銘暗殺事件に続いて逮捕され刑死した秋瑾《しゅうきん》女史は、日頃、短刀を愛蔵していたというが、彼女の「宝刀歌」の一節にこんな句がある。

観ズヤ　荊軻　秦ノ客ト作《な》リ
図窮マリテ匕首　盈尺《えいしゃく》ヲ見《あら》ハス
殿前ノ一撃　中《あた》ラズト雖モ
已ニ奪フ　専制魔王ノ魄ヲ

この事件のあったのが秦王政二十年（前二二七）。このあと秦軍の燕攻撃が激化したのは言うまでもない。二十二年（前二二五）には秦将王賁《おうほん》の軍が大梁の町を水攻めにして魏を滅ぼし、勢いを駆って翌年に燕の都薊を攻略した。燕王は遼東に逃れ、太子丹を斬って秦に詫びる。しかし時すでに遅く、二十五年（前二二二）には遼東に攻め込まれて燕王喜は捕われ、燕は滅ぶ。王賁はさらに南下して、翌二十六年（前二二一）には斉王建を捕えて斉を滅ぼし、秦の天下統一は達成されるのである。かくて秦王政は初代「皇帝」を称するようになった。

皇帝とはなったが、身辺は絶えず危険に満ちていた。二十九年（前二一八）、東巡中に博浪沙で「盗」即ち張良に襲撃された事件については、さきに述べた。荊軻の友人で筑の名手だった高漸離からも、始皇帝は命を狙われたことがある。荊軻が失敗して後、その仲間たちは姓名を変えて四散したが、その後、高漸離は本名を名乗り出て、筑の名手ということで始皇帝のもとに召し出された。ただし盲目にさせられた上で。彼は始皇帝に侍って筑を弾いていたが、あるとき、鉛を筑中に詰めて始皇帝に投げつけた。悲しいかな、盲目のため命中せず、高漸離はその場で殺された。以後、始皇帝はもと諸侯に仕えた人間を近づけなくなったという。高漸離は友人荊軻のために復仇を志したのだろうか。それとも、彼もまた「名」を残さんがために始皇帝に迫った人間の一人だったのだろうか。

## 三　司馬遷の冷たい火

曹沫以下、荊軻に至る五人の刺客の人物や背景を探ってみると、以上のようなことになる。彼らが「義」を尊び、「名」を重んじたことは事実だが、その「義」とか「名」とかは、実は彼らがそうだと思い込んでいただけのものかもしれない。彼らの思慮をはるかに超えた権力や金力の意思が、彼らに命令し、彼らを「義」や「名」のもとに動かしていたのではないか。そのことに気づかずに「国士」としての「義」に殉じた豫譲は哀れであり、「名」を求めて倨傲となった荊軻はさらに痛ましい。そういう「義」や「名」のもとに猪突した任侠の徒に較べると、趙盾の人物に敬服して霊公からの暗殺指令の実行を止めてしまった鉏麑《しょげい》の方が、一見不決断のように見えるが、政治のカラクリを見抜く眼を持っていたと言える。任侠的刺客を語りつぐ一方で、鉏麑のような人物を伝承して来た中国人の幅広さに、奥深い政治の智慧を感じるのは私だけだろうか。

司馬遷も「刺客列伝」でこの五人を顕影する一方では、任侠の行為が実は利欲心から発することを見抜いているのである。「貨殖列伝」に言う。「街中にたむろするヤクザが、物盗り、人殺し、ゆすりたかり、墓泥棒、贋金づくり、命の貸し借り、法網潜《くぐ》りで死に突進するのも、実は財貨のためにすぎぬのだ」と。だから刺客が「義」や「名」のために一身を犠牲にすることも、手放しで称讃しているわけではない。司馬遷の眼はそれほど単眼ではない。しかし一方、人間万事利禄の世の中だ、とニヒルに割り切っているわけでもない。「伯夷列伝」、否、『史記』全編に流れているのは、「義」のために殉じた人間を記し止めることを自己の責任と感じている史官の自覚である。しかも「游侠列伝」に序したように、国家公認の「正義」に逃げ込んで責任を回避する連中――彼のまわりの官僚たちに多かった――よりも、たとえそういう「正義」を踏み外しても自己の「義」と信じたことを貫徹した人間

――任侠に生きた游俠たち――の方が立派だ、という意識がある。放っておけば、後者の方は必ず忘れられてしまう。それを記し止めるのが自分の責務である。李陵事件以後一層深まった苦悩の中で、司馬遷はその信念の火を冷たく燃やし続けたと思う。

司馬遷は、游俠や刺客の世界のウラもオモテも知り抜いている。しかもなお、オエライ諸侯や官僚の伝を書くだけでは、彼の「一家の言」である『史記』の世界は完結しなかったのだ。私がこの文章で、司馬遷が称讃したかに見える刺客たちの、むしろアラ探しをしたのも、彼の胸中にあった筈の世界の全体像を理解する手がかりとなれば、と思ってのことなのである。旧中国の文人たちが秩序主義の立場から刺客たちに悪罵を浴びせているのに同調するものでは、もとよりない。

## 3　酷吏と豪猾

『史記』の「酷吏列伝」に、前漢景帝時代の郅都《しつと》という官僚の伝記がある。彼は勇にして気力あり、人からのツケトドケや依頼を一切受けつけぬ公廉な人物で、「仕えた以上はその職に殉ずるつもりだ」と、妻子のことも顧みなかったという。私的な情誼を捨てて皇帝への忠誠に生きるこういうタイプの官僚が、景帝から武帝の時代には輩出したわけで、司馬遷は彼らに「酷吏」の名を与えた。

その「酷吏」郅都が済南《さいなん》郡の太守となった時、こういうことをやった。もともと済南郡には瞯《かん》氏という有力な一族がいて、「宗人三百余家、豪猾《ごうかつ》にして、二千石《せき》（郡守）も制する能《あた》はず」という状況だった。郅都が太守に任命されたのもそのためだったが、彼は着任すると、たちまち「瞯氏の首悪（悪党の親分）を族滅」したので、「余は皆股栗《こりつ》す」、つまり足がガタガタ慄《ふる》えてしまった、とある。そして一年余のうちに、「郡中、遺《お》ちたるを拾はず」、道に落ちた物を誰も拾わなくなった、という。「道、遺ちたるを拾はず」とは、みんなが正直になったのではなくて、微罪にも重刑が科せられるのを恐れて拾わなくなった意味である。

「豪猾」だった瞯氏の宗人三百余家に対して、郅都がその「首悪」を族滅すると、その他の一族は慄えあがった、という「酷吏列伝」の記述は、いろいろな意味で面白い。

先ず、済南の瞯氏一族の同族結合のあり方がわかる。三百余家より成る一族が、済南郡治下の、おそらく各県にまたがって居住し、その中の「首悪」と見なされた一家を中心に、あるまとまりをもっていた。その集団の圧力には、ナミの郡守では振り回されてしまうほどだったという。地方官と在地の有力一族（土豪）とのこういう関係は、実は済南郡にだけ見られた現象ではない。秦・漢帝国における郡県統治体制は、多かれ少なかれ、中央派遣の郡守や県令と、在地土豪層との競合・妥協によって成り立っていた。同じ「酷吏列伝」に見える武帝時代の広平郡都尉王温舒《おううんじょ》は、「盗賊」排除のために郡中の「豪敢」十余人を役人に登用し、自分の爪牙《そうが》にしている。瞷氏の場合は、そう簡単に郡守が手なづけられぬほど、その威勢が強大だったのだろう。

ところが、これほどの威勢をもっていたはずの瞷氏の族的集団が、郅都の行なった弾圧によって忽ち萎縮してしまったのである。瞷氏の「首悪」が族滅されると、「余は皆股栗し」、一年余にして「郡中、遺ちたるを拾はず」という状態になってしまった。「酷吏」たる郅都の苛酷・巧妙な取締りを受けたにしても、これはまたあまりにもアッサリとした引き下がりようではないか。それまで「豪猾」だったはずの瞷氏一族の結合は、いったいどこへ行ってしまったのか。

こういう浮動的な同族結合のあり方は、後漢の「豪族」に見られるような鞏固な結合とは、かなり異なっている。「豪族」の形成過程から見ると、おそらく、瞷氏などの前漢中期の同族結合のあり方は過渡期に当たるだろう。それは、特定の郡や県などの地域社会で、複数の土豪勢力が競合していた状況とも関連がある。少し時代は下るが、宣帝時代の潁川《えいせん》郡太守趙広漢《ちょうこうかん》は、この対立を利用して郡中の土豪をわざと二派に反目させ、潰し合いをさせている。また、いかに没落の趨勢にあるとはいえ、前漢中期までの小農民は国家の賦役の対象として健在であり、「豪族」の隷属民になり切ることが阻止されていた。それが土豪の族的結合の浮動性にも反映した、と見られないだろうか。

それはともかくとしても、こういう地域社会の状況が、中央の国家権力の介入を可能にする条件をつくっていたと思われる。のみならず、場合によっては、中央権力の介入を積極的に必要とさえしたのではないか。「酷吏」が登場したのは、そういう場であった。「酷吏」個人が特別に有能だったのでもないし、「酷吏」を派遣した国家権力自体が特別に強大だったのでもない。政治史というのは、そういうように読み取らねばならぬものだと思う。

それでは、「豪猾」と称された瞷氏一族のような存在は、いつごろから成立したのだろうか。同じ「酷吏列伝」には、河内《かだい》郡太守となった王温舒が、郡中の「豪猾」を捕え、連坐するもの千余家に及んだ、という記事もある。現代語訳では「豪強で法を無視し」（筑摩書房『世界文学大系・史記』）とか「強大で法度を無視し」（平凡社『中国古典文学全集・史記』）とあるが、そういう「豪猾」の歴史的性格はどういうものか。

先年急逝された守屋美都雄氏によると、『史記』の「酷吏列伝」に見える「豪富」「豪猾」「豪暴」「豪彊」などは、「その具体的な姿から見て大体豪族のようである」と言う。ところが、秦末から漢初にかけて登場する「豪」「豪傑」「豪俠」などには、「族的集団が大きいとか、非常に富んでいるとかいう意味は含まれていない」。つまり漢の高祖劉邦のような人物は、「豪」であり「豪傑」であっても、「豪族」ではなかったことになる。

守屋氏のこの考え方は、氏の没後編集出版された『中国古代の家族と国家』（東洋史研究叢刊）に収められた「漢の高祖集団の性格について」という論文の註62（一八八～九頁）に見えるもので、もともと、西嶋定生氏が提起した、劉邦集団は当時の豪族の構造につながるという問題への反論を目指したものだった。こういう守屋氏の考えに従う限り、「豪猾」とは豪族の一種であり、それは漢初にはなくて景帝・武帝以後出現したことになる。そのことは「父老」と題する論文で、より緻密に論じられている。すなわち、「父老」が輿論を代表して秩序が保たれていた里《り》が崩壊・変貌するにつれて、父老のボス化現象が起り、豪族的存在が出現したというのである。

守屋氏の史料の扱い方の厳密さは、定評のあったところである。ところが、その史料への密着が、ここではかえって盲点を生んでいはしないか。「豪」「豪俠」などの用語を、「豪猾」と安易に混同することを戒めることは、たしかに有用である。しかしそのことは、「豪」「豪俠」の用語がしきりと現われる秦末から漢初の時期に、「豪猾」的なものが全く存在しなかったこととイコールではあるまい。「豪猾」が景帝・武帝頃に登場するのは、地域社会の土豪問題が中央の国家権力にとって重大な課題となって来たことの反映であって、土豪そのものがこの時期に突如出現したのではあるまい。史料に書かれたことは存在する、史料に書かれていないことは存在しない、という形式合理的実証主義の陥《おと》し穴がここにはあるように思う。

「父老」も「豪猾」も、実は同じ楯の両面だったのではないか、というのが私の想定である。手短かに言えば、戦国期に形成された里という村落社会の内部に、小農民と対抗しつつ土豪が登場した。彼らは戦国の国家権力成長の重要な基盤である反面、必ずしも戦国国家の管理方式に掌握されつくさぬ自主的な性格をもつ。秦・漢の統一国家においても、事情は同じだったのではないか。前者の協力的機能を果たす場合には、国家は彼らに「父老」の尊称を与え、三老として官吏の末端に加えたりもする。しかし国家の期待せぬ後者の側面を拡大するときは、彼らは「兼并豪党の徒」とか「豪猾」と非難され、弾圧されることになる。「父老」と「豪猾」が分かれるのは国家権力の立場からのことであって、彼ら自身には関わりのないことだったのではないか。

これはもとより、私の想定である。しかし「父老」は、民主的な里の秩序の維持者で、「豪猾」はそれの攪乱者・圧制者である、というような史料に単純に依存した発想で、秦・漢の政治史を勧善懲悪式に理解する弊風は、もうここらで清算すべきだろう。史料の背後の構造への洞察もなしに、徒らに史料の文字を精密に分析することは、一見実証的と見えて、実は史料自体の権力的発想に麻痺し埋没する道をたどることになる。

歴史研究は、過去の史料とのつき合いの如くだが、実は最もきびしく現実認識の姿勢と関わり合って来るのである。

# 4　司馬遷・征和二年秋

## 一

避暑のため甘泉の離宮にいた武帝のもとに、長安からの早馬が着いた。丞相劉屈氂《りゅうくつり》の急使である。巫蠱《ふこ》の摘発にあたっていた江充《こうじゅう》が、太子劉拠《りゅうきょ》に捕えられ、同じく韓説《かんえつ》も殺されたという。

——丞相はどうしておるか。

——あわててお逃げになるさいに、印綬を失くされました。まだこの事態を公表されず、兵を発そうとはされませせぬ。

——ここまで問題がこじれたのに公表せぬとは何事だ。その昔、周公でさえも、謀反をはかった弟の管叔《かんしゅく》・蔡叔《さいしゅく》を誅したではないか。

江充の助手だった章贛《しょうこう》が、傷を負いながら逃げ帰って来て、状況はいっそう明らかになる。江充を捕えた太子は、母親の衛皇后に事態の急変を告げ、武庫の兵器と長楽宮の禁衛軍を動員して、百官に対して「江充反す」と布告し、江充を殺し、その手先となっていた胡人の巫《みこ》を上林苑で火焙りにしたという。

怒った武帝は、丞相に指令を送る。

——牛車を櫓に組んで陣をつくり、兵器類はあまり用いるな。怪我人が多く出ないように。ただ城門は堅く鎖《とざ》して、謀反人を一人も出すな。

時に武帝は六十六歳。武帝が留守中の長安で反を謀った形になってしまった太子は、三十八歳である。

実の父と子との間に決裂を招いた直接の導因は、江充の画策のためらしい。江充は、密事の告発で忠直の評判を立て、出世して来た人物だった。六十歳を過ぎて健康のすぐれぬ武帝を見て、江充は考えた。ここで武帝が死ねば、自分と仲の善くない太子に殺されるに相違ない。

そこで、武帝の病気は、誰かが桐の人形を地面に埋めて詛《のろ》っているからだ、と焚きつけ、自分がその摘発役を買って出た。これが巫蠱《ふこ》事件といわれるものである。

江充は胡人の巫を先導にして、怪しそうだという所を掘り返しては容疑者を捏《でっ》ちあげ、拷問で自白を強制した。連坐する者、数万人に及んだという。

しかし江充の真の狙いは、太子に在る。彼は武帝に進言する。

――宮中にも蠱《こ》の気配がございます。陛下の御病気が癒らぬのは、そのためでございましょう。

そこで、後宮の寵愛の薄い夫人から始めて、皇后の居室まで掘り、最後に太子の宮殿を掘ったところ、出て来た、桐の人形が。胡人の巫が前もって埋めておいたものであることは、明白である。

窮地に陥った太子は、少傅《しょうふ》の石徳《せきとく》と相談した結果、先手を打って江充を捕えてしまえ、ということになった。かくて太子は布告を発する。

――帝は甘泉に在りて病困す。疑ふらくは変あり、姦臣、乱をなさんと欲す。

一方、丞相に指令を発した武帝は、甘泉宮から都に戻り、長安城の西郊に在った建章宮に入った。そして近県の兵を徴して、丞相に将軍も兼ねさせた。太子側が動員しようとしていた長水・宣曲に駐屯する胡騎軍団も、侍郎の莽通《もうつう》の働きで味方につけた。太子の側が漢の赤旗を用いたので、莽通の軍は、赤旗の上に黄色の房をつけて区別したという。

太子は、都城防衛の主力軍である北軍を味方につけようとして、司令官の任安《じんあん》に指令書を渡した。

しかし任安は、これに応ぜず、やむなく長安の四つの市の人々を駆り出して数万人を集めた。

かくて太子の軍と丞相劉屈氂の率いる軍とは、長楽宮の西方で五日間にわたる激戦を続け、死者は数万に達する。そのうち、「太子が反したのだ」という噂が強まって、丞相側が優勢になり、ついに太子は東南の覆盎門《ふくおうもん》から脱出した。

脱走した太子は、胡県の泉鳩里《せんきゆうり》のある靴職人の家に匿まわれたが、二十日ほどたって発覚する。召捕りの役人に囲まれた太子は、首を縊って自殺し、男の子二人も同時に殺された。戸を蹴破って飛び込んだ張富昌と、太子を縄から抱き下ろした李寿の二人は、列侯に封ぜられた。

太子の諡《おくりな》は、「あやまちを改めぬ」という意味の戻太子《れいたいし》とされ、生母の衛皇后は廃されて、自殺を命ぜられた。

紀元前九一年、武帝の年号でいえば、征和二年七月から八月にかけての事件だった。

二

以上の経過は、主として『漢書』の「戻太子伝」や「劉屈氂伝」・「江充伝」に語られている。『史記』には、ほとんど関連記事はない。しかしこの巫蠱事件の時に、司馬遷はまだ存命中だったと思われる。

司馬遷の生まれた年については、紀元前一四五年とするのと、紀元前一三五年とするのと、二通りの伝えがある。仮《かり》に後者の説をとると、この年、彼は四十五歳だったことになる。

老皇帝と中年の太子との間の、父子骨肉の争いを、司馬遷はどのような眼で見ていたろうか。

そのころの彼の立場は、宦官の中書令として、武帝の側近に侍していたはずである。数年前の武帝の琅琊《ろうや》・泰山巡幸にも従っていたから、甘泉宮にも当然従って行っただろう。そして武帝とともに長安の建章宮にもどって、五日間にわたる激戦の模様を耳にしていたに違いない。

この事件について司馬遷が何を考えていたかを推測する唯一の手がかりは、事件直後の征和二年十一月に書いたと見なされる手紙である。宛名は、さきごろまでの北軍の司令官、そして今は武帝の怒りに触れて囚われの身となっている任安である。

任安はどうしてそういうことになったのか。

太子劉拠が江充を殺して戦備を整え、北軍司令官の任安に援助を要請したとき、彼は指令書を受取っただけで、門を閉じてしまった。そこで太子はやむなく、四市の人々を動員したのだが、この任安の去就が、その後の戦況に大きく影響したであろうことは、想像に余りある。

どうして任安は太子に協力しなかったのか。

司馬遷の友人で、任安とも仲のよい同僚だった田仁《でんじん》という人物がいる。この事件の際、田仁は丞相司直という地位にあって、戦場となった長楽宮に近い覆盎門《ふくおうもん》の警備に当たっていた。「謀反人は一人も出すな」という武帝の指令も届いていたはずである。

ところが田仁は、戦況不利となって逃げて来た太子を、覆盎門を通して城外へ逃してやった。武帝と太子という、父子骨肉間の争いには介入したくない、というのがその考えだったようである。

田仁の考えは、友人任安の考えでもあり、また、さらに司馬遷の考えでもあったのではないか。

史上、権力をめぐって父子の間で血が流された例は、いくらもある。最も代表的なのは、春秋時代の衛の太子蒯聵《かいがい》と、その子輒《ちょう》との対立である。

太子蒯聵が、父の霊公の夫人南子《なんし》と仲が悪くなって亡命したあと、衛ではその子の輒が霊公をついで即位した。蒯聵は晋の援助を受けて復帰を謀り、激戦の末に、わが子を追い出して衛の君となった。

その前後に、魯から亡命していた孔子が衛に立ち寄っていた。孔子は、子として国内にいる君と、政敵として国外にある父とのどちらを支持するだろうか。弟子だけでなく一般に関心を持たれた問題だった。

明敏な子貢が代表して孔子にたずねる。

――伯夷・叔斉は、いかなる人物でしょうか。

――古《いにしえ》の賢人である。

孤竹君《こちくくん》の位を兄弟で譲りあい、ついに首陽山に隠れて、ワラビを食べて餓死した、と伝えられる人物である。

――あとになって怨んだでしょうか。

子貢の重ねての問に対して、孔子はこう答えた。

――仁を求めて仁を得たり。又何をか怨みんや。

子貢はその答で、孔子に衛君を支持する意思のないことを悟ったという。

権力をめぐって、子が父に逆らい、父が子を外から攻める、という最も忌むべき事態が、歴史上の物語としてではなく、現に目前に起こったのだ。任安や田仁は、判断を迫られる。父につくか、子につくか。

二人は結局、どちらにも加担せぬ態度を択んだ。

しかし二人にとって不幸なことは、春秋時代に諸国を流寓した孔子とは、彼らの生きた武帝という時代も、彼らの官僚としての地位も、まったく事情が異なっているということだった。

巫蠱事件が太子側の惨敗に終った時点で、論功行賞と責任追及が始まる。侍郎の莽通らは、功によって列侯に封ぜられる。一方、太子の賓客や附従して兵を挙げた者は、「反法」で一族死刑にされたり、敦煌郡に流される。

そして田仁は、太子を城門から脱出させた責任を問われて逮捕され、それを弁護した御史大夫の暴勝之《ぼくしょうし》も自殺する。任安にも、実は太子に心を寄せていたのだと告発する部下が現われる。武帝は「二心を抱く者」と怒り、任安は逮捕された。

三

司馬遷は、獄中の任安に宛てて返書を書き始める。

もっと早く返書をさしあげるべきでしたが、天子の巡幸のお供をしたり、その上私事にとりまぎれておりました。以前にお目にかかった際も、ゆっくりお話しするひまがありませんでしたが、今回あなたは思いもかけぬ罪に問われ、判決の下るのも、もう間近です。私は近いうちに、また天子のお供で雍《よう》の離宮に行くことになっており、お目にかかれなくなってしまう恐れもあります。そうなっては、私の胸中の憤懣を誰にも打明けられなくなりますし、返書をもらえなかったあなたの恨みも残りましょう。どうか、つまらぬくりごとを述べさせていただきたい。長い間返書をさしあげなかったことは、どうかお咎《とが》めにならないでください。

はじめ任安が司馬遷にどういう手紙を書いたかは、司馬遷の返書を通じて推測できる。宮刑の後、宦官として武帝の側近に仕えるようになった司馬遷に、天下の人材を武帝に推薦する仕事の意義を説いたものだったらしい。むろん刑余の人となった友人司馬遷への労《いたわ》りの心を籠《こ》めて、である。

その手紙を受けてから、長い間、司馬遷は返書が書けなかった。彼が宦官となった年を天漢三年（紀元前九八）とし、この返書を書いた年を征和二年（前九一）とすると、その間、最大限に見て七年という歳月が流れている。

武帝の巡幸のお供をして巡っていたにしても、手紙の一つや二つ書く隙が無いとは思えない。返書に言う「私事」とは、太史令だった時期以来の、家業としての『史記』編述の仕事を指すのだろうが、それだとて、友人への手紙を書く時間の余裕までも奪うものとは考えられない。

司馬遷が書かなかったのは、書けば必ず心の傷に触れざるを得なかったからに相違ない。友人以外に心の傷を語り合える相手はいないが、語れば愚痴になる。

その友人任安が、「思いもかけぬ罪」に問われた。「二心を抱く者」という罪状である。北軍の司令官として、表面は太子の呼びかけに応じなかったが、実は太子と気脈を通じていた、というわけである。

司馬遷には、巫蠱事件に際して友人の田仁や任安のとった態度の意味が、痛いほどよくわかる。それなのに、二人は武帝の怒りを買って逮捕され、死刑は免れがたい情勢にある。

だが、武帝の宦官である司馬遷に、何が出来るか。かつて太史令だった時期なら、武帝の召問に応じて、政治上の意見を述べる立場もあった。しかし宦官である現在、それはあり得ない。

彼に残された表現の道は、獄中の友人任安に返書を書くという行為であった。武帝側近の中書令が、武帝への反逆者として逮捕された人物に手紙を送ることの危険を、司馬遷が察知していなかったはずはない。まかり間違えば、こんどこそ死刑である。そこまで行かなくても、武帝の不興は目に見えている。にもかかわらず、彼は任安への返書の筆を執る。

この難解な手紙全体の趣旨については、いろいろな解釈が加えられている。ここで書かないと、『史記』編述の意図を語る相手が永久になくなってしまうので、死ぬ直前の友人任安に真意を洩らしたのだ、とか、自分が刑罰に遭った恥辱を語ることによって、任安に獄中で自決せよとほのめかしたのだ、とか。なるほどと思う点もあるが、少々穿《うが》ちすぎた感もないではない。

むしろ司馬遷の本質は、この危険な時期に、危険な相手に敢えて手紙を送る、無謀とも言うべき行動の仕方に現われているのではないか。七年前に、匈奴に捕われた李陵を、彼独《ひと》りが弁護した時も、状況は全く同じだった。

四

司馬遷の生い立ちは、『史記』末尾の「太史公自序」にくわしい。左馮翊《さひょうよく》に属する夏陽県に生まれた彼は、武帝の寿陵である茂陵《もりょう》に町が造られるとともに、籍をそちらに移した。父司馬談が漢の役人として出仕し、太史令となったのも、同じ頃だったらしい。太史令という官職は、天文や暦を整理・調査するのが仕事である。したがって、宮廷附属の書庫に立ち入る便宜も与えられ、直接管掌する以外の記録・文書を見る機会にも恵まれていた。

そういう環境の中で司馬談は、歴史始まって以来この漢の武帝の大御代に至るまでの通史を、司馬氏一家の事業としてまとめる志を抱くようになった。彼には、どんな時代も、人間も、思想も、それぞれ価値をもちつつ、ある大きな統一を実現するのに役立つという、楽観的な歴史観が底流にあったように思われる。それは、彼が育った文帝・景帝時代という、安定と発展に向かいつつある時代の産物だろう。

司馬談は、一人息子の遷に家業完成の望みを託した。十歳の時から難解な文字の読み方を教え、二十歳になると、長江方面から山東方面にかけて大規模な旅行を経験させた。

ところが元封元年（前一一〇）、彼自身も調査・立案したと思われる泰山で行なわれるはずの封禅《ほうぜん》の儀式に、何かの事情で参加できなくなった。そのことで「憤《いきどお》りを発した」とあるから、単なる病気ではないかもしれない。

命を受けて四川方面を視察していた司馬遷は、洛陽に戻って、父の臨終に間に合う。そして父から、やがて太史令となっても、家業の通史完成のことを忘れるなよ、という遺嘱を受ける。父も泣き、子も泣いた、と「太史公自序」は述べている。

元封三年に二十八歳で太史令となった初仕事は、五年後の暦法改正に向けての準備だった。この改暦の結果、太初元年（前一〇四）から、それまで十月が一年の始めとされていたのが、正月歳首《さいしゅ》となった。のみならず、漢を五行のうち土徳の王朝とすることから祭祀の方法に至るまで、大変革が断行された。太史令の仕事は相当に激務だったに相違ない。

改暦事業が一段落してから、司馬遷は父の遺嘱を受けた家業の方にも時間を割く余裕ができたと思われる。

しかし、武帝という統一の大御代に、一官僚の身分で、「一家の言」を任務の傍ら綴るという生活は、事なかれ主義で妻子を養うのに汲々としている官僚社会には、なかなか理解されることではなかった。

改暦のときの上司だった壺遂《こすい》は、孔子が『春秋』を書いた精神に則って「一家の言」を立てようとしている司馬遷に、忠告気味に質問する。

孔子の時代は、上に明君なく、下は人材が用いられなかったので、『春秋』を著わし、道義によって厳正な批判を下す必要があった。しかし今は、上に英明な天子が居られ、下は万事うまくいっているではないか。あなたは何を明らかにするために論じようとなさるのか。

これに対して司馬遷は、「唯唯《はいはい》、否否《いいえ》」と曖昧な返辞をする。そして孔子の『春秋』だとて、批判ばかりしているわけではない、天子・功臣・賢大夫の偉業を明らかにすることが、父親から命ぜられた仕事なのだ、と弁明する。

武帝時代の異端ではない、と司馬遷は弁明するが、司馬氏の「一家の言」を続ければ続けるほど、彼の座標は周囲の役人たちから離れて行く。「身を全うし妻子を保たん」として、役人たちは時代とともに動くが、司馬遷は動けぬ。動く時代と人物を全体として捉えることが、彼の家業だからだ。

武帝に向かって李陵を弁護した行動は、「一家の言」を成さんとしている三十八歳の司馬遷にとって、いわば自然の呼び声に応じたものと言えるだろう。それを軽はずみ、出しゃばり、と考えるのは、彼の仕事の重味を理解せぬ者である。李陵を弁護しなければ、「一家の言」は完結しないのだ。

李陵弁護によって、司馬遷は初めて司馬遷になった。『史記』が『史記』たる所以も、またここにある。

## 五

任安への返書は、司馬遷と李陵との交際について回顧する。

私は李陵と同僚であったことはありますが、格別親しかったわけではありません。任務も別々だったので、酒をくみかわして慇懃を通じ合ったこともありません。しかし彼の人物を観察すると、親には孝、士には信あり、財物には欲がなく、人には謙遜で、身を捨てて国家の急務に赴く覚悟があります。私は、李陵には国士の風がある、と思っていました。

その李陵が、天漢二年（前九九）匈奴に降った。歩兵だけを率いて出撃した李陵の軍隊が、匈奴の単于《ぜんう》の大軍に囲まれて大敗したことには、武帝や大臣は憂慮しただけだった。ところが、李陵が捕われて生きていることがわかると、宮廷の空気は一変した。口を揃えて、李陵への非難攻撃が始まる。

人臣たる者、万死に一生の保証もない作戦に従って、国家の危難を救おうとすることは、りっぱと申すべきでしょう。しかるに一度失敗があったからといって、身を全うし妻子を養うことしか考えぬ役人が、調子に乗って李陵の欠点をあれこれ吹聴する。私は心中、痛憤に堪えませんでした。

そこで武帝から召問を受けた機会に、司馬遷は自分の意見を述べる。「李陵は、兵士たちと苦楽をともにし、その死力を尽くさせる人物です。彼の祖父の李広《りこう》将軍も及ばぬほどです。たとえ捕虜となっても、彼の真意は、その失敗を償うことをやって漢に報いようとするのでしょう。敗戦の責任は弁解しようがありませんが、匈奴を恐れさせた功績は天下に明示するに足りましょう」。

ところが、この李陵の功罪に関する客観的な評価が、武帝を怒らせた。李陵と同時に出撃した本隊の貳師《じし》将軍李広利の功を阻《はば》み、友人李陵のために游説《ゆうぜい》するもの、と思われてしまったのである。獄吏に引渡されて審理の結果、天子を誣《し》いる者として宮刑。家に財産が無いために保釈金を積むことも出来ず、友人知己、誰もこの危険な人物の弁護を買って出てくれない。

手枷《てかせ》足枷をつけられ、肌をさらして笞を受け、牢獄の中に放りこまれる。そんな時には、獄吏を見れば頭を地面にすりつけ、牢番の非人の姿にもびくびくするものです。こうなりながら、「俺は辱しめを受けておらぬ」と言う者は、あつかましい人間です。貴ぶにはあたらない。

獄に繫がれた時の司馬遷の孤独・屈辱感は、それを体験した者でないと理解できぬものかもしれない。取調べで笞打たれてしまうと、自決する勇気も消えてしまう。「刑は大夫に及ぼさぬ」といわれる意味がよくわかったと、司馬遷は奈落の底で呻きながら洩らすのである。

宮刑後、宦官の中書令となって、労《いたわ》りの手紙を任安から受け取ったとしても、司馬遷の心に湧き上がるものがあったはずはない。返書が書けないのは当然だろう。

彼は死ねなかった自分を反省する。あの時死ねなかった以上、いま死んでも意味はない。でも、生き続けることは、屈辱感を日々蒸し返して生きることでしかない。

昔、衛の霊公が夫人の南子《なんし》と同じ馬車に乗り、宦官の雍渠《ようきょ》も陪乗させ、随行車に孔子を乗せて市場を巡った。孔子は、「吾未だ徳を好むこと色を好むが如き者を見ず」と言い捨てて、衛を立ち去った。「孔子世家」のこの条を記し、読み返すたびに司馬遷は、自分も宦官であることに腸《はらわた》が捩《ね》じくり返る。商鞅が秦の孝公に謁するときに、宦官の寵臣景監《けいかん》の紹介を利用したことを趙良が批判した「商君列伝」の部分についても、司馬遷は平静ではありえない。宦官という文字、宦官は士人ではないという文章を読むたびに、一思いに死にたくなる。

しかし宦官には、自殺も許されない。死によって名誉が回復される見込みは全くないからだ。

## 六

司馬遷にとって命取りともなりかねない返書を、獄中の任安に宛てて彼はさらに書き続ける。

私は不幸にして、早く両親を失い、兄弟もなく、独身孤立の状態です。あなたもまさか、私が妻子のために生きながらえているとは思われぬでしょう。それに、勇者とて節に死するとは限りませんし、臆病者だとて、義に目ざめて励まぬとは限りません。私は怯懦で命を惜む者ですが、それでも進退去就の分ぐらいは心得ております。なんで牢獄で縄目の恥を忍んでまで生きながらえましょうか。奴婢のたぐいでも、窮まれば自殺します。まして已《や》むに已まれなかった私のこと。それなのに隠忍して生きながらえ、不潔な境涯の中に閉じこめられても我慢しているわけはと言えば、心中言い尽くせぬことがまだあるからです。このまま死んでしまっては、文章が後世に伝わらないのが無念だからです。

しかし考えてみれば、古来、名作とされた文章は、欝屈した境遇に陥った人物が、往事に託して未来に訴えたものではなかったか。周の文王は殷の紂《ちゆう》王に拘留されて、『易』の六十四卦を作った。孔子は流浪中に各地で災難に遭って、『春秋』を作った。楚の屈原は讒言によって放逐されて、「離騒《りそう》」

をうたった。左丘《さきゆう》は失明して『国語』を著わし、孫子は脚を斬られて兵法を工夫した。呂不韋《りよふい》は秦の始皇帝によって蜀に追放されたが、世には『呂氏春秋』が伝わっている。韓非も秦で囚えられ殺されたが、「説難《ぜいなん》」「孤憤《こふん》」の名篇は残っている。『詩経』三百篇も、もともと聖賢が憤りを発して作られたものではないか。

私も不遜ながら、無能の言いわけまでに、天下の散逸した旧聞を拾い集め、事実をしらべ、前後をまとめ、成功・失敗の理由を考えて、上は黄帝から下は現在に至るまでを、「表」十、「本紀」十二、「書」八、「世家」三十、「列伝」七十、計百三十篇としました。これによって、人間の運命や時勢の変化について、一家の言を成さんとしたわけです。完成しきらぬうちに李陵事件に出くわしてしまいましたが、このまま未完成に終るのは残念です。それで、宮刑に処せられても、怨む気持はありません。もしこの書物が完成されて、然るべき人々に伝えることができたなら、私のこれまでの恥辱は償われるでしょう。それから重ねて刑罰を受けようとも、悔いることはありますまい。ただ、このことは、智者には打明けられても、俗人には説明しにくいことです。

この返書が、無事に宛先の任安のもとに届いたかどうか、証拠はない。現在『漢書』の「司馬遷伝」と『文選《もんぜん》』とに収められているこの返書が本物だとしたら、役人の誰かが、途中でか、任安の処刑後かに手に入れて、保管したのだろう。

あるいは、「重ねて刑罰を受けようとも、悔いることはない」という司馬遷の予感は、早いうちに適中したのかもしれない。なぜなら、この返書を最後として、司馬遷の消息は闇中に鎖《とざ》されてしまうからだ。

だとすれば、獄中の任安に宛てたこの返書は、汚辱に沈淪《ちんりん》した宦官の生活から、司馬遷を平安な死へと脱出させる手助けをしたことになる。しかし、そのことを証する痕跡は何もない。

## 七

巫蠱事件の余震はまだ続く。

翌征和三年には、丞相の劉屈氂が、貳師将軍李広利と相談して、李広利の妹の李夫人が生んだ昌邑王劉髆《りゅうはく》を太子にしようとしたことが告発され、丞相一家は全員死刑となる。李広利は出撃したまま匈奴に降服し、その妻子一族も滅亡する。

劉屈氂に替わって田千秋《でんせんしゅう》が丞相になったころから、戻太子の名誉回復がはかられ、時勢は逆流し始める。武帝は亡き太子のために思子宮《ししきゅう》をつくり、死んだ湖県には帰来望思《きらいぼうし》之台をつくる。巫蠱の摘発に当たった江充の家族を改めて死刑にし、助手の蘇文を焚き殺し、太子を召捕りに行って刃を加えた者を死刑にする。

戻太子の霊は浮かばれたかもしれぬが、齢七十に近い武帝の迷いは、ますます深まる。李姫《りき》の生んだ燕王劉旦《りゅうたん》が太子の地位を望んでいるという噂も、武帝には気に入らない。皆が自分の死を待っている、という疑惑にとらえられる。

後元二年（前八七）二月丁卯の日、行幸先の盩厔《ちゅうしつ》県の五作宮《ごさくきゅう》で武帝は死んだ。死の二日前、拳夫人の生んだ八歳の劉弗陵《りゅうふつりょう》が太子に指名されたが、それが果たして武帝の本意であったか疑わしい。

少年の天子弗陵、つまり昭帝を輔導せよとの遺詔を受けたと称したのは、霍光《かくこう》・金日磾《きんじつてい》・上官桀《じょうかんけつ》の三人だった。丞相の田千秋と、御史大夫の桑弘羊《そうこうよう》が、これに協力する形をとる。

かくて余震は地鳴りを伴い始める。

## 5　匹夫の俠

『史記』游俠列伝は、朱家《しゅか》・劇孟《げきもう》・郭解《かくかい》ら「匹夫の俠」の行跡を、「当世の法網を犯しはしても、その私義は廉潔退譲で、称賛にあたいする」と評価し、その反面、仲間や一族がグルになって金を蓄え、貧者や弱者をいじめる「暴豪の徒」を人間の屑であると批判して、両者を同類視する世間の誤解に対して、悲憤を洩らしている。

この司馬遷の見方に関して、かつて増淵龍夫氏は批判を加えたことがあった。「廉潔退譲」なはずの郭解が軹《し》県から茂陵に徙されるに際して、千余万銭もの餞別を贈られていることは、彼が裏では富人層と結ばれていたことを推察させる。また睚眦《がいさい》の怨恨で人に復讎したと言われていることは、敵対者にとって彼が恐るべき秩序破壊者だったことを意味する。そういう「暴豪の徒」と共通する点をとりあげずに、個人倫理の面でのみ郭解を「廉潔退譲」と評価したところに司馬遷の限界がある――というのが増淵氏の批判の主旨であった。(1)

「匹夫の俠」と「暴豪の徒」とが通底する点を増淵氏が指摘したのは妥当である。ただし、それにもかかわらず、司馬遷がなぜ「匹夫の俠」をあれほど頌揚したのかという点になると、それを単に彼が個人倫理の面しか眼中になかったことに帰するだけでは不十分な気がする。司馬遷自身の言葉によると、朱家・郭解らをここで記し止めておかないと、秦以前（にも居たはず）の「匹夫の俠」と同様に、その名が湮滅してしまう虞《おそ》れがある、と言っている。それは単なる彼個人の杞憂だろうか。「廉潔退譲」な「匹夫の俠」の場合には、放置しておくと湮滅してしまいがちな、何らかの特殊な状況があったからではないか。

問題は、「匹夫の俠」の集団に、「豪暴の徒」と共通する面と同時に、それには見られない点が果たしてあったかどうかにかかって来る。以下はそのことを考えるための初歩的な検討である。

*

魯の大俠朱家については、游俠列伝よりもむしろ季布《きふ》欒布《らんぷ》列伝の方に具体的な記述がある。季布は楚の人で任俠で名を知られ、項羽の部将として漢王劉邦をしばしば苦しめたことがあったために、漢の天下となってからは千金の賞金つきのお尋ね者とされ、季布を匿まえば三族刑に処するという布告が出された。季布はしばらく漢陽の周氏のもとに潜んでいたが、漢の追究の手が及んで来たので、周氏は季布を奴隷の姿に変えて、魯の朱家のもとへ送り込んだ。

周氏のところから広柳車に詰め込んで売られて来た数十人の奴隷の中に、お尋ね者の季布が含まれていることを朱家は「心に知った」(2)が、黙って買い取って家に置く。そして洛陽に出かけ、劉邦の信任のあつい汝陰侯夏侯嬰《かこうえい》を訪ねて、酒席の間にそれとなく「賢者」の季布を罪人として追究することの非を説く。夏侯嬰は朱家が季布を匿まっていることを「心に知り」、劉邦に進言して、ほどなく季布の赦免が布告された。

この逸話に見られる朱家は、まさに法を犯して政治犯を匿まい、その「私義」によって季布赦免の運動をする「匹夫の俠」そのものである。游俠列伝には「蔵活する所の豪士、百を以て数ふ」とあるから、季布はその一例に過ぎなかったであろう。しかも季布がのちに漢の政府で出世すると、朱家は徳とされるのを避けて彼に終身会おうとしなかったという。

司馬遷の筆によって幸いにも湮滅を免れた魯の大俠朱家にまつわる話の中で、一つ注目されるのは、彼が広柳車に詰め込んだ奴隷数十人を漢陽の周氏から買い取ったという一件である。それは彼が奴隷取引を含む運輸業にかかわっていたことを示すからである。そしてそれはまた第二の「匹夫の俠」劇孟の場合にも関係して来る。

洛陽の游俠劇孟についても、司馬遷は游俠列伝以外に呉王濞列伝の方でやや詳しく述べている。呉・楚七国が漢の中央政府に対して挙兵した時、呉の桓将軍は「洛陽を急襲して武庫を奪い、敖倉《ごうそう》の食糧を確保すべし」と主張したが、呉王劉濞《りゅうひ》はその策を退け、梁の包囲攻撃に時日を費した。そのうちに後方の糧道を攪乱されて呉・楚軍は自滅してしまうのだが、この漢の側の作戦を指揮したのは大尉周亜夫《しゅうあふ》であった。この作戦が、洛陽の劇孟の協力を得たことによるのは疑いない。呉・楚の挙兵を聞いて周亜夫は洛陽に急行し、呉・楚側がまだ劇孟を味方につけていないことを知って、「一敵国を得るがごとく」喜んだという。

この話は、劇孟が洛陽から梁・楚方面にかけての運輸業に深いかかわりをもっていたことを示している。おそらく彼は、同方面の水陸運輸の元締め役の地位にあったのだろう。運輸業や行商は一般に「丈夫の賤行」と蔑視されていたが、車や船で食糧や物資を運ばぬことには、如何なる大軍も役に立たぬことは古今変わりがない。運輸業者が「匹夫の俠」たる劇孟の指令で漢の側についたために、呉・楚軍はあっけなく潰散してしまったのである。

水陸の運輸業の発達と游俠の存在とは深いかかわりがあるように見える。物資を安全に遠方の目的地に送り届け、そこで売り捌くためには、広い地域にわたって顔の利く人物の紹介と保護が必要なはずである。「鄭荘《ていそう》行くに、千里、糧を齎《もたら》さず」(3)と称された鄭当時《ていとうじ》のような、「梁・楚の間」に名の響く任俠の士が登場するのもそのためであろう。たとえその名声が看板だけであっても差支えはない。要はそういう顔の広い人物の保証によって、遠隔地間の取引が安全に行なわれればよいのである。

漢陽・魯と言い、洛陽と言い、みな当時の交通の要衝であった。游俠列伝の主役郭解の原籍地である軹《し》も、温とともに、西北は王屋山を越えて汾水流域へ、東北は太行山麓沿いに趙・中山へと延びる陸路の要衝に当たっていた。(4)河南と山西・陝西を結ぶ線上の軹を拠点として、郭解は同じく游俠だった父の代から運輸業の元締め役をつとめていた可能性がある。そういう地位に在ったればこそ、軹から茂陵に籍を移されることになった時、将軍衛青が武帝に進言して、彼を遷徙の対象から外すことを頼んだりしたのである。衛青は身近に賓客を近づけなかった人物であった。その彼がわざわざ郭解のために口を利いたということは、対匈奴軍事作戦に伴う兵員・物資の輸送に関して、郭解が大きな影響力をもっていたことを示すものではないか。(5)

＊

游俠列伝の言う「匹夫の俠」たちを、こうした運輸業者の元締め役と仮定してみると、そこに伝えられる郭解個人およびその集団の行動様式が、比較的すんなりと理解できるように思える。

郭解も若い頃は執念深くて、腹を立てると意趣返しに相手を殺し、しばしば人に替わって仇を討ったりした。追剥ぎ、墓荒し、贋金づくりと、游俠が手を染める悪事は一通りやったらしい。ところが年を取るにつれて、怒りを抑えて我慢するようになり、怨みに報いるに徳を以てするようになった。これは彼の人柄が変わったのではなくて、集団の責任者となったことが若気の無分別を抑制させたと見るべきであろう。もっともそういう抑制のできる素質がなかったら、彼が集団の長に浮かび上ることはなかったであろうが。

しかし郭解本人は変わっても、集団末端の客たちは、むかし彼がやったのと同じ行状を繰り返している。郭解に恥をかかせた（と彼らが判断した）男が居れば、郭解に無断でその男を殺したりする。こういう行為を、郭解自身が人を殺すよりも重大な犯罪だ、と御史大夫公孫弘《こうそんこう》は告発して、「大逆無道」罪で彼を族刑に処することになる。が、それはむしろ郭解集団の緊密な結束力に対する政府側の脅威のあらわれであった。

例えば次のようなことがあったという。郭解の姉の子に、郭解の権勢をたのんで人に酒を無理強《じ》いする者がいた。辱められた相手は、怒って姉の子を斬り殺し、逃亡した。姉は怒って、郭解に殺人者を探し出せ、と迫る。ひそかに呼び戻したその男に事情を聞いてみると、姉の子の方に非がある。そこでその男を釈放した。——この話から連想されるのは、墨者集団の鉅子（主領）腹䵍《ふくとん》が、人を殺したわが子を「墨子の法」によって処刑した話である[6]。それは集団の結束力の強さとともに、その行動の自主性の高さを示唆している。

たしかに「匹夫の俠」郭解の判断は公正であった。游俠列伝はこう述べている。「よその郡国に出かけて人から依頼を受けた場合、彼自身が納得したことには骨を折るが、無理だと判断したことは理由を説明して諦めさせた。そこで彼は一層重んじられた」と。相手によって判断を曲げず、内容によって諾否を決めたことが、かえって彼への信頼を増さしめたのである。「黄金百斤を得るは季布の一諾にしかず」ということは、郭解の場合にも言えた。なればこそ将軍衛青も彼のために口添えをした。劇孟に対しても、大尉周亜夫の側から頭を下げたのである。

こういう種類の自主性は、彼ら「匹夫の俠」が運輸業者の元締め役として、広範な地域に名声を保っていることと無縁ではあるまい。従ってまた彼らには、政治の世界に首を突込むことを出来るだけ避けようとする気味がある。政治的な栄達など必要としないで、彼ら自身で図太く生きて行けるという自信が裏打ちされているように思える。

むろん郭解の場合、県廷に出入していろいろ口利きはしている。その限りで政治の世界に接触はしているが、しかし自分の恩恵が表に出ることを異常なまでに避ける。こういう話がある。郭解が道を通ると誰もが隅に寄る中で、一人だけ足を投げ出して彼を眺める男がいた。すると彼は、「私の徳が至らぬためだ」と、さっそく県吏に頼んで、その男のために践更《せんこう》（兵役）免除の手続をとらせたが、それを相手に知らさぬように吏に言い含めた。それでも暫くして男は事情を知る。男は肉袒《にくたん》（肌脱ぎ）して謝罪し、郭解の名声は一層高まった。――この話はやや仕組まれすぎた感もあるが、普通なら、こうまで手の込んだ処置はとるまい。

洛陽城内の仇家同士を和解させたやり方にも、彼一流の演出がある。夜半に両家の手打ちを済ませた上で、自分は退去し、翌朝になってから洛陽の「賢大夫」が調停に成功したように取計らう。黄河を挟んで北側に在る軹《し》と、南側に在る洛陽と、それぞれの縄張りを犯さぬための配慮かもしれないが、そうした配慮の中に、単なる謙遜とは異なる一貫した立場があるように思う。調停者としての名を売ることなく、あくまで裏方としての役割に徹する不気味なまでの自信と節度がある。

そういう自信を内に秘めた「廉潔退譲」な行動様式は、戦国の四公子らのもとに群がった食客たちには見当たらぬ性質のものであった。(7) もちろん彼らの中には、会議の席上で剣を按じて楚王を脅かした平原君の客毛遂《もうすい》のような任俠的人物もいる。しかしその多くは、長剣を弾じてより手厚い待遇を求めた平原君の客馮驩《ふうかん》のように、出世と名声こそが望みであり、目的が達せられぬと見れば他の主君へと鞍替えするのが普通であった。身を捨てて趙襄子暗殺を完遂しようとした豫譲《よじょう》は例外のように見えるが、彼をそこまで衝き動かしたのは、旧主知伯《ちはく》が彼を「国士」として破格に待遇してくれたからである。荊軻が燕太子丹の依嘱に応じて秦の死地に赴いたのも、「壮士」としての名声をこの一挙に獲得しようと野心を燃やしたからである。(8)

秦・漢時代に入ると、有力者の賓客や舎人になることは最も手近な猟官運動の足場となる。秦の宰相となった呂不韋の食客三千人の中からは、秦帝国の天下統一（と崩壊）に寄与した李斯《りし》のような人物が出た。漢初に、代国の相陳豨《ちんき》や呉王劉濞・淮南王劉長らのもとに集まった賓客は、漢の中央政府の下ではうだつの上がらぬ連中であり、それが中央からは「無頼」の溜り場として警戒され、「謀反」の容疑を被せられて行くことになるのである。外戚の田蚡《でんぷん》や竇嬰《とうえい》の賓客に至っては、無遠慮な出世主義者ばかりで、権勢を恃んだ驕慢な振舞が多かった。ただ衛青だけは、衛皇后の弟という身分にありながら、意識的に「賢者」を近づけなかったという。当然のことながら、当時の衛青に対する評判は芳ばしくなかったらしい。

司馬遷が戦国四公子らの徒について、「王者の親族という身分と、有土の卿相の富とによって天下から集められた賢者には相違ないが、それは風に乗って叫べば声が遠くに届くようなものにすぎない」と言っているのは、実は上に挙げたような漢代の有力者の賓客に対する批判として読むべきではあるまいか。それこそが、仲間や一族がグルになって金を蓄え、貧者や弱者をいじめる「暴豪の徒」[9]に他ならない。それに対して「匹夫の俠」は、ひそかに閭巷に在って行ないを修め、むしろ名を磨り滅らそうとする。これではその名が湮滅するのが当然であろう。その湮滅の勢いを一本の史筆で食い止めようとしたのが司馬遷の游俠列伝であった。[10]

*

ただし「廉潔退譲」とは言っても、カスミを食って生きて行くわけには行かない。集団を維持し動かして行くためにはカネが要る。そのカネは、郭解といえども餞別千余万銭と同様に、依頼者から受け取ったに相違ない。ただ彼は、自分に納得できる場合に限り人からの依頼を引き受けたというから、その意味では「廉潔」だったと言える。

もともと特定の物事を依頼する場合に相手に「賂」や「賄」を贈ることは、春秋時代の列国間の交際では通常のことであった。[11] 濮陽の厳仲子が屠者の間に身を隠す聶政《じょうせい》を訪れて、政敵俠累《きょうるい》の暗殺を依頼した際に、老母の寿を祝うという名目で黄金百溢《いつ》を差出したのも、それと同類のことと考えてよいかもしれない。聶政はその依頼をカネとともに固辞したが、老母の死後、厳仲子の知遇に感じて俠累暗殺を実行した経緯は刺客列伝に見える。また越王句践世家には、范蠡《はんれい》の後身である陶朱公が、楚で囚われた次男の釈放依頼のために、黄金千溢を旧知の荘生のもとに届けさせた話が見える。荘生は一応そのカネを預かったが、あとで返却する心算だったという。カネは依頼者の誠意の証拠として必要だったが、カネで直接に行動を縛られる（つまり行動を売る）ことには抵抗があったのである。趙の危急を救った魯仲連《ろちゅうれん》に対して平原君は封邑を与えようとしたが、魯仲連は受けず、さらに酒宴の席で千金を贈ろうとすると魯仲連は、「人の困難を解決して謝礼を受け取れば商賈と変わりがなくなる」と言って、二度と平原君の前に現われなかった。

カネで直接取引するのは商賈のこと、任俠の士はそれとは異なるという自負は、それなりに認めねばならぬが、しかしすべての商賈は任俠と無縁だと言い切ることは正しくない。司馬遷は秦以前の「布衣の俠」の名は伝わっていないと慨歎しているが、実は春秋時代の遠距離大商人の中には、「匹夫の俠」に通じる例が一、二存在するのである。『左伝』成公三年に見える鄭の賈人の話がそれである。この賈人は、数年前の邲《ひつ》の戦で楚に捕虜にされた晋の大夫荀罃《じゅんおう》を、楚で買い付けた褚《ちょ》（綿入れ）の中に匿まって脱出させようとはかる。[12] この脱出幇助計画自体、すでに賈人のワクを超えた大胆な行動と言えるが、コトが実行に及ばぬうちに、荀罃は外交レベルの折衝で晋に帰国が許されることになった。後日、鄭の賈人が晋に商販に赴くと、荀罃は楚に囚われていた時の配慮に感謝して、賈人を好遇しようとした。ところが賈人は、「吾れ其の功無くして敢へて其の実を有《たも》たんや。吾れは小人、厚く君子を誣《し》ふべからず」と言って、斉へ立ち去った。計画を立てただけで実際には脱出を手伝わなかったのだから、虚名を受けるわけには行かない。自分は「小人」だから「君子」を騙すようなことは出来ない、というこの賈人の態度は、まさに郭解にも比すべき「廉潔退譲」の「匹夫の俠」と言ってよいではないか。

また同じく僖公三十三年に見える鄭の商人弦高《げんこう》の行動も注目に値いする。周（洛陽）へ商販に赴いた彼は、そこで鄭を奇襲しようとしている秦の軍隊に遭遇した。とっさの機転で弦高は、鞣皮《なめしがわ》四枚と牛十二頭とを鄭の国君から託《ことづか》ったと称して秦軍に献じ、「鄭では秦軍の到来を待ち構えている」と牽制する一方、遽《きょ》（早馬）をもって鄭に事の急を知らせた。[13] こうした鄭の賈人ないし商人の言動は、鄭の国君が建国以来、商人と盟誓を重ねて来たという特殊事情に由来するものかもしれないが、逆に言えば、そういう特殊事情を必要とするほどに賈人、商人の役割が鄭では重きをなしていたということでもあろう。[14] 数百年の後に、鄭に程近い陽翟《ようてき》の町から豪商呂不韋が出現するのも故なしとしない。

商と俠とは必ずしも矛盾しない。とくに遠距離大商人の場合には、取引と運輸の安全のためにそれ相応の信用が要る。任俠の名声は、むしろそうした商行為を核として形成されたと考えられる。俠あっての商であり、商あっての俠である、という言い方すら成り立つであろう。陶朱公は「人をあてにせず時に任せて」、十九年間に三度千金の財を積み、二度にわたってそれを貧しい友人や疎遠な親戚にバラ撒いたという。当時の陶は「天下の中心」であった。[15] 司馬遷は陶朱公を評して、「富んで徳を施すのを好む者」と言っている。匹夫の富者はまた「匹夫の俠」でもあったのである。呂不韋もまた、千金の財を投じて秦の公子楚を援助したところまでは俠の道をとった。しかし秦の国権の中枢に入り込みすぎたために、その名が湮滅しなかった替わりに、栄達の頂点から顛落した。まさに無名のままに埋もれた「匹夫の俠」に対しては、私はここに貧しき一文を呈することしか出来ないのである。

# 註

（1）増淵龍夫「漢代における民間秩序の構造と任俠的習俗」（同氏著『中国古代の社会と国家』弘文堂、一九六〇年所収）。とくにその九〇頁。増淵氏はまた「漢代における巫と俠」（同上書所収）で、無頼の游俠の徒が市籍をもたぬ商人や巫祝らと密接な関係をもち、有能な地方官から不逞の徒として睨まれていたこと、游俠は巫祝の民衆に対する根深い影響力を武装によって組織化していたことなどを明らかにした。

（2）夏侯嬰はもと沛郡の厩司御をつとめ、劉邦とは泗上亭で終日語り合った仲であり、身をもって劉邦の罪をかばったこともあった。また項羽との戦乱の最中に、劉邦が見捨てようとした二人の子供を何度も救助したりしている（『史記』樊酈滕灌列伝）。

（3）『史記』汲鄭列伝によると、鄭当時は張羽を危急から救って以来、「梁楚の間に」名が伝わるようになったという。呉王濞列伝によると、張羽の兄張尚は楚の相だったが、王を諫めて殺された。弟張羽はその危地を脱するのに鄭当時の助力を得たらしく、梁王劉武のもとで韓安国とともに将軍に任ぜられ、呉・楚軍の攻撃を梁の地で食い止める功を立てた。鄭当時は景帝のとき太子舎人に任ぜられ、旧友や賓客を迎えるのに、長安の四郊に駅馬を常置していたという。

（4）『史記』貨殖列伝。温・軹一帯は春秋時代には晋の「南陽」の地であり、戦国時代には秦の東方進出の「北道」に当たっていた。『史記』穰侯列伝「為陶開両道」の『正義』注に、「穰〔侯〕故封定陶。故宋及単父是陶之南道也。魏之安邑及絳是陶北道也」とある。安邑・絳をへて東方の陶へ行く「北道」は、王屋の山を越えて温・軹を経由するはずである。

（5）『史記』衛将軍驃騎列伝によれば、衛青は元光五年（前一三〇年）および元朔三年（前一二六年）に車騎将軍として匈奴に出撃し、元朔五年（前一二四年）の出撃の功によって大将軍に任ぜられ、翌年ふたたび定襄郡から出撃している。彼が郭解のために口添えしたのを游俠列伝は「衛将軍」と記しているのによれば、このことは大将軍となる以前のことと考えられる。これは郭解を「大逆無道」罪で告発した公孫弘の御史大夫在任期（前一二六〜一二四年）とも合致する。郭解死後の元狩四年（前一一九年）のことになるが、衛青・霍去病は各々五万騎の他に、「歩兵転者踵軍十万」で定襄郡から出撃したと記されている。

（6）『呂氏春秋』去私篇。この問題に関しては、増淵龍夫「戦国秦漢時代における集団の『約』について」（同氏上掲書所収）、小倉芳彦「『殺人者死、傷人者刑』について」（小倉著『中国古代政治思想研究』青木書店、一九七〇年、本著作選第三巻所収）参照。

（7）養士結客の風がすでに春秋時代から見られることについては、宮崎市定「游侠に就て」（同氏著『アジア史研究　第一』東洋史研究会、一九五七年所収）および増淵注（1）論文参照。

（8）この二人の刺客については、小倉芳彦「刺客列伝考」（小倉著『逆流と順流――わたしの中国文化論』研文出版、一九七八年、本著作選所収）参照。

（9）この「暴豪の徒」に関する游侠列伝の原文は次の通り。「至如朋党宗彊比周、設財役貧、豪暴侵淩孤弱、恣欲自快、游侠亦醜之。」

（10）日原利国氏は『春秋公羊伝の研究』（創文社、一九七六年）の「俠気と復讎」の章で、司馬遷の游侠観は『公羊伝』のそれを受けつぐものであるとしている。むろん『公羊伝』が「賢なり」として頌揚しているのは、宋の大夫仇牧（荘公十二年）、晋の大夫荀息（僖公十年）、宋の大夫孔父（桓公二年）の三人の「大夫の俠」であって、朱家・郭解のような「匹夫の俠」ではない。しかしそれぞれの主君に殉じた三人の行為の中に、『公羊伝』が「俠気」のあるべき姿を描いたと解釈できよう。なお『公羊伝』のように頌揚してはいないが、『左伝』の中にも、白公の遺命を守ってその死所を明かさず、ために葉公に殺された楚の石乞のような行為が記されている（哀公十六年）。

（11）小倉芳彦「『左伝』における賂について」（上掲註（6）著書所収）参照。

（12）褚とは『玉篇』に「以綿装曰褚」とあり、綿入れの衣をいう。ただし中国古代には木綿・草綿はなく、絲綿（絮、きぬわた）だったが、産量も少なく高価なので、一般には乱麻・蘆花・蘿葦が綿入れ用に使われた。この鄭の賈人は南方産の綿・麻・茶葦などを楚で仕入れて褚衣を作り、北方寒冷地で販売する衣料業者だったろうと郭宝鈞は述べている。同氏著『中国青銅器時代』（生活・読書・新知三聯書店、一九六三年。一九七八年第二次印刷）の第三章、とくに一二四〜五頁参照。

（13）于省吾「殷代的交通工具和馹傳制度」（『東北人民大学人文科学学報』一九五五年第二期）は、殷代にすでに乗車による「傳」「馹」および、乗馬による「遽」「駅」があったことを論証している。ただし郭宝鈞氏は、この種の駅傳制度は春秋時代に入って発達したとしている（上掲書第三章、とくに一五三〜四頁）。

（14）『左伝』昭公十六年の韓宣子に対する子産の弁論中に、商人との間の盟誓の辞が見える。この問題に関しては従来解釈が分岐しており、小島祐馬「釈富・原商」（同氏著『古代支那研究』弘文堂、一九四三年。『古代中国研究』と改題、筑摩書房、一九六八年所収）は、商人とは殷の遺民であるとする自説に関連づけ、上原淳道「鄭の東遷の事情および鄭と商人との関係」（中国古代史研究会編『中国古代の社会と文化』東京大学出版会、一九五七年所収）は、商人が「鄭の支配者」の厳重な統制下にあったことを示すものとしてこの所伝を解釈しようとしている。私は本文で述べたようにむしろ鄭の商人の自主性を間接的に伝えたものとして、この子産の口上は理解できると考えている。

（15）史念海「釈《史記・貨殖列伝》所説的〝陶為天下之中〟兼論戦国時代的経済都会」（同氏著『河山集』生活・読書・新知三聯書店、一九六三年。一九七八年第二次印刷）、鄒逸麟「論定陶的興衰與古代中原水運交通的変遷」（『中華文史論叢』第八輯、一九七八年）参照。

## 6　策と鞭

孔丘先生の一行が衛から陳へ赴く途中、匡《きょう》に立ち寄った。その時、御者を勤めていた顔刻が手に持つ「策」で、城壁の崩れた個所を指し、

「むかし私は陽虎と、あそこから匡の城内に攻め込んだ」

としゃべった。それを聞いた匡の人は、孔丘の顔が陽虎に似ていたものだから、五日間にわたって一行を拘留し、やっとのこと衛の寧武子のところへ従者をやって一行は脱出できた。これは『史記』孔子世家に見える話である。

孔子世家はさらに、この時、孔丘先生が、

「天ノ未ダ斯ノ文ヲ喪《ほろ》ボサザルヤ、匡人ソレ予《われ》ヲ如何セン」

と弟子たちに昂然と語ったとしているが、この場におけるこうした発言の不自然さについては、すでに崔述《さいじゅつ》や渡辺卓《たかし》氏らによって委曲を尽くして指摘されている。

今ここで問題にするのは、顔刻の持っていた「策」についてである。もしこれが、ふつう想像されやすい皮の鞭であったなら、城壁の崩れた個所を指そうにも、ぐにゃりとして用を足せないだろう。一定の方角を示すには、ピンと真直ぐでなければならない。

「策」については、『文物』一九八三年七期に載っている孫機「始皇陵二号銅車馬対車制研究的新啓示」に適確な説明がある。『文物』のこの号は、始皇陵の封土の西側から出土した二組の四頭立ての馬車についての「清理簡報」を柱とした特集で、カラー、グラビア、図版も鮮明豊富。なにせ全部が実物の二分の一の大きさ、金銀細工つきの青銅製で、馬具・馬車の細部までが手に取るようにわかる

のだから面白い。近く復原して、西安の兵馬俑博物舘に陳列される予定と聞く。

この「簡報」によると、馬具中に「策」一本があり、竹節状、末端に尖頭あり、長さ七四・六センチ、径〇・八〜五・五センチとあるが、「図四二」の実測図を見ると、厚さ〇・八センチ、幅二・五センチほどの平たい物指し状をなしているから、五・五センチは二・五センチの誤記ではないかと思われるがどうだろう。それとも扁平な断面の周囲の総計か。

この「策」の先端についている鉄の針（実測図によると長さ約一センチ）が「錣《てつ》」と呼ばれるもので、御者が後方から馬を突っついて駆り立てるのに使う。『説文』では「笍《てい》」とされているものである。こんな針で突っつかれては、馬もたまったものではあるまいが、『孔子家語』執轡篇には、下手な御者は銜勒《かんろん》無しで馬を御《ぎょ》そうとするから「馬必ズ傷ツキ、車必ズ敗ル」とあるのを見ると、やたら叩いたり突いたりして血だらけになる馬も稀ではなかったらしい。

しかし、こうした針のついた竹節状の「策」でなら、顔刻が「あそこから入った」と指し示すことも可能だったはずである。

*

「策」とはこうした造りの物だとして、はじめて理解できる話が『淮南子』道応訓にある。白公勝が楚王の廷から退出する際、立ち上がろうとして杖策の方に倒れ、上向きになっていた「錣」が頤《あご》に刺さった。ところが心中、謀叛のことに気を取られていた白公勝は、血が地面にまで伝わるほどだったのに、それに気がつかなかったというのである。

孫機氏はこの話を引いて、古く高誘が、

「策とは馬棰である。端に針がついて馬を刺すものを錣という。杖策に倒れ込んだので錣が頤を貫いたのである」

と注していたのが、このたびの模型の策を見てよく理解できたと述べている。この場合、なぜ錣が上向きに置かれていたかは釈然としないにしても、白公勝の負傷の状況は確かによくわかる。

孫機氏はさらに段玉裁の説に従って、中国古代においては「鞭」はもっぱら人に対して用いられ、馬には使われなかったことを述べている。これは『尚書』舜典に「鞭ヲ宮刑ト作《な》シ、扑《ぼく》を教刑ト作ス」とあるのや、『国語』魯語上の臧文仲の五刑論の中に、「薄刑ニハ鞭扑ヲ用フ」とあるのに基づくものだが、『左伝』の中にも、確かに人には「鞭」が、馬には「策」が用いられた事例がある。

人に鞭を加えた例。

斉の襄公が狩猟の途次、大豕に出くわして車から墜ち、履物を失くした。もどって徒人費《ひ》に履物を出させたところ、見つからないので、その背中を血が流れるまで鞭打った（荘公八年）。

衛の献公が師曹に命じて嬖妾に琴を教えさせたところ、師曹が嬖妾に鞭を加えたので、献公は怒り師曹を三百回鞭打った（襄公二十一年）。

孟武伯が成の邑で馬を養わせようとしたが、成の宰である公孫宿は受け入れず、孟武伯に抵抗した。成から有司が使者に赴くと、武伯はこれを鞭打ち、父孟懿子の葬儀にも参列を許さなかった（哀公十四年）。

これに対して「策」にはこんな話もある。

斉軍と戦って敗れた魯では孟子《もうし》側《そく》が殿軍を勧めたが、曲阜の城門に入る際に、矢を抽《ぬ》いて馬を策し、「馬が進まなかったために、殿《しんがり》になった」と謙遜した（哀公十一年）。この話は『論語』雍也篇にも孟之反と字《あざな》で出て来るが、そちらの方には「其ノ馬ヲ策シ」とあるだけで、矢を代用にしたことは触れられていない。矢では多分短かすぎただろうが、鏃が尖っているから「策」の代用にはなったわけである。

もっとも、馬車の操縦に「鞭」が全く用いられなかった、と断言もできぬようだ。『荀子』性悪篇には、たとえ古来の良馬でも、前に「銜轡之制」、後に「鞭策之威」あり、それに「造父《ぞうほ》之御」が加わってこそ、一日に千里行くことも可能になると、銜《はみ》・轡《くつわ》とともに鞭と策を並べている。

「鞭ノ長キト雖ドモ、馬腹ニ及バズ」

という古人の言（『左伝』宣公十五年）も、長い鞭が馬の駆使にかなり重要な役割を担っていたことを語っている。実際、鞭は馬の背中に加えられれば十分なので、腹の下側までまわる必要はなかったであろう。

*

ついでに『論語』述而篇に見える「執鞭之士」の理解のしかたに触れておく。

「富ニシテ求ム可クンバ、執鞭之士ト雖ドモ、吾亦タ之ヲ為サン。如《も》シ求ム可カラズンバ、吾ガ好ム所ニ従ハン」

文脈から言って、この「執鞭之士」が富を求める便宜の手段にはなるが、一般に賤しいとされている種類の仕事か役目と見做されていることは、先ず間違いない。では鞭を執る賤職に何があるかとなると、解釈が分かれる。

（A）『周礼』秋官の條狼氏に「鞭ヲ執リ以テ趨辟スルヲ掌ル」とあり、王や諸侯の行列に先行して、鞭で通路の人払いをする賤役である、と鄭玄は注する。

（B）同じく『周礼』地官の司市に「凡ソ市中ニハ則チ胥《しょ》、鞭度ヲ執リテ門ヲ守ル」とあり、市に入る者に対し鞭や杖を持って威圧する「胥」の仕事をそれとする。

程樹徳『論語集釈』の引く銭坫『論語後録』は、この二説を挙げて、富を求むるに便宜な点から言えば、地官司市の市門の監督の方が適しているという理由で、（B）を採る。楊伯峻『論語訳注』も、求財の点では（B）が妥当として、〝市場的守門卒〟と現代語訳している。

もっとも「富ニシテ求ム可クンバ云々」という前段は、合山《ごうやま》究氏の言う如く、後段の「吾ガ好ム所ニ従ハン」を強調するためにかりそめに言ったにすぎぬと見れば（『論語解釈の疑問と解明』）、「執鞭之士」をなにも生真面目に求富と結びつける必要はないわけで、〝そんなことはやるわけがないが、たとえ執鞭の賤役から身を立て富が手に入っても〟、と逆説的に読むことも出来よう。

劉宝楠『論語正義』は、仕えずに富むことは当時としてあり得ぬという宋翔鳳の考え（『論語発微』）を前提として、仕えてもよい時節にめぐりあったら、下士の條狼氏のような賤職にでも就こうと言ったのだ、と（A）を採る。楊樹達『論語疏証』も（A）を採り、唐満先『論語今釈』も〝拿着鞭子為大官開路的下等差役〟と訳している。

一方、わが国の『論語』解説者はどう解しているか。仁斉、徂徠ともに「執鞭之士」に関しては、賤役とするだけで具体的に述べるところはない。金谷治氏は（A）を採り、〝鞭をとる露払い（のような賤しい役目）でもわたしはつとめようが〟と訳し（岩波文庫『論語』）、宮崎市定氏も、〝私は大名行列の露払いのような恰好の悪いことでも喜んでやったでしょう〟と読む（『論語の新研究』）。

ところが吉川幸次郎氏は、〝執鞭の士、馬の別当である足軽、そうした賤しい役目でも、私は甘んじてつとめよう〟と、「馬の別当である足軽」説を展開している（朝日古典選『論語』）。これは（A）（B）どちらにも属さぬ別説だが、貝塚茂樹氏もこれに似て、〝富がもしも正当な道で手にいれられるならば、鞭をふるう御者にだって自分もなるだろう〟と釈している（世界の名著『論語』）。

さきにも述べた通り、春秋時代においては、二頭ないし四頭立ての馬車を御する者は、「策」と同時に「鞭」を用いたようだから、「執鞭之士」を〝馬の別当〟や〝鞭をふるう御者〟と解することは、全く間違っているとは言えない。ただし、かつて私が指摘したように、春秋時代においては「御」は決して「足軽」のような賤者の仕事ではなく、兵車の「御」や「右」に任ぜられることは、レッキとした士人の名誉ある役目とされていた。孔丘先生の御者を勤めていた顔刻も、決して賤役ではない。

だから述而篇のこの孔丘先生の言葉を、どうしても春秋時代における発言として読みたければ、やはり旧説通り『周礼』の（A）または（B）のどちらかに従うべきであろう。またこれをどうしても御者の賤役として読みたければ、述而篇のこの発言は、春秋時代の兵車編成法が崩れて以後、御者の仕事が賤役視されるようになった戦国時代以降に孔丘先生に仮托された話と考える他はない。

このことは、かつて考えただけで、たいして拘《こだわ》ってはいなかったのだが、最近、新島淳良氏が『論語―全訳と吟味―』という一書を著わし、その中で述而篇のこの章について、私の旧著（『中国古代政治思想研究』）の三〇八頁、〝春秋時代においては「御」は決して賤者の仕事ではない〟を引用してくれたので、思い出して採り上げた次第。

# 2 左伝を読む

## 1 左伝翻訳現況報告――「敏」について――

一

ひまを見ては『春秋左氏伝』の翻訳を進めている。

正確に言うと、ひまを作っては、と言うべきかもしれない。

だが、翻訳業に専念するならいざ知らず、その「ひま」というのがなかなか作れない。まとまった時間がとれるのは、さしあたり夏休み期間ぐらいだが、実際にはそれほど専念できぬし、なにより東京の夏は能率が悪い。しかも相手は、ひと夏やふた夏でこなせるような量・質ではない。

そこで平日の出勤前とか、翌日の授業の準備が要らない晩だとかに、一、二時間の空きを設けて、少しずつでも積み重ねて行くのを心がけるしかない。

そんな調子で、ここ五年ほどかけて、『左伝』全体の三分の二か、四分の三ほどの翻訳原稿が溜まった。四百字詰で千二、三百枚になろうか。

だから、その仕事の途中でこんなことを書いているよりも、寸時を惜しんで一枚でも多く翻訳の方を進行させたいのだが、近年、研究論文めいたものを書かなくなったことの釈明を兼ねて、この『左伝』翻訳の近況について書いておくことにした。

この仕事は自発的な意思で思い立ったのではない。一九八〇年十一月の中旬、今はまだ某書店としておくが、その編集者S氏が訪ねて来て、某文庫に『左伝』の翻訳を入れたいと思うが、翻訳をやってみる気はないか、と打診があった。計画としては文庫本四分冊程度、原文は入れず、註はなく、小見出しぐらいを附ける、という話だった。

これに対して私は、第一に自分なりに納得できる翻訳の文体が求められるか、第二に勤務や他の仕事との関係でスケジュールが調整できるか、今すぐには見当がつきかねる、と答えて、諾否の返事を年内にする、と約束した。

十一月二十五日のメモに、「左伝翻訳試案」として二カ条記されている。

一、語尾は過去形でなく、現在形で「語り物」調に。

二、『春秋』経文は訓読体で行く。

一については、その後、部分的には可能だが、全篇を一貫させるのは適切でないことがわかって来た。二については、その通りに進めている。

十二月五日、増淵龍夫氏に会って、『左伝』の翻訳について意見を叩く。増淵氏は、あらためて言うまでもなく、私にとっていわば心の師(の一人)であった。一九八三年五月に死去されて、今はすでに亡い。

増淵氏に私が訊ねたことは、次の三つである。一、古典の現代語訳は可能だと思うか。二、『左伝』の翻訳が私に出来ると思うか。三、今後の生涯時間をそれに費やすに値いすると思うか。

これに対して増淵氏は、翻訳は勉強になるから、やってみることに賛成だ、やるならモーラル・サポートはする、と答えられた。私としてはもう少し具体的な援助も期待していたのだが、その点は、ごくアッサリ断わられた。

十二月に入って、編集者S氏に電話を入れる。——基本的には翻訳を引き受ける方向へ気持や仕事のやりくりをつけている。ただし翻訳のスタイル、協力者、期間については未定の状況だ、と。これに対しS氏は、分担協力者は設けずに、独りで通してやってほしいと要望されたように記憶している。独りでやるとなれば五年間ぐらいはかかるだろうな、というのがその頃の感じだった。その後に起こったハプニングによって、その予想は大幅に超えそうな現状になっているが。

歳末が近づくころ、S氏から書店の全体編集会議でこの翻訳企画が承認された、との電話。某古書店より『春秋経伝集解』の覆宋岳珂《がくか》本を、十五万円を投じて購入。

一九八一年に入って、隠公前伝および隠公元年部分を試みに訳し、S氏のもとに送る。三月になって、組見本が三種送り返されて来た。

五月、『左伝』の段落ごとに、『春秋』経文と対照できるナンバーを打つ。そのころ使用していた底本は、分段本としては当時唯一の上海人民出版社刊『春秋左伝集解』全五冊で、一九七七年八月の出版である。私はこれを七八年秋に、上海の新華書店で偶然手に入れたが、分段されているのはよいが、簡体字を使用している上に、間々誤植もあり、日本にはほとんど輸出されなかったらしい。その後、中華書局から陳玉成の『左伝訳本』、ついでその訳の根拠となった楊伯峻『春秋左伝注』全四冊が次々と刊行、入手可能となってからは、その簡にして要を得た注とともに私の愛用本となった。最近は、さらにそれにもとづいた『春秋左伝詞典』（本文だけで一〇三四ページ）も同じく中華書局から刊行されている。

楊氏の『左伝注』と陳氏の『訳本』は、年度ごとに各分段に通しナンバーが打ってあって、格段に読みやすい。しかしなお註文はある。周知の如く、『春秋』経文と『左伝』伝文とは、すべてが一致するとは限らず、経文にあって伝文が欠けているもの、その逆に経文にはないが伝文はあるもの、がいくらでもある。楊本ではそれを、経文は経文、伝文は伝文で別々に通しナンバーを打っているから、経と伝を照合しようとする場合、不便である。そこで私の場合は、経文に対応する伝文は両者同じナンバーを打ち、伝にだけあって経にない条には別の記号（A・B……）をつけることにした。こうすれば経と伝の関係は一目瞭然である。簡単なアイディアだが、これは私のパテントにしたいくらいだ。

五月の末に、組見本を増淵氏に渡して一読を請うた。一週間後に会うと、文体はまずまずだが、基本となる解釈は杜預なら杜預の注で一貫せよ、諸説の折衷はかえって迷惑だ、との御意見である。これは古典の翻訳としては、たしかに一つの態度だが、杜預の注から一歩も踏み出さずに訳すのも難しかろうという気がした。時には思い切って「小倉解釈による左伝」を試みる場に迫られるかもしれない、と増淵氏の意見に耳を傾けながら思ったことだった。

そして七月末、いよいよ夏休みの仕事期に入る。と同時に、虚詞の理解がいかに大切で難しいかをたちまち思い知らされ、虚詞のにわか勉強を始める。そして関係語彙の検索カードをつくって行く。

こうして一九八一年九月の半ばまでに、隠公、桓公、荘公の全部、それと僖公の五年までの翻訳を了えた。全体の約五分の一。だがここで二年近くの空白期が生ずる。一つには他の約束の仕事が入ったためだが、もう一つは、一九八二年四月から文学部長に就任して、心と時間の余裕を失ったためである。それでも任期二年目になってからはやや気を取り直し、八三年の末までには成公十三年のあたりに達した。全体の半分近くである。

一九八三年の五月には増淵氏が死去して、私はモーラル・サポートを失ったが、十月、とある旅先で松枝茂夫氏から「『左伝』はどうですか、古典の翻訳は大変でしょう」と声を掛けられた。それまで自分の翻訳のことを誰にも話したことはなかったので、私はオヤと思ったが、同時に、今回の話の背後には松枝氏が絡んでいたのだな、と察知した。ただしこれは私の推察にすぎず、その後松枝氏に会っても確かめてはいない。

その折に松枝氏は、戦前の博文館文庫に『左伝』の口語訳があって、それが非常によく出来ていると力説された。これは私にとって未知のことだったので、帰京後、勤務先の図書館員に調べてもらったところ、芝の増上寺裏の明照会館内に、元博文館社長大橋進一氏が寄贈した三康図書館があって、そこに博文館文庫が揃っていることが判明した。私はさっそく同図書館を訪問して、全五巻の口語訳の『春秋左氏伝』を借覧、一部をコピーに撮ってもらった。松枝氏の言の如く、たいへんこなれた訳文で、漢文講釈師風の臭味の無いのがよい。ただし面倒な部分はいくらか端折ってある。

翻訳の筆は一九八四年、八五年、そして今年八六年と、まさに断続的に細々と続き、ようやく襄公三十年までを了えて、昭公に入ったところである。文学部長の任期を了えて、さていよいよ本番と考えていたところへ、八五年四月から女子短大に引っぱり出されたのは、いかにも痛い。残り三分の一か四分の一ということは、秒読みの段階に入ったとも言えるし、最後の胸衝き坂とも言える。全部を訳了して、最初から手を入れ直さぬと、長年の間の文体のズレもあることだろう。

翻訳は創造性の涸れた人間のすることではないかと、始めのうちは悩んだこともあったが、五、六年間この仕事につき合っていると、あの寸分の隙もない『左伝』の文体に拮抗できる現代語訳を試みることは、残り少ない自分の時間と能力に最も適合した仕事なのではないか、と肚が据わって来たような気がする。

## 二

古典はどれもそうだが、一句一字の翻訳にしばしば難渋する。ここでは、その中から「敏」の字について、あれこれ調べたりした内容を書いておこう。

『左伝』僖公二十三年4（この数字は私が工夫した通しナンバーである）に、こういう記述がある。

　十一月に杞の成公が亡くなった。『春秋』経文に「杞子」と貶称されているのは、夷礼を行なっていたからである。その名が書かれていないのは、同盟に加わったことがないからである。

　凡例。諸侯が同盟に加わった場合は、死んだ際の赴告に名を書くのが礼に合している。赴告に名が書かれていれば、〔同盟の諸侯でなくても〕それを記録するが、書いてなければ名を記録しない。誤記を避けるためである。（〔　〕内は訳者の補入）

末尾の「誤記を避けるためである」の原文は「辟不敏也」、「不敏ヲ辟《さ》クルナリ」。杜預は「敏ハ猶ホ審ノゴトシ」と注する。『会箋』も、

　敏ハ達ナリ。即チ「不敏ヲ謝ス」ノ不敏。……彼レ礼ヲ失シテ赴《つ》グルニ名ヲ以テセザレバ、則チ我モ亦名ヲ書セズ。若《も》シ我之ヲ書シテ誤レバ、則チ是レ我ガ不敏ナリ。

と「不敏ヲ辟ケル」とは不審・不達によって誤りが生じるのを避けることだと解している。私の訳文で「誤記を避けるためである」としたのはそれにもとづく。同じ用例は文公七年7にもあり、

　凡例。諸侯と会しながら、会した国名が具体的に経文に記されていないのは、到着が遅れたのである。到着が遅れた場合、会した国名を記さないのは、誤記を避けるためである。

「誤記を避けるためである」の原文は、「避不敏也」。

こういう「敏」の用例は『論語』にもある。子張が孔子に仁について質問すると、孔子は恭・寛・信・敏・恵の五つを天下に行なえれば仁となろうと答え、さらに解説して、

　恭ナレバ則チ侮ラズ、寛ナレバ則チ衆ヲ得、信ナレバ則チ人コレニ任ジ、敏ナレバ則チ功有リ、恵ナレバ則チ以テ人ヲ使フニ足ル。

と述べている（陽貨篇）。この「敏」は劉宝楠『論語正義』の説くように「審」と解すべきで、「敏捷細心」（吉川）、「機敏」（金谷）などと訳しては落ち着きがわるい。衛の大夫孔文子（孔圉）がなぜ「文子」という諡《おくりな》を貰ったのか、という子貢の質問に対し、孔子が、

敏ニシテ学ヲ好ミ、下問ヲ恥ヂズ。是ヲ以テ文ト謂フナリ。

と答えたのも（公治長篇）、「鋭敏」（吉川）、「利発」（金谷）といった内容のことではあるまい。あくまで慎重、周到に振舞ったことが「文」に該当するとされたのである。

だからこれは孔子が自らを語って、

我ハ生レナガラニシテ知ル者ニアラズ、古ヲ好ミ敏ニシテ以テ求メシ者ナリ。

と述べた「敏」とも共通している（述而篇）。「敏感に」求めるのではなく、周到に、努力して求めたのでなければ謙辞とはならない。『論語正義』は、「敏ハ勉ナリ。黽勉《びんべん》シテ以テ求ムルヲ言フ」と解し、荻生徂徠『論語徴』も「此ノ章、マサニ黽勉ヲ以テ義トナスベシ」と論じている。吉川幸次郎氏は『正義』の説は百年前の徂徠説の示唆によるものかもしれぬと言うが、確証はどうか。述而篇の句は、武内義雄氏のように「古ヲ好ミ敏《つと》メテ求メタル者ナリ」と訓読するのが妥当である。藤堂明保氏は、「敏」字に「母」が含まれるのは、むりに出産して子を生み落とす努力を示す意符であり、「敏求」とは「勉求」のこと、『論語』学而篇に、君子について、

事ニ敏ニシテ言ニ慎ミ云々

とあるのは、実行に勉めることである、という（『漢字語源辞典』）。「敏於事」とは行動において敏捷であれというのではなく、「慎於言」と並行して、慎重・周到に行動せよと説くものと解したい。里仁篇の、

君子ハ言ニ訥ニシテ行ヒニ敏ナラント欲ス。

というような場合の「敏」は、明らかに「訥」と対照的な勇敢、敏捷さを指しているが、こういう敏速を意味する用例は案外に少ない。

白川静氏は「敏」字の「毎」は、髪飾りをつけ盛装した婦人の姿であり、その髪に手を添えている形が「敏」である。大盂鼎銘文に「敏《いそし》みて朝夕入りて諫めよ」などとあるように、敏捷とはもと婦人が祭事にいそしむ語で、のち敏速をいう語となり、敏疾、敏慧のように用いられたという（『字統』）。藤堂氏とはまったく異なった視点に立つ説だが、『説文』に「敏、疾也」とあるのを「敏」の初義と考えるのには無理があることは、まず確かだろう。

『左伝』に見える「敏」は、行き届いている、周到である、と訳すべき例が多い。先ず僖公三十三年2の例。

斉の卿国荘子《こくそうし》が魯に使節として来た際、城外でのねぎらいから離国時の贈与に至るまで、すべて礼にかなっている上に行き届いていた。

末尾の一句の原文は「礼成而加之以敏」。これを「すべて作法にかなっており、しかもてきぱきしていた」（鎌田正）のように訳するのは、『会箋』の「能ク礼ヲ成シテ而モ捷疾ヲ加フ」説を採ったようだが、杜預は「敏ハ審《つまびら》カニ事ニ当ル」と注している。態度挙措が単に作法にかなっているだけでなく、落着きと配慮があったというのであって、てきぱきと機敏だったというのとはいささか様子がちがう。

成公九年Bの例。A・B……というのは、経文に該当記事のない『左伝』独自の説話である。晋の景公に対する范文子（士燮）の言に、

出自を大切にするのは仁、昔のことを忘れぬのは信、推測をまじえぬのは忠（忠実）、〔他国の〕

君を尊ぶのは敏（配慮）ですが、仁によって事に対処し、信によって守り、忠実に成しとげ、配慮しつつ実行して行けば、たとえいかなる大事でも、きっと成功するものです。

とあり、杜預は「敏ハ達ナリ」、つまり君に対して行き届く、気配りをすると解している。しかるに『会箋』は敏捷説をとり、それに従ったらしい鎌田訳は、「わが君を尊ぶのは事に臨んで機敏なものというべきです」と、なにやらわけのわからぬ発言になってしまっている。

文公十五年2の、宋の華耦《かぐう》が魯に来て盟を行なった際の例。

文公が華耦のために宴席を設けようとすると、こう言って辞退した。

「曽祖父に当たる華督は、宋の殤公の御不興を蒙り、その事蹟は、諸侯の簡冊に明記されております。わたくしはその祀りを継ぐ者、魯君の名を汚すことが許されましょうや。どうか諸大夫の開かれる宴席にお招きいただきたい」

魯の人は華耦の答えを、配慮が行き届いていると評した。

「魯人、以テ敏トナス」、配慮が行き届いている、とするのが適訳だろう。

襄公二十七年Eの例。

楚の薳罷《いひ》が国君の代理で晋に赴いて盟に加わり、晋の平公が彼を饗応した。退出する際に大雅「既酔」の詩をうたって〔饗応を謝すると同時に、晋君を讃える意を寓した〕。

叔向の評。薳氏の家系が楚国で長く続いているのも、もっともである。君の命を受け、配慮が行き届いているから、子蕩（薳罷）はやがて政権の座につくだろう。行き届いた配慮で国君に仕えれば、民の面倒を見ることもうまく行く。政権は他の誰にも行くはずがない。

「配慮が行き届く」と訳したのは、むろん「不忘敏」。さすがの『会箋』も、この条に関しては欄外に「君命ヲ受ケ奉使シテ能ク行届キタルヲイフ」と眉注を加えている。現代日本語の敏捷、機敏などは全く該当しない。

もちろん敏捷の意味の「敏」がまったく『左伝』にないわけではなく、まだ翻訳の手は及んでいないが、哀公十一年1の斉と魯の戦の際のこと、孟孺子（孟懿子の子）の兵車は顔羽が御者を勤め、邴洩《へいせつ》が車右を勤めたが、戦列から退却した。戦後、孟孺子が人に向かって、

「わたしは顔羽には及ばぬが、邴洩よりはましだ。顔羽は鋭敏だったが、邴洩はわたしが口に出せぬうちに、『車を走らせろ』と叫んだ」

と言った「鋭敏」は原文通りで、杜預は「鋭ハ精ナリ、敏ハ疾ナリ。戦ハント欲セルヲ言フ」と注している。『論語』里仁篇の「言ニ訥ニシテ行ヒニ敏ナラント欲ス」の「敏」に通じる用法であろう。

以上、私の翻訳文体の一端の御紹介も兼ねて、『左伝』に見える「敏」の用例を検討してみた。迂闊に敏捷、機敏などの語に置き換えては意味を成さぬことが、いくらか了解いただけたかと思う。なにせ六年も前に始めた手作りの仕事である。当時はワープロなど想像もつかなかった。今から始めるなら、あるいはもっと機械化、能率化したやり方も可能かもしれぬ、と思ったりする。しかしとにかく、三分の二か、四分の三まで来た仕事である。最後の頑張りで頂上まで手を届かせたい。それにしても、今年の夏は、いろいろ他の仕事や旅行が挟まって、翻訳の進度がひどく鈍った。それだけが心残りである。

## 2　いま『左伝』を読めば

近年は中国の古典類にも段落を設けた標点本の出版が増えて、格段と読みやすくなったが、その昔、句読点もなければ改行もないベタ組み、いやベタ彫りの木版本で古典と格闘された方々の、なみなみならぬ読解力・集中力には、いつも舌を捲いてしまう。『資治通鑑』『史記』あたりから始まった正史の段落つき標点本のおかげで、私などには『史記』や『漢書』がやっと気軽に読めるようになったのだが。

『春秋左氏伝』、略して『左伝』についても、早くこの種の段落つき標点本が出ないものかと待望していた。むろん返り点のついた漢文大系『左氏会箋』などがあって、日本人には比較的親しみやすいはずなのだが、なにせベタ組みなので、段落の切れ具合がなかなか見分けにくい。下手をすると、雑然とした説話の寄せ集めのような読後感しか残らぬのが実情だった。

段落つき標点本『左伝』にお目にかかった最初は、上海人民出版社刊の『春秋左伝集解』五冊本（一九七七年八月）だったが、困ったことに簡体字が使われている上に、杜預の注しか附いていない。便利だが使いづらいのを歎いているうちに、北京の中華書局から楊伯峻編著『春秋左伝注』四冊本が出た（一九八一年三月）。これには各年度、段落ごとにナンバーが打ってあるし、注も杜預を軸にして『会箋』説にも目配りがしてあり、新出銅器資料も参照されていて、繁簡宜しきを得ている。

これは善い本が出たと喜んだが、ただ一つ残念なことは、『春秋』経文と『左伝』伝文のナンバーが別々に打ってあるため、経文に照応する伝文がない場合、その逆に、伝文に照応する経文がない場合、などが判別できない。実は、この経文と伝文とが不整合に入り交っている状態の中にこそ、『左伝』編著者が『左伝』の素材を『春秋』経の伝文の形に整理した苦心の跡が読み取れるのだが、その点が楊注本でははっきりしない。

そこで、と言うといささか宣伝めくが、近年『左伝』の全巻翻訳を試みるに当たって、私は楊注本の段落分けはほぼ生かしつつ、ナンバーの打ち方を少しく変えてみた。原則はごく簡単なことで、

（1）経文に照応する内容の伝文は、たとえ順番が飛んでいても同じナンバーに揃える。

（2）経文に直接結びつかぬ伝文には別な記号（A・B・C…）をつける。これだけの話である。

この手法にはもちろん先例があって、哈仏《ハーバード》燕京学社が編纂した各種索引のうちの『春秋経伝引得《インデックス》』では、『左伝』中の経文と関係ない個所を「左附 i」「左附 ii」等として区別している。経文に忠実に照応する『公羊伝』や『穀梁伝』とちがって、『左伝』には如何に経文からの食《は》み出し部分が多いかを、それは雄弁に語っているが、私の場合はそれを「附」扱いにせず、むしろ現本『左伝』中の個性的な部分として、別記号で識別できるようにしたのである。

翻訳の対象として『左伝』にあらためて取組んでみて、言い古されたことだが、この古典は寸分の隙もない名文だな、とつくづく感じさせられた。こうした四字句を主とした散文体の文章は、諸子百家や『史記』などの散文と較べた場合、果たしてどういう関係にあるのか。

徐仁甫『左伝疏証』（四川人民出版社、一九八一年）などは、

> 『左伝』と『史記』とを較べると、文章の懿美なること、遠く『史記』の上に在るのみならず、史実の正確さもかえって『史記』以上である。

と称揚し、これだけの内容と文章の書けるのは、前漢末の劉歆《りゅうきん》を措いては他に居ない、と言っている。ふつう劉歆の名前が出ると、今文学派の立場からの「偽経」攻撃が連想されるのだが、徐仁甫氏

の場合は、劉歆の卓越した才・学が高く評価されているので、同じく劉歆の手が加わっていると見る津田左右吉の見解とも、その点では全く対照的である。

一九三五年に「東洋文庫論叢」の一冊として発表した『左伝の思想史的研究』で、津田は『左伝』がいかに先行書からの書き写し、潤色、改作、さらには創作によって成り立っているかを発《あば》いて行くのだが、その底流にあるのは、後出の『左伝』は『史記』とくらべてアテにならぬ、という観点である。これは津田のみに限らず、白鳥庫吉をはじめとする東京の東洋史学者にほぼ共通した見方であったと言ってよろしかろう。

徐氏が言うように「文章の懿美なること、遠く『史記』の上に在り」と言い切れるか否かは、文体を解せぬ者には口を挟めぬ問題だが、『左伝』の文体が、叙述中心の説明的な『史記』の文体に比して、格調高い四字句に内容を凝縮した「古雅な」文体であることは確かである。これはおそらく『左伝』の素材となった説話群が、かなり長期間、口誦によって伝えられた過程で、言語表出が定型化して行った結果ではあるまいか。

その「古雅な」文体の素材を、『史記』は叙述体に解きほぐし、『左伝』はもとの文体をそのままに生かして『春秋』経の伝に改編した。それを具体的に論証する用意はいまないが、私としては大雑把にこのような見当で『史記』と『左伝』を読み較べている。

いつ、どこで、誰が、という設問を古典の成立について深追いすることは、あまり私の趣味ではない。一九六〇年代、私は『左伝』中に性格の異なる幾つかの層が累積していることに興味を覚え、その具体例の検証と背景の究明に何年間かエネルギーを割いたことがあった。その場合、『左伝』の作者をどこかの誰かに限定する必要は必ずしもないし、成立年代も数十年、いや百年以上にわたっても一向に差支えなかった。

その『左伝』研究ノートを一応まとめたのが『中国古代政治思想研究』（青木書店、一九七〇年）で、徳、賂《ろ》、質《ち》、夷などの語の内容を、後世の通念によらず『左伝』の文脈に即して分析し、それによって『左伝』中の異質の層を弁別してみた。古典にそのような沈潜を試みることが、現代中国——当時「文革」に揺れていた——の理解にどのようにかかわるのか、という疑問に、絶えず揺さぶられながら。

ところで一九三〇年代前半、『左伝』を繙読しつつ津田は何を考えていたのか。『左伝の思想史的研究』の大著を通じて、それを窺ってみると、津田はたしかに『左伝』の物語群（の一部）に、春秋時代に類似した戦乱期日本の所産たる『太平記』や『源平盛衰記』と似たものを看取していた。しかしそうした叙事詩的部分を切り取って、それで『左伝』はおもしろい、『左伝』はタメになる、などと教訓的に語ることを、津田は自らに許さなかった。一見おもしろい、タメになる話を部分的に含んで成り立つ総体としての『左伝』世界、その基本的性格をどう捉えるかが津田の課題だった。

なぜこうも同じ思想を盛った同類の説話が反覆されるのか。「文章の上にも変化が無く、人物については勿論、地方もしくは時代による特色すらも現はれてゐない」のはなぜだ。「題材に抒情詩的興味のあるものが無く、叙述が概念的であつて具体的描写が無い」のはなぜだ。「全体としては何のまとまりも無い」のはなぜだ、と津田は『左伝』に執拗に問いかける。

それへの解答は、津田の持論に立ち戻らざるを得ない。シナ人には民族としての団結がなかった。そこで民族精神の顕現としての民族的英雄が現われず、従って英雄的叙事詩の現われるはずはなかったのだ。存在したのは一種の擬年代記、言論によって道を説く説話の寄せ集めだけ……。

孔子とほぼ同時代の左丘明による『春秋』の伝であるという伝承。十三経の一つとして儒教の典籍化し、その説話が日常言動の規範とされて来た経緯。「左国史漢」と称せられ日本人の教養の一部となって来た伝統。それらすべてに津田は「否」と手をひろげて立ち向かっている。

こうした骨髄にまで達する津田の儒教への呪詛に出会うたびに、私などは訝《いぶか》り、且つ、たじろぐ。おそらくそれは、津田を取り巻いていた戦前日本の儒教的国体思想や、東亜先覚者気取りの儒教的王道思想等々の重圧を理解する想像力が、われわれに欠けているためかもしれない。

その点は十分反省した上で、なお且つ私は津田の意見に心から賛同はし切れない。もっと楽しく『左伝』を読んでもよいのではないか。とくに冒頭に書いたような私流の段落を加えて『左伝』を読んでいると、欝然たる素材を『春秋』経を柱に自在に配置して行った編著者の手の内が読み取れて、それだけでも十分堪能できるおもしろさがある。時たま混じる「君子曰ク」「仲尼曰ク」のお説教も、編著者の意図を正直に吐き出している分だけ、むしろ御愛敬である。

同類の説話や対話が多いと言うが、なかなかどうして、場面が違い人物が違えば、使われる言葉もレトリックも違う。その場その人に最適の名セリフや、それを上まわるお見事な反論などに読み到ると、そのしたたかさに思わず二千年の時間差を忘れてしまう。むろんそれらが中国古代の「士」の世界に属するものである以上、全面的に共感できるわけもないのだが、その違和感をも含めて、『左伝』がひどくおもしろい古典であることを、翻訳の苦しみと同時に私は感じ続けていた。地下の津田先生からは渋い顔をされそうな話だが。

# 3　左伝翻訳結末記

「左伝翻訳現況報告」を『呴沫集5』のために書いたのが一九八六年夏。三年足らず前のことだが、もうずいぶん遠い昔のような気がする。

あの時は、残り三分の一か四分の一、最後の胸衝き坂にかかったところ、と書いたが、あとで計算してみたら、まだ四割ほど残っていた。やっと半分を越した位のところだったのである。

でもその残りの分を、翌八七年の夏から秋口にかけて、とにかく訳し了った。七月十六日から始めて、八月十九日に昭公三十二年までを訳了。息も継がずに八月二十五日に定公十五年までを訳了。九月七日午後五時三十五分、ついに哀公二十七年までを訳了。心身ともに、ほとんど自閉症状だった。

前稿では「某文庫」収載予定と書いたが、もちろん岩波文庫である。さっそく担当の文庫課長の鈴木稔さんに、翻訳が完了した旨を連絡した。

訳し了ったものの、なにせ七年も前の一九八〇年頃から始めた仕事である。途中で文体や訳語に変動が生じたことは自覚している。しかし、訳している途中で訳し直すわけには行かなかったから、訳し了った時点で初めから読み直して手を入れる必要があった。

全体を文庫本で上・中・下の三巻に分けることに決め、上巻（隠公～宣公）の分から手直しにかかった。ワープロ全盛時代から見ればいとも古典的な、二百字詰原稿用紙に書いた文字をマジックで塗抹しながら加除修正するという作業である。手直し済みの上巻原稿を、鈴木さんに引渡したのが十二月三日。

中巻（成公～襄公）の手直しは、学生の卒論の閲読や諸会議でなかなか進捗しない。翌一九八八年二月上旬にやっと終了。それと併行して、各巻につける地図の下図作成を進めた。譚其驤《たんきじょう》主編『中国歴史地図集』の春秋時代図を下敷に使い、各巻に登場する地名を択び出して記入する作業である。

また索引代りに、「列国大事対比年表」を作成してみた。『史記』の「十二諸侯年表」にならい、私の工夫した項目記号を国別の欄に記入してみたのだが、数ヵ国にまたがる大事件などをどうやって記入するか、存外に厄介である。詳しすぎるとかえって繁雑で、実用向きでない。試行錯誤の揚句、韓《かん》席籌《せきちゅう》編注『左伝分国集註』の整理方法を利用させてもらうことにして、簡略な「列国大事索引」にまとめることにした。全体の事件配置が一覧できるように、一頁大の「年代対照表」も作り了えたのが二月の末。

ついで列国の公室・世卿の系図作成に専念。関連する本文の近くに配置したいので、適当な挿入個所も検討する。

三月八日、地図・系図・大事索引および中巻分の手直し済み原稿を鈴木さんに引渡す。と同時に上巻の初校ゲラ刷りが出始めた。コンピュータ作字で紙面が非常に明るい。ついで地図の校正も出て来て、すこぶる順調である。

上巻の初校にとりかかるか、それとも下巻（昭公〜哀公）の手直しを先にするか、鈴木さんと相談の結果、下巻の手直しを優先することにした。最後まで通覧した上で初校の校正方針が確立するだろう、というのが鈴木さんの意見である。まことにその通り。そこでやりかけた上巻の初校校正を中断し、下巻の手直しに専念して、六月七日未明、哀公の末段まで完了した。

各巻の校正進行状況は左表の通りである。

| | 上巻 | 中巻 | 下巻 |
|---|---|---|---|
| 初校 | 7月中旬～7月24日 | 7月末 ～8月12日 | 9月12日～10月10日 |
| 再校 | 8月末 ～9月11日 | 10月15日～10月30日 | 12月末 ～89年2月8日 |
| 三校 | 88年10月末 | 12月17日～12月19日 | 89年3月31日～4月7日 |
| 発行 | 88年11月16日 | 89年2月16日 | 89年5月16日 |

＊

五十歳台後半の業務の余暇をほぼ費やし尽くした『左伝』翻訳の仕事が、今こうして曲りなりにも完結に漕ぎつけられたについては、幾つかの要因が考えられる。

第一には、協力者を一切求めず、訳文を独力で仕上げたこと。『左伝』は分量も多く、内容も複雑・多面的で、本来なら何人かで協力・討議を重ねて翻訳すべき対象かもしれない。私も鈴木さんから最初の打診があった時には、先ず協力者のことを念頭に浮かべた。ところが鈴木さんは、過去の多くの経験からだろう、独力でやってほしいと注文をつけた。複数でやれば二年ぐらいで仕上がるだろうが、独力では五年以上要するだろうと思ったことは、「中間報告」にも書いた。仕上がりは予想の五年を超えて八年にもなり、天文や卜筮の難解な部分に、独断的な解釈や浅薄な誤解を生じていることを自ら危ぶんでいる。しかし、どうせ恥を掻くなら私一人で背負おうと、独力で貫き通した。

古来、解釈が多岐に分かれている部分は、凡例にも書いたように、楊伯峻氏の注（およびそれに準拠した沈玉成氏の訳文）に一応従うことにした。むろん中には春秋時代を奴隷社会とする前提によって解釈した部分など、そのままには従い切れぬ点もあり、そういう際には旧来の説や、時には自説も織り込んで、自分なりに一貫した解釈で通したつもりである。

そうした自説の根拠を註によって示すべきだという指摘もあろうし、私自身そうしたい誘惑に駆られたが、史伝説話集として読むという方針を固守して、註は一切省略した。必要と思われる考証は今後専門論文で補って行かねばならぬと思っている。こういう思い切った扱いができたのも、独力で翻訳したおかげであろう。

第二に翻訳の仕上りに期限をつけられなかったこと。岩波側は、何年何月までにという注文を一切つけなかった。出版期限つきなら、複数による分担協力をむしろ書店側から要求したことだろう。

仕事は従って全くマイペースで進んだ。その様子はさきの「中間報告」に書いた如くである。「中間報告」の時点では、実際には全体の六割位しか訳文が出来ていなかったことは上述したが、私としてはこの先何年かかるか見当もつきかね、この辺でいったん半分ほどの分を刊行して、それから後半の翻訳を続けてはどうかと、一時迷ったことがある。

ところが文庫の鈴木さんは、あっさり反対した。これも多年の経験に支えられてのことだろうが、最後まで訳してみないと、全体の構成にガタが生じるおそれがある、という心配があったかららしい。

その心配は、たしかに事実だった。上述したように一九八七年秋に哀公末段まで訳了したあと、私は隠公の冒頭から原稿の手直しに戻ったが、そこで直面したのは、五年以上も前の自分の訳文の未熟さ、訳語の不適切さであった。それもそのはず、夏休みの期間に集中して仕事をする時と、それ以外に「ひまを見つけては」ぼつぼつ訳している時とでは、頭の状態や気分がちがい、それが当然文体に影響して来る。また翻訳の途中で、繰返して出て来る原語により適切な訳文が見つかる場合もある。その眼で初期の原稿を読み直せば、アラばかりが目立って、全面的に訳し直したくなる部分が出て来るのも当然だろう。

翻訳の途中で一息つくことに鈴木さんが反対してくれたおかげで、私は冒頭から一貫して原稿を読み直し、全面的に手直しをすることができた。この過程がなかったら、上・中・下三巻に、取り返しのつかぬムラやばらつきが生じたに相違ない。

また鈴木さんが、上巻の初校ゲラが出始めてからも、発行日を急がず、初校の校正に十二分の時間を与えてくれたことを特記したい。ただし訳者が十二分にアカを入れる余裕があったために、パンチャーや校正者に過大な面倒をかける結果になったことは申し訳なかったと思っている。その方面からおそらく出て来たであろう不満を、しかし鈴木さんは一切私に洩らさなかった。この編集者としての見識と寛容に、私は心から感謝している。

最後に第三は、『左伝』研究を含む中国古代史研究状況の背景があったこと。

私と『左伝』との出会いについては、これまで何度も書いて来た。一応は「左伝研究ノート」の副題をもつ『中国古代政治思想研究』（青木書店、一九七〇年）の序説に書いた通りで、一九五〇年代の『左伝』を読むグループに参加したこと、増淵龍夫氏という先達の存在を知ったことによって、私と『左伝』研究との縁が生じた。三上次男氏を代表者とする中国古代史研究会に参加したことは、さらに私と『左伝』との結びつきを強めた。

『左伝』に対してはさまざまなアプローチがあり得る中で、私がいつもこだわったのは、現本『左伝』の中に、由来を異にする少なくとも三つの要素がある点だった。その三つとは、

（Ⅰ）春秋時代の事件の推移を比較的忠実に伝えていると思われる実録風の部分。

（Ⅱ）話の筋に挿入されている演説調の部分。

（Ⅲ）段落の末尾に附けられている「君子曰ク」という批評、あるいは『春秋』経文の書法についての説明的な部分。

各年度にばらばらに組み入れられているこの三要素の文を、Ⅰ・Ⅱ・Ⅲと仕分けながら読んで行かぬと、『左伝』という書物の正体はつかめぬばかりか、『左伝』を通じて春秋時代の実相に迫る作業も、史料の恣意的なつまみ食いに陥る、と感じていた。

そういう、いわば文献学的な観点を組み込んで、一九六〇年代に私はいくつかの『左伝』を素材とする論文を書き、さきの著書にまとめた。今回の『左伝』翻訳で徹底した段落分けを加え、しかもそれに、経文と内容が一致する伝文には１・２・３……、経文と一致しない伝文にはＡ・Ｂ・Ｃ……と、くどいほどの分類記号を加えたのも、当初以来の私の『左伝』の読み方を踏まえたものである。

ここ十年来、『左伝』を史料として中国古代史を精密に分析する新鋭の研究者が輩出して来たが、その背景には、中国各地の文物の出土や都市城墻の調査、とりわけ春秋末期の晋国の事件を舞台とした思われる侯馬盟書の出現がある。それらによって、春秋時代の歴史は文献中の眠りから醒めて、具体的な手ざわりとともに確かめられる状況に至っている。こうした研究状況に支えられることによって、今回の史伝説話集として『左伝』を読むという方法も可能になったのである。

＊

上巻刊行から半年経った。当然のことながら魯魚の誤りにとどまらず、誤訳にもいくつか気づいている。気がついたものは今後の刷りから訂正する手配をすると同時に、届け先のわかっている方には正誤表を送付している。

仔細に読んで下さる読者からは、正誤表から洩れた誤植の指摘もあり、訳文の内容に関する質問も届いている。身辺多忙にかまけ、きちんとお答えしていない質問もあり、とくに私の不得手な分野――どこを取っても不得手といえば不得手だが――に関する質問には、なかなか回答ができないでいる。こうした心理的負担は、世の中に対し書物を公刊した者として、当然のことながら一生負い続けねばならぬ責務であろう。今はただそのことを記し、読書人への禍害がいくらかでも少なからんことを祈るのみである。

# 4 『左伝』のおもしろさ

## 一 「舟中ノ指、掬スベシ」

春秋時代の史伝説話集『左伝』、詳しくは『春秋左氏伝』のどこがおもしろいか。

ありふれた答えかもしれぬが、やはり古典というものは読み手に応じて、また読む視角に応じて、それぞれに異なる姿を見せてくれるところに「おもしろさ」がある、と言うしかない。

例えばこういう叙述がある。

魯《ろ》の宣公十二年、西暦に換算すると紀元前五九七年、六月己卯の日、晋・楚の両軍が邲《ひつ》で交戦した。晋の三軍は指揮系統に乱れがあったために大敗を喫し、南岸の邲から先を争って黄河を渡り、北岸に逃げもどろうとした。しかし舟には限りがある。先に舟に乗りこんだ兵士は、乗り過ぎて舟が沈まぬよう、舷側にすがる兵士の指を次々と斬り落とす。舟底には斬り棄てた指が至る所散らばった。この状況を『左伝』はこう叙述する。


中軍・下軍、舟ヲ争フ。舟中ノ指、掬《きく》スベシ。


乗船時の混乱、阿鼻叫喚の地獄絵図を一切描写せず、ただ舟底に残された指の山で象徴する。年少の頃この部分を漢文の先生に教わったせいか、私の印象に深く残っている一節である。

こういう非情なまでに簡潔な描写は『左伝』の一つの魅力であろう。しかもわれわれは原文の「舟中之指可掬也」を、「舟中ノ指、掬《きく》スベシ」と文語体で訓読して、感興を深める。「舟底の指の数は、両手で掬《すく》うほどになった」と口語訳しては、漢文調のリズムが崩れ、原文の緊張が崩れると感じる人もおられると思う。

同じ邲の敗戦の個所を『史記』の晋世家は次のように述べる。

晋軍敗レ、河《か》ニ走リ、度《わた》ルヲ争フ。船中ノ人指、甚ダ衆《おお》シ。

これと『左伝』とどちらが名文かという問題なら、多分に嗜好の領域だが、どちらが元《もと》でどちらが焼き直しかとなると、『史記』と『左伝』の成立時期の問題とも絡んで、話はひどくこみ入って来る。ここではさしあたり次のような私の見通しを述べて、この件には深入りを避けたい。

『左伝』の文体は長期にわたる口頭伝誦を経る中で洗錬され、それがある段階で文字に移された性格をもつのに対し、司馬氏父子の『史記』は、おそらくそれを材料として利用しつつ、平明な叙述体にパラフレーズしたのであろう。現在の形の『左伝』の原本に当たるものが先にあって、『史記』は後出である。その逆ではあり得ない。

「舟中ノ指、掬《きく》スベシ」あるいは「掬スベキナリ」は、日本語としても格調（!?）が高い。こういう格調高い文体を作り出した点で、わが日本人の訓読法は、長年にわたる錬磨を経て見事な文化遺産になっていると言える。ただしそのことは、この訓読法が中国古典の唯一、最高のよみかただということを意味しない。「返り点」や「送り仮名」に習熟した人にとっては、涙が出るほどありがたい訓読法だろうが、だからと言ってこれを国際的に通用すると勘違いして、在日留学生にまで伝授しようとするのは、行き過ぎである。だいいち日本人自身、漢文訓読法を含めた古典語との縁が薄れかけているのだ。「舟中ノ指、掬スベシ」と訓読して感動したりするのは、もう私のような世代で終わりなのかもしれない。

## 二　劉歆は何をしたか

誰が、いつ、どこで式の設問は、歴史の受験勉強には有効だろうが、古典の成立問題などになると、いささか場違いな感じになる。いまどきの著書の奥付に、著作権者、出版者、発行年月が印刷されるのとは別な世界の話だからである。長い年月の間に伝誦され集成され、文字に移されてからも次々と手が加えられる、そうした揺れの中で古典は成立するので、どの段階までが「真」で、どこからが「偽」だ、と割り切れるものではない。

『左伝』も初めから現在の形だったわけはない。おそくとも杜預《とよ》（二二二～二八四）が『春秋経伝集解《しっかい》』という注をまとめた頃には、現在の形――『春秋』経の各年次に伝文が配当された形――になっていたことは疑いないが、その形になったのがいつで、誰が何のために、という問題になると、これは中国の旧学術界においては血相を変えた駁論《ばくろん》の重ねられた大問題だった。なにせコトは『春秋』という経書の諸解釈の中で、どれが最も正統的かという教義上の争いにかかわっていたからである。

ここでその論争の全容を紹介することは不可能だし、またその必要もないが、要するに『漢書』劉歆《りゅうきん》伝に、「宮中の秘書を調査していた劉歆（前五三？～後二三）が古文（先秦の古文字）で書かれた『左氏伝』を見つけて愛好し、その伝文を引いて経を解説した」とある文章を、そのまま素直に読むか、それともこれはデッチ上げの記述だ、と否定するかに分岐点があるのである。

否定論者に言わせると、劉歆が宮中で古文のテキストを見つけたということ自体が大ウソである。その偽《にせ》の古文を使って『春秋』経の新しい「伝」を偽作し、由緒の明らかな『公羊《くよう》伝』『穀梁《こくりょう》伝』に替わって博士官の地位を奪おうとした。孔子と同時代の左丘明《さきゅうめい》の作だなどと言うが、これもこじつけだ。しかも劉歆は、かの悪名高い王莽《おうもう》に重用された人物で、『左伝』の中には王莽の簒奪《さんだつ》を合法化するための補筆が忍び込ませてあるではないか、云々。

こうしたいわゆる経学の今文・古文論争も、『左伝』をめぐる「おもしろさ」の一つに数えられるかもしれぬが、われわれとしてはどちらか一方の学派に味方しなければならぬ義理はない。劉歆否定論者が言うように、劉歆が自分の役職上の立場を利用して、発見した書籍にかなりの改竄《かいざん》を加えたことは十分ありうると思う。しかしそれは、古文で書かれていたという『左氏伝』までが劉歆のデッチ上げだという証拠にはならない。

劉歆が廷内の書籍に改竄を施して、いまの『左伝』の形に編成替えしたとしても、それは学派として承認され博士官に立つためには、当時として不可欠な作業だったと思う。近年出土する竹簡類でも、ある程度の解読整理を加えなければ学術報告として認められぬのと事情は似ている。劉歆を偽作工作と極《き》めつけるなら、どんな精緻な発掘報告書もみな眉ツバ物になってしまうだろう。

## 三　曲沃併晋譚

劉歆が見つけたという古文の『左氏伝』の原形を復原する手段はないか。

むろん古文の字体まで正確に復原できるわけはないが、いまの『左伝』にごく初歩的な操作を加えてみると、もとの説話らしきものの輪郭が浮かび出て来る例が多々ある。今、そのうちから一つ、晋国内部の翼《よく》と曲沃《きよくよく》との対抗関係記事をとりあげてみよう。

その前に、少々私的な宣伝に渉るが、私がここ十年近くかけて翻訳し、現在刊行中の『春秋左氏伝』(岩波文庫)について触れさせていただく。この翻訳には、進行の途中で入手した楊伯峻氏の『春秋左伝注』(中華書局、一九八一年)を底本に使い、楊氏の本に設けられた段落分けをほぼ踏襲したのだが、ただナンバーの打ち方だけは変えた。それは『春秋』経文と内容的に照応する伝文には経文と同じナンバーをつけるが、照応する経文のない伝文には、段落の頭にA・B・C……の記号をつけるというだけのことである。しかしこうすれば、経文と伝文とがどれだけ照応し、どれだけズレがあるかが一見して明白になる便宜がある。

『左伝』に見える翼と曲沃関係記事を、年次順に少し手を入れて、事件内容順に並べかえて示すと、次のようになる。

1　むかし晋の穆《ぼく》侯夫人姜《きょう》氏には、条《じょう》の戦の際に大子が生まれて仇《きゅう》と命名され、その弟は千畝《せんぽ》の戦の際に生まれて成師《せいし》と命名された。大夫の師服《しふく》が言う。

「奇妙な名のつけかたを君《わがきみ》はされたものだ。……〔中略〕……乱の兆《きざし》のように思える。兄〔の家系〕はきっと廃絶するだろう」

魯《ろ》の恵公二十四年(前七四五)、晋では弟の桓叔《かんしゅく》(成師)を曲沃《きょくよく》に封じ、靖《せい》侯の孫欒賓《らんびん》がその後見役となった。師服がまた言う。

「吾《わたし》の聞くところでは、国家が立ち行くには根本が大きく枝が小さくてこそ鞏固《きょうこ》となるという。……〔中略〕……しかるに今、晋は甸服《でんぷく》内の諸侯なのに、〔国都の翼《よく》の他に〕別な国(曲沃)を建てた。根本が弱くなれば、とても永くはもつまい」

魯の恵公三十年(前七三九)、晋の大夫潘父《はんぽ》は、〔文侯仇の子〕昭侯を弑《しい》し、曲沃の桓叔を迎え入れようとしたが成功せず、晋の人は〔昭侯の子〕孝侯を立てた。

恵公の四十五年(前七二四)、曲沃の〔桓叔の子〕荘伯が翼を攻め、孝侯を弑したので、翼の人は孝侯の弟鄂《がく》侯(4参照)を立てた(桓二A)。

2　隠公五年（前七一八）春、曲沃の荘伯が鄭の人・刑《けい》の人とともに翼を攻めた。周王（桓王《かん》）は尹《いん》氏・武氏を派して荘伯を援助させ、翼の鄂侯は隨《ずい》に逃げた（隠五A）。

3　同年夏、曲沃（荘伯）が周王から離叛《りはん》したので、秋、王は虢《かく》公に曲沃を攻めさせ、〔鄂侯の子〕哀侯を晋君として翼に立てた（隠五C）。

4　隠公六年（前七一七）春、翼の九宗五正〔の官に在った〕頃父《けいほ》の子嘉父《かほ》は、晋侯を隨《ずい》から迎えて、鄂に送り込んだ。〔そこで〕晋の人はこれを鄂侯とよんだ（隠六A）。

5　桓公二年（前七一〇）、〔翼にいる〕哀侯が〔翼の南方〕陘庭《けいてい》に侵入したので、陘庭の南郊の人は曲沃側を引き入れて翼を攻めた（桓二A）。

6　翌三年（前七〇九）春、曲沃の〔荘伯の子〕武公は翼に進攻し、陘庭に宿営した。韓万《かんばん》が公の兵車を御し、梁弘《りょうこう》が車右となって、翼侯（哀侯）を汾水《ふんすい》の川辺に追い立てた。翼侯の驂馬《そえうま》が木に引っかかって止まり、夜、翼侯と欒《らん》共叔（欒賓の子）とを捕獲した（桓三A）。

7　桓公七年（前七〇五）冬、曲沃伯（武公）は晋の小子侯（哀侯の子）をおびき出して殺した（桓七B）。

8　翌八年（前七〇四）春、〔曲沃伯は〕翼を滅ぼした（桓八A）。

9　同年冬、周王は卿士《けいし》の虢仲《かくちゅう》に命じて、晋の哀侯の弟緡《びん》を晋君に立てさせた（桓八C）。

10　翌九年（前七〇三）秋、虢仲・芮《ぜい》伯・梁《りょう》伯・荀《じゅん》侯・賈《か》伯は曲沃を攻めた（桓九B）。

11　荘公十六年（前六七八）冬、周王（僖《き》王）は虢公を派して、曲沃伯（武公）に策命し、一軍をひきいて晋侯たらしめた。これよりさき、晋の武公は夷《い》を攻めて、……〔下略〕……（荘十六B）。

12　荘公十八年（前六七六）春、虢公と晋侯（武公）は周王に朝覲《ちょうきん》した。……〔下略〕……（荘十八A）。

13 虢公・晋侯・鄭伯は原荘公を派して、王后を陳から迎えに行かせた。陳嬀《ちんぎ》が王都に嫁《とつ》いだが、これが恵后である（荘十八Ｂ）。

以上のように曲沃始封から晋侯朝覲に至るまでの経過が、『左伝』の隠公五年Ａから荘公十八年Ａ・Ｂにわたって断片的に配置されている。春秋時代に入る前の魯の恵公時代の発端の事情が、『左伝』編次では隠公の次の桓公二年Ａの条に挟みこまれているので、ややわかりにくいが、右のように並べかえてみると、晋の翼と曲沃との兄弟二元勢力に対する周王室の方針に動揺があったことが読み取れる。2では曲沃を援助したが、3で曲沃が離叛すると翼支持に変り、6・7・8で曲沃が優勢になっても、9・10と周王室の翼支持は変わらなかった。しかし11になると一転して曲沃伯（武公）を晋国の正統と認めるに至っている。

しかも兄の「根本」である翼が、弟の「枝」である曲沃に取って替わられるという結末は、師服が憂慮したように、「仇」や「成師」という奇妙な命名法に兆《きざ》し、さらに弟の成師を曲沃に封ずるという誤った処置によって種が蒔《ま》かれたことが、因縁話としてからまっている。つまりこの1から13までの切れ切れの記事は、元来は「曲沃併晋譚」ともいうべき一塊の説話であったものを、『左伝』編成者が編年体に嵌《は》めこむために、徹底して年次別にバラし、該当する年度、季節順に分属させた結果と考えられるのである。

しかも各条とも記号はＡ・Ｂ……である。ということは、この晋国関係の事件は、魯国の年代記の『春秋』には全く記録がないということである。魯国に対してなんら通告のなかった晋の国内事件が、それ自体として伝承され記録されていたことになる。

それにしても、『左伝』の編成者はずいぶん面倒な手間をかけてくれたものだ。年代別にバラしたりせずに、もとの説話のままに残しておいてくれたら、わざわざ紀事本末調に復原する必要もないのだが。しかし反面、こうした『春秋』と無関係な説話を、よくも丹念に各年度に配属して保存してくれたものだと感心もする。そうした『左伝』編成者の地味な苦心の跡を探し出すのも、『左伝』を読む一つの「おもしろさ」かもしれない。

## 四　文辞の効用

それとは別種の「おもしろさ」もある。列国間を往来する使者の慇懃《いんぎん》な口上の底に流れる辛辣な皮肉を読み取る「おもしろさ」だ。言葉そのものは慇懃だから、たとえ如何なる大国でも文句のつけようはない。しかも小国の存亡を賭けて義論《すじ》で立ち向かわれた場合には、実力でそれを圧《お》しつぶすわけには行かない。圧しつぶしたりすれば大国の人気が下落することを見越しての義論《すじ》であり、慇懃だから、大国にとっては厄介な話だ。そういう慇懃無礼ぶりを遺憾なく発揮しているのは、何と言っても鄭《てい》の子産（公孫僑《きょう》）の口上だろう。

鄭国は北方の晋、南方の楚の中間に位置して、絶えず軍事的な圧迫を受け、外交の力でその危機を切り抜ける道を伝統的にとらざるを得なかったが、ここではそのうちの一つ、襄公三十一年Dに見える子産の弁論をとりあげよう。

この年は魯の襄公が死亡した年で、その死亡の六月に子産は鄭伯（簡公）を輔佐して晋に赴いていたが、晋の側は魯が喪中だということを理由に、鄭伯の一行に会わなかった。すると子産は旅舎の土塀を全部こわして、車馬を中庭に引き込んだ。晋の士文伯（士匄《しかい》）が、「こういうことをされては困ります」と苦情を言うと、子産はこう答えた。

「敝邑《わがくに》は狭小で大国の間に狭まれ、貢納の要求は時の定めなく、ためにあわただしく国を後《あと》にし、貢納品を掻き集めて、このたび馳せ参じました。〔しかるに〕執事《そちら》にはお暇《ひま》もなく、まだお目にかかれぬ上に、何の御沙汰もなく、いつお目にかかれるか見当もつきかねております。礼物はまだお引渡ししてありませんが、日光や夜露にさらさぬようにしてあります。もしこのまま引渡せば、晋君の府庫に納まって、宮庭に並べる儀式がなくなるので、引渡さずにおるのです。もし日光や夜露にさらせば、時ならぬ乾燥や湿気で朽敗し、敝邑《わがくに》の罪を重ねることになります。僑《わたくし》の聞くところでは――」

と、ここで晋の先君文公が盟主であった頃には、諸侯をいかに大切に待遇したかが縷々《るる》として語られ、

「しかるに今、晋の銅鞮《どうてい》の離宮は数里にわたるのに、諸侯は隷人《れいじん》〔掃除係〕の小屋に泊らされ、狭い門に車は入れず、といって塀は越えられぬ。盗賊は横行し、疫病への備えもない。賓客は会見の見通しがたたず、接見の命がいつ下るかわからない。もしこのまま塀をこわさずにおれば、礼物を収蔵せぬまま〔朽敗させて〕、罪を重ねることになります。執事《そちら》におたずね申す。如何なる御指示を賜わるおつもりか。貴君は魯の喪のためと仰せられるが、敝邑《わがくに》にとっても憂慮は同じ。もし〔会見して〕礼物の献上を許されれば、塀を修理して出発いたします。これぞ貴君の御恵《みめぐ》み、その労を厭《いと》うものではございません」

士文伯がこれを執政の趙文子（趙武）に報告すると、文子は「これは自分の責任だ」と反省して、さっそく不行届きを詫びた。晋侯は鄭伯と会見して帰国させ、諸侯の旅舎を改築した。

以上が子産の口上とその効果だが、これに続けて『左伝』は晋の叔向《しゆくきよう》（羊舌肸《ようぜつきつ》）の次のような評言を附載する。

文辞《レトリック》の不可欠さは、この通りだ。子産の文辞のおかげで、諸侯も利を得たのだ。どうして文辞を手離せよう。『詩』に、

睦《むつ》まじき辞《ことば》にて民は協和し、
なめらかなる辞《ことば》にて民は定まる。（大雅　板）

とあるのは、これを心得たものだ。

ここで「文辞《レトリック》」と訳した原文は「辞」、すなわち引用された『詩』にある「辞《ことば》」である。『左伝』の他の個所では、「文」あるいは「文辞」とも表現されている。襄公二十五年9に、同じく晋の士文伯から、「なぜ軍服を着て陳の俘虜を献ずるのか」と詰問された子産が、滔々《とうとう》と故事来歴を述べて晋側を納得させた話があり、それを受けてこちらは「仲尼《ちゅうじ》」すなわち孔子が評言を加えている。

古書にこうある。「言葉（「言」）によって意図（「志」）が伝わり、文辞（「文」）によって言葉（「言」）が生きる」と。言葉（「言」）に出さねば意図（「志」）は相手にわからない。言葉（「言」）に出しても文辞（「文」）がなければ、相手に深く通じない。晋は覇者であり、鄭は〔晋の承認なしに〕陳に攻め入っている。文辞（「文辞」）がなければ成功しなかったろう。文辞（「辞」）は大切なものだ。

（　）内のカギつきは原文である。こういう子産を代表とする外交上の文辞《レトリック》は、『左伝』編成者が深い関心を寄せるものだったと思われる。ただし文辞の中にも役に立たぬものがある、との指摘もある。昭公二十六年7には、父景王・幼弟敬王と二十余年間にわたり対立した周の王子朝《おうじちょう》が諸侯に布告した文が収載されているが、その末尾に、この文辞を聞いた魯の大夫閔馬父《びんばほ》のきびしい評言を附記している。

文辞《レトリック》（原文も「文辞」）は礼を実行するのに必要なものだが、子朝は父景王の命に背《そむ》き、大国の

晋を疎遠に扱って、自分の意図ばかりを述べ立て、甚だ礼に合しておらぬ。文辞があっても役に立たぬ。

こうした「文辞」の中から歴代の『左伝』愛読者たちは、幾多の実践的範例を引き出していたに相違ない。

その他、国都の内と外に国君が二人並存した場合、臣下は如何に出処進退すべきか、といった困難な問題にも、『左伝』に語られた諸事例は適切な、または反面教師的な範例をいくつも示してくれる。劉向《りゅうきょう》の『説苑《ぜいえん》』などにもこうした言説は分類収録されているが、『左伝』にはそういう整理が加えられる以前の素材が、素材のままに並べられている。その雑然たる風合《ふうあい》が、また別種の魅力と言えるかもしれない。

## 五　季氏神話

以上のような駆足の説明だけでも、『左伝』という書物が一筋縄では括《くく》り切れぬ複雑な構成と内容を具えたものであることが推察されると思う。劉歆が偽作したという痕跡を探し出そうとすれば、それなりに、それに適応した証拠が探し出せるのも、こういう多様な内容だからだと言える。

そこで、ここではその複雑さの中から『左伝』の「隠しテーマ」探しをしてみたい。と言ってもこれは私の創説ではなく、童書業《とうしょぎょう》氏の『春秋左伝研究』（上海人民出版社、一九八〇年）に述べられたことの紹介である。

童氏によると、『左伝』には魯《ろ》の季孫《きそん》氏の家系を聖化し、特殊扱いしようとする一筋の糸が見え隠れしていると言う。季孫氏とは、魯の桓《かん》公から派出した三桓氏の一つで、公子慶父《けいほ》（共仲）を祖とする仲孫氏（孟孫氏ともいう）、公子牙《が》（僖叔）を祖とする叔孫氏と並ぶ、公子友《ゆう》（成季）を祖とする家系だが、季孫宿《しゅく》（季武子）・季孫意如《いじょ》（季平子）・季孫斯《し》（季桓子）と歴代魯の実権を握り、公室を凌ぐ力をそなえて、孔子などからその僭越ぶりを批判されたことは、『論語』にも見える（八佾《はちいつ》篇）。しかるに『左伝』では、季孫氏を批判した文も勿論あるが、一方、表面には露骨に出ぬ形で、季孫氏を聖化し、あるいは特殊扱いしていると見られる部分がある。

1　成季（公子友）が生まれるとき、卜楚丘《ぼくそきゅう》が卜《うらな》って、

「生まれるのは男子、名は友《ゆう》。公に仕えて魯の大臣となり、公室の輔佐となろう。季氏が亡《ほろ》びれば魯は昌《さか》えなくなる」

と言い、筮《ぜい》を立てると、「父の国君と同格になり敬《うやま》われる」と出た。生まれると掌に「友」の字の掌紋があり、そこで友と名づけられた（閔二B）。これが第一の瑞祥。

2　荘公の妾で僖《き》公の生母の成風《せいふう》は、1の成季に関する占辞を聞いて、これに事《つか》え、自分の産んだ僖公の後見役を成季に依嘱した。そこで成季は、閔《びん》公が死ぬと僖公を擁立した（閔二D）。

この叙述には真相が隠されている、と童書業氏は見る。成風が成季に「事《つか》」えたというのは、魯の文公の次妃敬嬴《けいえい》が、文公の叔父に当る東門襄仲《とうもんじょうちゅう》（公子遂《すい》）に「私通」して、自分の産んだ宣公の後見役を頼んだのと同類ではないか。さらに『史記』の魯世家によれば、隠公の父恵公は、はじめ隠公の妻として迎えたはずの仲子《ちゅうし》を横取りして自分の夫人とし、桓公が生まれたとあるが、『左伝』はその辺の事情をぼかして、「隠公が立って〔幼少の〕桓公を奉戴した」とわかりにくい書き方をしている。これは、桓公に対する隠公の立場も、実は襄仲などと同類の後見役だったことを示すのかもしれないと童氏は言う。

ただし先君の死後、一族の子弟が先君の妾を再娶した事例は、「烝《じょう》」とよばれて春秋時代各国でい

くつか見られることは、童氏の師に当る顧頡剛《こけつごう》氏（一八九三〜一九八〇）の研究にある。後世の礼教からは夷狄禽獣の道とされたことが、春秋時代には中国でも行われていたようだ。

3　季平子に逐《お》われた昭公は、亡命先の乾侯《かんこう》で死亡した。晋の趙簡子が「なぜ誰も季氏を罪しないのか」とたずねると、史官の蔡墨《さいぼく》はこう答えた。

「物の生まれかたには、両《ふたつ》と、三と、五とがあります。……〔中略〕……王には公、公には卿があるのは、いずれも〔主に対して〕副をもつもの。天が季氏を生んで魯侯の副とされてから、長い月日がたっているから、民が服従するのも当然でしょう。魯の国君は代々安逸に流れ、一方、季氏は代々勤勉につとめ、民は国君を忘れてしまったため、国都外で死んでも誰も可哀そうに思わぬのです。社稷《しゃしょく》の祭主がいつまでも不変ではなく、君臣の位がいつまでも不変ではないのは、昔からそうなのです」

と、つづいて1の卜楚丘《ぼくそきゅう》の予言を引用し、季氏が歴代功績を積んで来たこと、東門襄仲の専権以後、魯君が実権を失ったこと、その間、宣・成・襄・昭の四公にわたって政権は季氏に帰し、民は国君の存在を知らぬのだから、国君が国政を握れるはずがない、と述べる（昭三十二6）。季孫氏執政の全面謳歌を、晋の史官の口を通して語らせているのである。

4　哀公は三桓の倨傲《きょごう》ぶりを嫌って、諸侯を利用してこれを排除しようとした。三桓の方も公のでたらめさを嫌い、ために君臣間に摩擦が多かった。……〔中略〕……公は越とともに魯を攻めて三桓を排除しようと考えた。秋八月甲戌の日、公孫有陘《ゆうけい》氏に赴き、それに乗じて邾《ちゅ》に逃れ、ついで越に赴いた。国人は公孫有山《ゆうざん》（有陘）氏に〔哀公を出国させた〕罪を押しつけた（哀二十七D）。

この記事も『史記』の魯世家と食い違っている。『史記』では、八月に公が有陘氏に赴くと、三桓は公を攻め、公は衛に逃げ、さらに鄒《すう》（邾）から越に赴いた、そして哀公は帰国後、有山氏で亡くなったとある。『左伝』には三桓が公を攻めたこと、帰国して有山氏で死亡したことの記述がなく、越に行きっ放しで終わっているのは、季康子のために諱《い》んだのだと童氏は見ている。公孫有山氏は季氏の一党であり、季氏から哀公暗殺の命を受けることもあり得ぬことではない。「国人は有山氏に罪を押しつけた」という言い方の背後に、そのことが匂っている、というのである。

ここまで来ると、やや穿《うが》ち過ぎの感がなくもないが、『左伝』の措辞の一行一句にも、このような思いも寄らぬ仕掛があるのかもしれぬと思うと、なにやら背筋がうそ寒くなって来る。

どうやら「おもしろさ」を通り越して「おそろしく」なって来た。「おもしろさ」を探って散歩を試みた一文も、ここらでおしまいにしよう。

# 5　左伝と史記

伝統ある古事記学会が本学（学習院女子短期大学）を会場に選ばれたことを光栄に思います。にもかかわらず設備が不十分で申しわけありません。会場校から一名話をするのが本会の慣例だそうでして、それなら会員である記紀神話研究の本学神田典城助教授が適任のはずですが、学長としての挨拶を兼ねて話をしろという主催者側のお言葉に、うっかり乗せられて今日に及んだ次第です。

司会の方から過分な御紹介をいただきましたが、私の専門は「中国古代史」ということになっておりまして、『古事記』とはほとんど縁がありません。せいぜい左・国・史・漢とよばれる中国の古典的史書がわが国でも古来親しまれている、という程度の関係しかありませんが、「古事記と日本書紀」といったテーマは、私にとって常々魅惑的な問題だと感じています。そこでここではそれに真似て、「左伝と史記」を題目にかかげて責めを塞がせていただこうと存じます。古事記学会のみなさまには全く別な領域の話ではありましょうが、なにがしかの御参考になれば幸いです。

## 一　「平成」の出典

一九八九年一月七日の朝、新元号を「平成」とする旨の内閣官房長官発表の際に、その出典は『史記』五帝本紀の「内平外成」、『書経』大禹謨の「地平天成」であるとされたのを御記憶の方も多かろうと思います。

『史記』と言えば、日本でも熟知の中国の代表的歴史書。その中の黄帝や堯・舜の事蹟を述べた五帝本紀から文字を択ぶのはなるほどと言えましょう。一方、『書経』（一名『尚書』）の大禹謨といえば、『書経』の中でもとりわけ成立時期が疑われて来た一篇でして、それに出典を求めるとはどういうわけか、と一、二の方が不審を述べられたのも不思議ではありません。

　これと類似の句が実は『春秋左氏伝』——略して標題のように『左伝』とも申しますが——にもあることを直ちに思い出せなかったのは、長年『左氏伝』を繙いて来た私にしては不覚でしたが、辞書類を手がかりに調べてみると、文公十八年の条にあることがわかりました。この年（紀元前六〇九年）、莒《きょ》の大子僕が国君を弑して魯に亡命して来たところ、文公は僕に領邑を与えようとした。すると執政の季文子は役人に命じて僕を国境外に追い出させてしまう。そのわけをたずねた文公に対し、季文子は大史克《こく》を通じて、凶悪な人物を追放した故事を長々と説明させる。その講釈の中に「地平天成」「内平外成」の句が出て来るのです。

　余談ですが、この文公十八年条を含む私の現代語訳『春秋左氏伝』上巻（岩波文庫）は、この時からつい一ヵ月半ほど前に刊行されたばかりでして、訳稿には何度も手を入れ、校正も数回にわたって念入りに眼を通していたはずですから、「平成」と聞いてすぐに『左氏伝』がピンと来なかったのはお恥かしい次第です。

　大史克の長い講釈は私の訳文を見ていただくこととして（上巻三九四～三九七頁）、いま問題としている句の部分だけ原文で示すと、

ⓐ……舜臣レ堯、挙二八愷一使レ主二后土一、以揆二百事一、莫レ不二時序一、地平天成。

ⓑ挙二八元一、使レ布二五教于四方一、父義、母慈、兄友、弟共、子孝、内平外成。

です。これを私の訳文で言うと、

ⓐ……舜が堯に仕えてから、八愷を登用し、大地を掌り諸政策を整備させせると、万事は順当に運び、

天地は平静になりました。

ⓑまた八元を登用し、四方の国々に五教を宣布せしめると、父は義に、母は慈に、兄は友《ゆう》に、弟は恭《きょう》に、子は孝に、内外は平静になりました。

となります。「地平天成」「内平外成」を、それぞれ「天地は平静」「内外は平静」と縮めて訳した点には異議があるかもしれませんが、肝腎なことは、「地平天成」と「内平外成」の二つが一つながりの文の中で、しかも八愷・八元を登用した結果としてパラレルに敍述されている点です。

ところが『史記』五帝本紀を見ると、

ⓐ……至レ堯、堯未レ能レ挙。舜挙二八愷一、使レ主二后土一、以揆二百事一、莫レ不二時序一。

ⓑ挙二八元一、使レ布二五教于四方一、父義、母慈、兄友、弟恭、子孝、内平外成。

とほとんど『左氏伝』と同文なのですが、ただ一つ、ⓐの末尾にあってⓑの末尾と対《つい》になるべき「地平天成」の四句が欠けているのです。そこでやむなく、疑問の多い書物だけれども『書経』大禹謨に、

……帝曰、兪、地平天成、六府三事允治、万世永頼、時乃功。

とあるのを典拠として追加せざるを得なかったのだ、と推察します。

いかがでしょう、『左氏伝』文公十八年と『史記』五帝本紀とをくらべれば、『左氏伝』の方が形式・内容ともに整っており、「地平天成」を欠いた『史記』が不完全な文であることは一目瞭然ではありませんか。でもなぜ『左氏伝』が典拠に挙げられなかったのか。おそらく元号の出典を考えた方は、日本人に親しまれている『史記』、儒教の経典である「五経」の一つ『書経』、この二つを挙げるのが正統的だと考えられたのでしょう。それにくらべて『左氏伝』は、『春秋』経の三伝の一つ、しかも『公羊伝』『穀梁伝』よりも成立についてウサンくさい事情がある（後述）、それを典拠とするの

はおめでたい新元号にふさわしくない。――と、そんな風に考えたのではないか。これはあくまで私の臆測ですが。

## 二 『左伝』は『史記』の後か

「平成」の出典に関しては、『史記』五帝本紀などよりも『左氏伝』文公十八年を挙げる方が妥当なことは以上述べた通りですが、では『史記』と『左氏伝』という二書はどういう関係にあるのか、となると、これは相当に厄介な問題を含んでいます。『左氏伝』は『史記』よりも後に成立した書であるだけでなく、成立の由来そのものに怪しげな点がある、という議論がいろいろな人によって述べられているのです。ごく近年でも徐仁甫氏などは、

『左伝』は四字句を増添する例が多く、文公十八年の場合も「内平外成」の句があるので「地平天成」を増加したのだ。

と全く『左氏伝』を信用していません（『左伝疏証』一九八一年）。徐氏の考え方に従えば、文章として完整されていることは成立が後である証拠となるわけです。徐氏は文公十八年のこの条のみならず、『左氏伝』と『史記』の全書にわたって対比を行ない、『左氏伝』の文章は『史記』に加工して出来たものである、『左氏伝』の文を『史記』が縮約したのではない、それは劉歆《りゅうきん》のような学殖がなければ書けるものではない、と力説しています。

『左氏伝』が古今を通じての名文であることは定評のあることですが、名文というものは多分に読者個人の趣味に属するものですし、名文が必ずしも後世の碩学によって書かれるとも限りません。徐仁甫氏のような考え方がはたして全書にわたって妥当するか、別な例で対比してみましょう。

『春秋』経の宣公十二年（紀元前五九七年）、夏六月乙卯の条に、

晋荀林父帥ㇾ師及二楚子一戦二于邲一、晋師敗績。

という記事があります。晋・楚両大国の三度にわたる会戦の中で、晋の側が大敗した邲《ひつ》の戦のことを述べた記録です。晋の荀林父とは中行桓子、楚子とは楚の荘王のことです。黄河南岸の邲で楚軍に襲われた晋の軍隊は、先を争って黄河を渡り北岸に逃れようとします。しかし舟には限りがあり、乗り遅れた人は舷側にすがって舟によじのぼろうとする。乗ってしまった人は舟が沈んではかなわぬと、舷にかかった指を斬り落す。その阿鼻叫喚の混乱ぶりを『公羊伝』はこう記しています。

……荘王鼓、晋師大敗。晋衆之走者、舟中之指可ㇾ掬矣。

晋軍の逃げようとする者で、舟底の指は両手で掬えるほどになった。「矣」というのは完了形に相当しますから、掬えるほどになった、と訳したらよいでしょう。

『左氏伝』の方は邲の会戦に至る両軍の動静から、戦闘中の逸話に至るまで、私の訳本で二〇頁近くにわたって詳細に物語りを展開していますが（上巻四四〇～四五五頁）、劇的な乗船の場面については、

……遂疾進ㇾ師、車馳、卒奔、乗二晋軍一。桓子不ㇾ知ㇾ所ㇾ為、鼓二於軍中一曰、「先済者有ㇾ賞」。中軍・下軍争ㇾ舟、舟中之指可ㇾ掬也。

と最後の部分はほぼ『公羊伝』と同文です。「可掬矣」が「可掬也」となっていますから、「両手で掬えるほどであった」と訳すべきでしょうが、私の訳文は「掬うほどになった」となっている（四五〇頁）。すこし『公羊伝』に引きずられた訳文だったと反省しています。

それでは『史記』はどうなっているか。『史記』で邲の会戦を叙述しているのは晋世家の部分ですが、そこではこうなっている。

景公三年、……楚與㆓晋軍㆒大戦、鄭新附㆑楚、畏㆑之、反助㆑楚攻㆑晋。晋軍敗、走㆑河、争㆑度、船中人指甚衆。

「船底の指は両手で掬えるほどになった」、あるいは「掬えるほどだった」、という『公羊』『左氏』両伝の記事の部分が、ここでは「船底の人間の指はたいへん多かった」と、きわめて散文的になっていると思いませんか。

ところが徐仁甫氏はこの三者を比較して、

『史記』はその用辞が確切でなく、且つ率直を嫌っている。『左氏』は『公羊』を用い、「掬フ可シ」によって指の多さを形容し、生き生きとして具体的である。

と『左伝』の名文を頌揚するのですが、そこで一転して、

これによっても『左伝』が『史記』から加工したものであって、『史記』が『左伝』にもとづいて文を要約したものではないことがわかる。

と断定するのです。はたしてそのように言い切れるでしょうか。平心に比較した場合、『公羊』のが最もヴィヴィッド、『左氏』はそれに次ぎ、『史記』は感情を抑えて状況叙述に徹している、といった感じがしませんか。『公羊』や『左氏』のような文学的表現が前景にあるにもかかわらず、『史記』は敢てそれを排しているような気もします。これは私の印象にすぎませんが、徐氏のような断定が必ずしも説得力をもたないことの一証にはなろうかと思います。

## 三　劉歆伝の読み方

徐仁甫氏のような説が出て来るのは、『左氏伝』がはたして春秋時代の左丘明の伝なのか、それと

も前漢末の劉歆による偽作ではないのか、という古来解決困難な難問が存在しているためです。

『左氏伝』成立の由来を伝える記録は、次の『漢書』劉歆伝の一節がほとんど唯一のものであり、それだけにその記事内容の信憑性について果てしない議論が続いて来ました。劉歆伝、くわしく言うと巻三十六「楚元王伝」附載の劉歆伝ですが、問題の部分は次の個所です。いま三段に分けて原文と解説を加えると、

①歆及向始皆治レ易。宣帝時、詔レ向受二穀梁春秋一、十余年、大明習。及三歆校二秘書一、見二古文春秋左氏伝一、歆大好レ之。時丞相史尹咸以三能治二左氏一、與レ歆共校二経伝一。歆略従二咸及翟方進一受、質二問大義一。

ここで「向」とあるのは劉歆の父劉向《りゅうきょう》のことで、『七録』という漢の帝室の蔵書目録を作成した人ですが、その劉向は『穀梁春秋』を勉強した。彼が『穀梁』を愛好しつづけたことは後述の③に見えますが、息子の劉歆は秘書（帝室の蔵書）調査を手伝っているうちに、「古文」で書かれた『春秋』と『左氏伝』とを見かけ、これを愛好したとあります。父とは好みがちがったわけです。ここで「古文」とあるのは、先秦時代の列国の通用文字のことです。秦の統一以後、漢代に入ってから普及していた「今文」に対して「古文」と言われました。

その「古文」で書かれた『左氏伝』に劉歆は目を止めた。この書き方は理解に苦しむところがあります。というのは、ここで劉歆が現在見るような『左氏伝』をすでに見つけてしまったら、次の②で言うような劉歆の工作は今さら不必要なわけです。だからここでいう『左氏伝』とは、劉歆が造作を加える以前の素材としての『左氏伝』ということにしておきましょう。

ともかくそれに興味を抱いた劉歆は、尹咸《いんかん》や翟方進《てきほうしん》といった『左氏』研究の先輩について「大義を質問した」とあります。この『左氏』というのも難解です。劉歆が見つけた（はずの）「古文」の

『左氏伝』が、尹咸らによってすでに研究対象とされていたのなら、劉歆には何の出番もないはずです。次の②の作業を劉歆がしたからには、①の尹咸らが通じていた『左氏』は、『春秋』経の「大義」を解明するスタイルのものだったにちがいありません。つまり『公羊』『穀梁』両伝のように、あくまで経文に沿ってその書法の「大義」を忠実に解説する内容のものだったと思われます。そういう書法の解説部分は、現本の『左氏伝』にも「書シテ……ト曰《い》フハ」という形で残っていると思います。
そこで第二段に入りましょう。

②初左氏伝多㆓古字古言㆒、学者伝㆓訓故㆒而已。及㆔歆治㆓左氏㆒、引㆓伝文㆒以解㆑経、転相発明、由㆑是章句義理備焉。

「初メ」とは、ここでは「ところで」とでもいった転折詞です。『左氏』、これは劉歆の見つけた素材としての『左氏伝』のことと読まねばなりません。それには「古字」「古言」が多い。これは当り前のことです。ところが「学者は訓故を伝えるだけだった」。この「学者」とは誰か。①で挙げられた尹咸・翟方進を指すと思います。『左氏』の「大義」に通じていたはずの彼らですが、その「大義」闡明の方法は、あくまで経文に沿った「訓故」であった。そこで劉歆は『左氏』のそうした解経部分に加えて、「古文」で書かれた素材としての『左氏伝』の豊富な史伝を大胆に引用した。ただし引用はあくまで「経」に対する「伝」のスタイルをとらねばならない。たとえ一《ひと》かたまりとなっている説話でも、『春秋』経の年月日にできるだけ対応する記述として処理しなければならない。「伝文ヲ引イテ以テ経ヲ解シ、転ジテ相ヒ発明ス」とはその作業を指すものと考えられます。

もちろんこの表現には崔適《さいてき》が指摘するように矛盾があります。はじめから「伝文」があったのなら今さら劉歆が「伝文ヲ引イテ以テ経ヲ解シ、転ジテ相ヒ発明スル」までもなかろう、というわけです。しかしここの「伝文」は①でも述べたように、素材としての「古文」の『左氏伝』と理解すべきでしょう。そうでないと劉歆のやったことが無意味になります。崔適という清末の学者は、今文学者として古文系の『左氏伝』等を徹底的に疑ってかかる人でしたから、劉歆伝の揚げ足取りに熱中しています。用語の矛盾を指摘するのもだいじですが、舌足らずの表現の中からコトの次第を読み抜く眼も必要だと思います。

みなさんが『春秋左氏伝』を繙かれると、記事内容がひどくバラバラだという印象をお持ちになると思います。それもそのはず、現行の『左氏伝』は今述べた劉歆のそうした作業によって、いとも見事に、まとまりのある説話までが『春秋』経の年月日順に分裂、配置し直されているからです。とても通読できる代物ではありません。私の訳本では、そこで各巻末に「列国大事索引」をつけて、各年代の項目の記号をたどれば一連の事件として選読できるよう工夫しました。お試し下さい。

劉歆はこの配分作業の他にも、「凡ソ……」に始まる凡例や、「君子曰ク……」といった評語を新たにつけ加えたかもしれません。とにかくそうした作業によって『左氏伝』は、従来からの『左氏』の章句の「訓故」に加え、豊富な史伝を織り込んだ「義理」をも備えるようになった、というわけです。

以上が『左氏伝』成立の経過だとすると、次はそれに対する劉歆の評価の個所です。

③歆亦湛靖有㆑謀。父子倶好㆑古、博見彊志、過㆓絶於人㆒。歆以為、左丘明好悪與㆓聖人㆒同、親見㆓夫子㆒、而公羊・穀梁在㆓七十子後㆒、傳聞之與㆓親見之㆒、詳略不㆑同。歆数以難㆑向、向不㆑能㆓非間㆒也、然猶自持㆓其穀梁義㆒。……

劉向・劉歆ともに「古ヲ好ミ」、その博覧強記は超人的だったが、劉歆の方は『左氏伝』を高く評価した。なぜかと言えば、『左氏伝』の作者左丘明は『春秋』経に筆削を加えた孔子と同時代で、孔子に「親見」しているのみならず、その好悪も孔子と同じくした人物だった（『論語』公冶長篇）。「傳聞」によって伝を書いた公羊子・穀梁子のような後輩よりも、左丘明の方がはるかに内容に詳しいのは当然だ、というわけです。
そういう考えを劉歆は父に対して主張し、父も息子の説を否定は出来なかったが、それでも自らの『穀梁』の立場は捨てなかったと言っています。

## 四　対立する見解

以上が『漢書』劉歆伝の『左氏伝』成立に関する叙述のすべてですが、この内容自体に疑惑の眼を向けたのが、古文学派と対立する今文公羊学派の人たちでした。今文・古文両学派の対立は、劉歆が古文経学派を漢王朝の博士官に立てようと運動して以来のことですから、二千年の歴史があるわけです。その詳細はとても述べ尽くせませんが、清朝中期以後で言えば、劉逢禄《りゅうほうろく》の『左氏春秋考証』（一八〇五年）、康有為《こうゆうい》の『新学偽経考』（一八九一年）などは、上記の①②③の記述すべてを古文学派による捏造、偽作として認めません。

そこまで懐疑的でなくても、スウェーデンの東洋学者カールグレンは、『左氏伝』に用いられている「若」「如」、「於」「于」などの介詞の用法を、『論語』や『孟子』のそれと対比して、その用法が両者で一致しないことから、『左氏伝』の作者を孔子が親近した魯の君子左丘明とする③の記述は成り立たない、としています（原著は一九二六年、翻訳は『左伝真偽考』一九三九年）。

思想史的文献学者としても著名なわが国の津田左右吉も、『左伝の思想史的研究』（一九三五年）で、『左伝』の思想には漢代儒家による潤色が多く、『史記』よりも後の製作であると見ている点は、さきに挙げた徐仁甫氏と共通しています。しかし一方、このような『左伝』後出説を不当として、『左伝』を先秦時代に成立していた真書と論じた鎌田正氏の『左伝の成立と其の展開』（一九六三年）もあります。鎌田氏によると、『左伝』は子夏の系統を引く魏の史官左氏某によって、紀元前三二〇〜三一七年の間に成立したということです。『左氏伝』のような古典の作者を、特定の人物、さらに特定の時点に煮つめることは私は必ずしも必要ないと思いますが、今文学派や文献学者の偏った『左氏伝』攻撃の熱を冷ます反論として傾聴すべきでしょう。

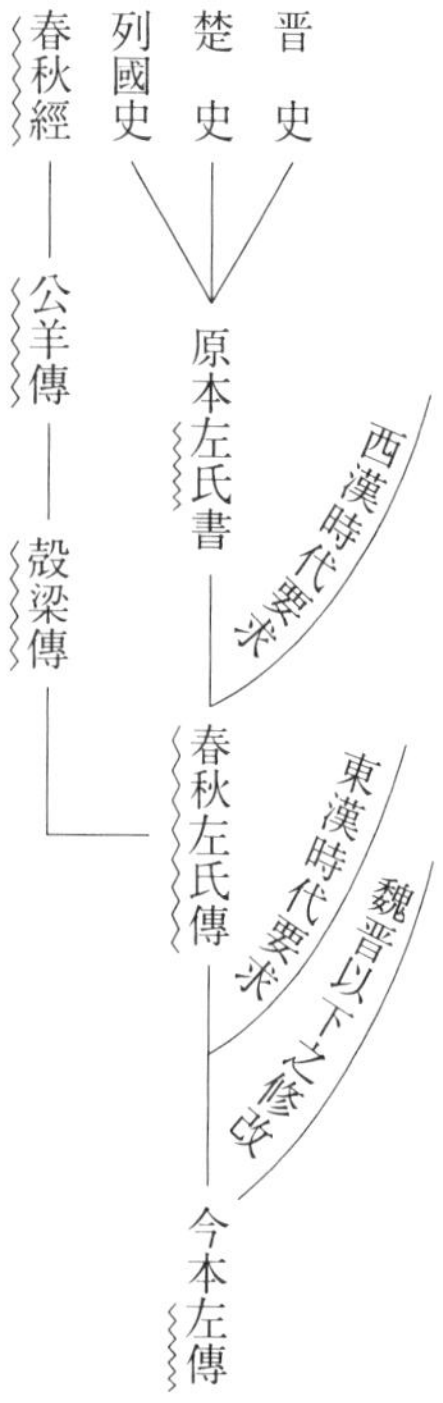


**第Ⅰ図**

近頃手に入った『春秋三伝及国語之総合研究』（一九八八年）という小冊子は、抗日戦下に重慶にいた顧《こ》頡剛《けつごう》氏の講義を当時学生だった劉起釪《りゅうきう》氏がノートしたものですが、〔第Ⅰ図〕のような成立系統を考えています。先ず魯の年代記だった『春秋』経と同時代には、列国史、とりわけ楚や晋の史書があり、それらを集成して『原本左氏書』が成った。その原本を『春秋』経の年月日に配して分挿し、『公羊伝』『穀梁伝』に準じた体裁に仕立てたのが『春秋左氏伝』である。その際に、漢を尭の後裔とするような五行説による記述が紛れ込んだ。それは火徳の尭の後裔の漢を、土徳の舜の後裔の王莽が受けつぐべきであるとする西漢（前漢）時代の要求に応じた追加である。同類の追加・修改はさらに東漢（後漢）時代や魏晋以降にもあり、それらをすべて含めて『今本左伝』が出来上っている、と顧氏は見ています。

最後のあたりの論証は説得力が不足しているように思いますが、顧頡剛という学者は一九二、三十年代に『古史辨』という論文集を編著して古典文献の成立を批判的に分析し、「疑古派」という称号を奉られた人です。その顧氏がここでは『原本左氏書』の存在を考えているのは、学派の偏見にとらわれぬ公正な態度であり、それなりに重視すべき見解だと思います。

## 五　『左氏伝』の形成過程

顧頡剛氏の言う『原本左氏書』は、もちろん想定された存在ですが、おそらくは私がさきに述べた素材としての「古文」で書かれた『左氏伝』に当たるものと思います。『左氏伝』とは言っても、正確にはまだ『春秋』の「経」に沿った「伝」の形態にはなっていないはずですので、以後はこれを『古文左氏（伝）』というように表記することにします。

私自身が『春秋左氏伝』の形成過程として頭に描いているのは〔第Ⅱ図〕のようなものです。それに即して説明を加えると、

（Ⅰ）先ず春秋時代の列国には史官による年代記的な記録があった。「史記」というのはそういう史官の記録の一般名詞である。晋では『乗』、楚では『檮杌《とうこつ》』、魯では『春秋』とよばれていた史記のうち、『春秋』だけが伝わっている。それは孔子が筆削を加えたという聖なる伝承に支えられ、『公羊』『穀梁』『左氏』などの諸「伝」にくるまれ「経」として保存されたからである。

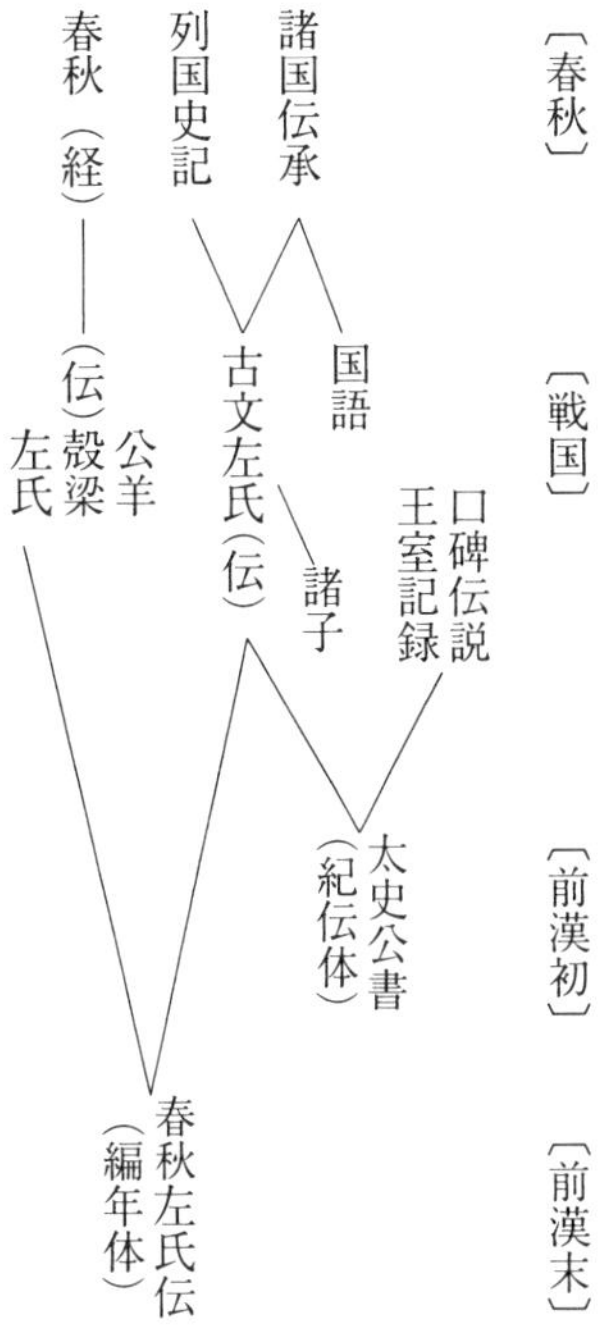


第Ⅱ図

こういう文字記録の他に、春秋時代の各国や各族には主に口

誦による伝承があった。伝えたのは盲目の瞽《こ》や楽師たちで、伝承を通じて国や族ごとのアイデンティティが保持された。口誦を重ねるうちに伝承はリズムに合し、表現は洗練されて行く。

（Ⅱ）戦国時代中期以降になると、（Ⅰ）の記録や口頭伝承をまとめて文字に写定することがおこった。この編集・写定がどこかの国君の指示で行なわれた、という記録はとくにないが、この段階で、鎌田氏が言うように、魏の史官左氏某のような人物がかかわっていたと想定することは可能である。

　この写定材料が帛《きぬ》であったか竹簡であったかも確定できないが、後に『左氏伝』へと解体・再編集できたことを考えると、やはり年代や事件ごとにバラバラに分解できる竹簡の冊書の体裁だったろうと想定できる。これが、私のいう『古文左氏（伝）』に当たる。そのスタイルは現本『国語』に近い、国別、人物別、説話別にそれぞれまとまった形であったろう。馬王堆出土の帛書『春秋事語』などがその原形を髣髴とさせる。

（Ⅲ）文字に写定された『古文左氏（伝）』は、さらに諸国間に転写され、著作家によってしばしば引用される。劉正浩氏の『周秦諸子述左伝考』（一九六六年）によると、「述事立意が左伝に本づく」と見なされる個条は、『韓非子』で四二条、『呂氏春秋』で三八条、『晏子春秋』で二六条、『管子』で二〇条等々にのぼるとある（少々判定が甘すぎるが）。

　戦国各王室の書庫にも当然所蔵された。秦から漢へと受けつがれた秘書の中にも『古文左氏（伝）』が含まれていたはずで、太史令という記録官であった司馬談・司馬遷父子がこれを調査し、「一家之言」である『太史公書』の述作に利用できる条件は十分にあった。むろん司馬氏父子は、秦以来集中して蓄えられていた各国王室の公式記録類も閲覧利用できたし、民間伝承の口碑伝説類も旺盛に収集して、紀伝体の『太史公書』（いわゆる『史記』）の内容を充実させている。

（Ⅳ）前漢末になって、劉歆が『古文左氏（伝）』を秘書で見つけて愛好し、それまであった経文訓故中心の『左氏』に加えて、『古文左氏（伝）』の内容を大量にとりこんだ『春秋左氏伝』に仕上げた。その際に彼はそれを『春秋』という「経」の「伝」とするために、国、人物、説話ごとにまとまっていたものを、魯の十二公の在位年、月、日順にわざわざバラして配列し直した。つまり割裂して編年体に作り変えてしまった。

今から思えば、原典を原典のまま保存してくれればよかった、余計な手を加えてくれたものだ、と言われようが、そういう体裁に造作することが劉歆にとっては不可欠だった。なぜなら、そのような『春秋』経に沿った編年体の「伝」でなければ、今文学派の『公羊伝』『穀梁伝』と別個に「古文」の博士官を新設する運動は有効でなかったからだ。ただしその折に③の左丘明の権威に仮託したところに、彼の造作のアキレス腱が生じてしまったが。

## 六　再び「平成」の出典

さきにも申しましたが、私が『春秋左氏伝』の現代語訳を岩波文庫に収めるに当たって、各年度の説話ごとに記号をつけ、巻末に附した「列国大事索引」によって一連の事件として選読できるようにしたのも、ひとえに現在の『春秋左氏伝』が上に述べたような経過で出来上ったことによるものです。普通に通読をしても、一体何が書いてあるのやらつかめない。『春秋左氏伝』はそういう厄介な本になってしまっているのです。しかし見方を変えれば、そう変てこなスタイルであればこそ、現本『春秋左氏伝』のもとになった『古文左氏（伝）』の原形を推測する材料となりうるとも言えましょう。

標題の「左伝と史記」に即して集約して言うと、司馬氏父子の『史記』は、『古文左氏（伝）』を利用できた可能性がある。そしてその『古文左氏（伝）』の原形を推測するには、『史記』の記述と慎重に対比すると同時に、現在の年代記の形をとっている『春秋左氏伝』の各条を再びバラして再構成する道があるということです。

そこまで話が来ますと、冒頭で言った「地平天成」、「内平外成」の出典として『春秋左氏伝』を挙げることも、十分許されることであります。もっと正確に言えば、『史記』の五帝本紀に引かれた文は、『古文左氏（伝）』の不完全な引用であり、現本『春秋左氏伝』文公十八年に引用された大史克の発言の方が、『古文左氏（伝）』を忠実に写している可能性があるということです。そうまでうるさく言わないでよいとすれば、「地平天成」「内平外成」の出典は『春秋左氏伝』文公十八年です、としてもそう間違いにならぬでしょう。

――ということで、まとまりのない私の話を終わらせていただきます。蒸暑い中で、面倒なお話を御清聴ありがとうございました。

# 第一巻　あとがき

今や人生五十年の倍、百歳もザラになりつつある時代。

その四分の三、スリー・クォーターの七十五歳を迎える前後から、職務の繁忙に追われて年来持ち越してきた身辺の雑事を整理する余裕が生じた。

某月某日、と言いたいところだが、幸か不幸か私の手元には手帳があって、それによると三月二十二日の午後、電話が鳴った。もと筑摩書房編集者の風間元治さんから、退職後の様子伺いの電話である。当方、三月前半の「ドイツ・オーストリア音楽鑑賞の旅」を満喫して帰国した直後で、少々旅疲れの気味だという返事をした覚えがある。以下、月日はすべて手帳の記載に拠る。

風間さんは筑摩書房時代から、『古史辨自序』で知られた顧頡剛に関する私の仕事に関心を持ち、一九八七年には『抗日戦下の中国知識人——顧頡剛と日本』を一本にまとめ、また九六年には旧著『古代中国に生きる』（三省堂・一九八〇年）を〈ちくま学芸文庫〉に収めてくれている（『入門 史記の時代』と改題）。筑摩時代から、どちらかと言うと一匹狼的な仕事ぶりだったようだが、定年退職後は一層その編集者気質を発揮して、あれこれの企画に奔走しておられるようだった。

三月三十一日付で、大阪の旅先から風間さんのハガキ（裏面は泉屋博古館所蔵の青銅器の写真）が届いた。旅の疲労はとれたか、という見舞いなどの文末に、「是非『小倉芳彦一巻選集』を作りましょう」とあるのを、その時の私はフーン、本気なのかね、といった程度の気分で眺めたと思う。

四月十八日、電話があり、近況を問いに来週来宅したいと言う。ここ十年以上は勤め先で用事を済ませていたから、自宅へ来てもらうのは久し振りである。二十五日午後、一回目の来宅では、旧著『吾レ龍門ニ在リ矣』を軸とした〈現代中国論〉的なものを論集として、現在編集顧問をしている論創社から出したい、という話だった。『呴沫集《くまつしゅう》』の仲間である本多海太郎君とは面識があるので、この企画に私の同意が得られるなら、著作集刊行会を作ることを本多君に頼みたいと言うので、承諾した。その頃私は『歳月記』と仮称する回想記風のものを執筆中で、予定の半分位までワープロで書き上げている事なども風間さんに話した。

五月八日消印のハガキでは、四日に本多君に会って、刊行会の件を近く『呴沫集』編集の集まりの際に話題にすると言っていた由。十六日、本多君に来てもらって、風間プランについて意見を交換した。丁度その頃、数巻に亘るアジア史関係の個人論集が某大出版社から出る予告があったので、それと見較べると、私のは『ヤブ睨み中国論』といった本にしかならんネ、と苦笑したものである。

五月二十三日の第二回来宅の後、六月に入って風間さんは電話で、論創社社主の森下紀夫さんが、旧著『中国古代政治思想研究――左伝研究ノート』も論集に入れたい、と言っている旨を伝えた。六月二十日の第三回来宅に風間さんは森下さんを同伴され、『左伝研究ノート』と『新編・吾レ龍門ニ在リ矣』との二冊本の構想を示された。スキャナーを使用せずに、オペレーターに新規に入力させるという。前者には難しい字が多いですよと警告したが、是非ともやりたいとおっしゃる。両氏の辞去後、私は早速、二冊本の目次案を作り、ファクシミリで本多君に送信した。

七月四日の夕方からは、『呴沫集』発行世話人会がある。ところがその日の午後、風間さんが四回目に来宅し、前の二冊に加えて、岩波新書の『古代中国を読む』にエッセイ類を加えた本も作って、合計三冊にしたいと申し出た。私はこの新しい案を『呴沫集』世話人たちに紹介し、連絡元を本多君として、著作集刊行会を作ってもらうことにした。

七月十五日の六回目の来宅で、三巻本の内容を検討した結果、中国に直接関わりのないエッセイや、単行本の書評類は、今回は省くことにした。真夏の盛りにも風間さんの足は止まらず、八月十六日の七回目の来宅の際には、三冊本の具体的な目次案が出来上がっていた。その頃には、私の仮称『歳月記』も書き上がって、最終章の「ライフワーク?」という節では、七十五歳現在で顧みると、自分のやってきた仕事が次の三本の柱に帰着することに思い至っていた。

1　『左伝』の研究と翻訳および諸子百家論

2　「文化大革命」にかかわる各種の論説

3　『古代中国を読む』などの〈告白系〉文章

今回の三冊本が、この三本の柱にピッタリ合致し、すべてを網羅しているわけではないが、それでも私という人間の粗筋を知っていただくには役立つであろう。

＊

第一巻に収録した文章の初出ならびに転載書は次の通りである。

Ⅰ

古代中国を読む（岩波新書）　岩波書店　一九七四年

Ⅱ

蘇州の運河／馬王堆の木槨／銀縷玉衣／李太郎と龍門／白馬寺門前／茘枝譜／元祐党籍碑／花石綱／海印寺の大蔵経／孝陵と十三陵の間／マカオの媽祖廟／崇禎帝の「殉国」／太平軍讃歌／疫病神退散／陶山書院

以上、週刊朝日百科『世界の美術』〈美術余話〉に連載　朝日新聞社　一九七九年〜八〇年

展覧会の憂鬱（『学習院新聞』一二七）　学習院新聞社　一九六三年

陶俑・陶馬と秦帝国（『図説 中国の歴史』月報二）　講談社　一九七六年

「南郡主騰文書」（『歴史読本』七八―一）　新人物往来社　一九七八年

影射史学（『歴史読本』七八―一〇）　新人物往来社　一九七八年

中国旅行近況（『歴史読本』七九―一二）　新人物往来社　一九七九年

茂陵行（『ぶっくれっと』二九）　三省堂　一九八〇年

隴海線の旅（『赤れんが』一二）　学習院女子短期大学　一九八六年

蜀の桟道をたどる（『東方』七〇）　東方書店　一九八七年

　中訳「蜀桟道之旅」（『石門』三）　褒斜石門研究会　一九八八年

現代「論語読み」（『高校資料』一―五）　三省堂　一九六三年

漢文訓読あれこれ（『思想』五八〇）　岩波書店　一九七二年

　再録　改題「日本文化としての漢文訓読」（『思想の言葉』Ⅱ）　岩波書店　二〇〇一年

颶風ニ遇ヒテ舟ヲ敗ル（『全釈漢文大系』月報六）　集英社　一九七四年

酒ハ及バザレバ乱ス（『本』八二―四）　講談社　一九八二年

　再録（日本エッセイスト・クラブ編『耳ぶくろ』）　文藝春秋社　一九八三年

〝どう書きますか?〟（『中国語』七五―一）　大修館書店　一九七五年

Xiaocang か オグラか?（『中国語』七五―二）　大修館書店　一九七五年

　再録（『中国語』創刊五百号記念）　内山書店　二〇〇一年

※以上IIの諸篇は『贅疣録』に転載　私家版　一九八七年

III

司馬遷——「記録者」の意義と生涯（『世界の歴史』三）　筑摩書房　一九六〇年
刺客列伝考（『伝統と現代』七二—三）　伝統と現代社　一九七二年
酷吏と豪猾（『中国古典文学大系』月報二五）　平凡社　一九六九年
司馬遷・征和二年秋（『目で見る中国二千年史』）　文藝春秋社　一九七三年
※以上は『逆流と順流——わたしの中国文化論』に転載　研文出版　一九七八年
匹夫の俠（『呴沫集』2）　発行世話人　一九八〇年
策と鞭（『呴沫集』4）　発行世話人　一九八四年
左伝翻訳現況報告（『呴沫集』5）　発行世話人　一九八七年
いま『左伝』を読めば（『津田左右吉全集』月報一四）　岩波書店　一九八七年
左伝翻訳結末記（『呴沫集』6）　発行世話人　一九八九年
『左伝』のおもしろさ（『鑑賞・中国の古典—春秋左氏伝』）　角川書店　一九八九年
左伝と史記（『古事記年報』三三）　古事記学会　一九九一年

この巻に収録した諸篇について簡単に自註を加える。

第I部に収めた『古代中国を読む』は、刊行直後から「岩波新書らしくない」という批評を各処で聞いた気がする。「岩波」という権威性（?）や、「新書」という解説向きの印象に、この本は著しく背を向けていたからである。「まえがき」に書いたように、こんな告白は自分の中に蔵い込んで墓場に持ち込むべきシロモノだと思いつつ、編集者の鈴木稔さんに唆かされて書き上げてしまった。当時、「四十八歳の抵抗」という言葉が流行っていた。私もその歳を前にして、人生の折返し点に立った気分で筆を進めた気がする。書店側の宣伝文に〈精神のドラマ〉とあったのは全く恥かしい。学生向けに書いた自著の紹介文では、こんなことを書いている。

《全く恥かし気もなく、である。或る口の悪い友人は、「よく若い頃のノートを取っておいたね」と褒めた（?）のに続けて、「よくそれを公表したものだね」と曰《のたま》う。告白体は結局私の体質に合っているのかもしれない。「皮を切らせて肉を斬る」わざ、と編集者は読み取ってくれたが、同時に小生の骨にまで達しはしないか、と心配してくれた。実際そうなっているのかもしれないが、鈍感なせいか、一向に痛みを感じない。自分の粘膜まで露出させたかにみえて（そういう批評もちらほら聞く）、著者である「小倉芳彦氏」はあれも一種のフィクションさと、のほほんとしている。》

『古代中国を読む』を執筆していた一九七四年には、これと並行して、『吾レ龍門ニ在リ矣――東洋史学・中国・私』という奇妙な題の、自称〈研究評論集〉を出すことになった。これに集めた論説類は、ごく一部を除いて今回第二巻に収録したが、ほとんど同時に出た二著について、むしろ『龍門ニ在リ矣』の方が岩波新書向きだと評されたこともある。

第Ⅱ部に収めた私家版『贅疣録《ぜいゆうろく》』について簡単に解説する。

昭和二年（一九二七）生まれの私は、六十二年（一九八七）には数えで六十一歳、いわゆる還暦を迎える。その機会に、諸方面の雑誌や新聞に寄稿した雑文類を取り纏め、平素御交誼を賜わっている方々にお配りしようと考え、それに『贅疣録』の名を冠して、満六十歳の誕生日（三月二十一日）の日付で準備した。「贅疣」とは、イボやコブといった余計な物のことである。内容は多方面にわたるが、この巻には、学習院大学ギター・アンサンブルの部誌『如月』に十四回連載した「私の履歴書」や、私的な回顧談類は除いて、残りを収録した。

《中国美術余話 Ⅰ》は、西洋史家の三浦一郎氏の推挙で、『週刊朝日百科・世界の美術』のコラムとして、七九年十二月二日号から八〇年三月九日号まで、十五週にわたって連載した。一九六七年に初めて訪中した際の蘇州での体験を頭に、七八年の二度目の中国旅行の見聞を加え、漢・唐・明・清と時代を追って話題を求めた。本誌の内容に沿い、朝鮮に関する話題には七八年の韓国旅行の見聞を生かした部分も加えてある。

以下の《中国美術余話 Ⅱ》の内、「展覧会の憂鬱」は、学生の編集する『学習院新聞』の求めに応じて、当時盛んになった各種展覧会について感想を述べたもの。三十歳台の未熟な文章だが、次の「陶俑・陶馬と秦帝国」とともに、展示物の魅力に引き寄せられる自分と、それから醒めて行く自分との葛藤の体験は、今もって変わらない。

「南郡主騰文書」以下の三篇は、『歴史読本』の〈今月の世界史〉欄に寄稿した四篇の中から、中国にかかわる新情報（むろん当時の）を残した。その内の「中国旅行近況」は、一九七八年の旅行の概況報告で、真面目に「参観」する日本人と、「観光」にはしゃぐ「白人」との間の落差に、「文革」を卒業した中国の行方が案じられたものだった。この折の体験を追憶したものに、第二巻に収める「一九七八年秋・上海」がある。

「茂陵行」は、一九八〇年夏の学習院大学東洋史関係の教員・学生による、最初の中国旅行の一コマ。教員には同僚の柳田節子さんの外、かつて兵士として華北の石家荘に駐屯した経験のあるインド史の荒松雄さんも加わって、各人に豊富な体験を残した。それに続く「隴海線の旅」は八五年、「蜀の桟道をたどる」は翌八六年の、いずれも旧制高校の同窓仲間（「未央会」と名乗る）による旅行から。

当時、開放路線が定着化しつつあるとはいえ、まだまだ交通事情には不安が伴った時期だった。百閒先生には及ばぬが、私もかなりの「列車好き」であることが暴露されている。

「現代「論語読み」」は、『文藝春秋』の名編集長・池島信平さんが司会したNHKラジオ座談会「孔子と孟子」から話題を拾ったもの。一九六三年三月十四日に録音、二十九日と三十日に放送されている（九月十日再放送）。テレビがまだ普及していない時代で、放送料は税込み一万二千円だった。この時の一連の座談会記録は、池島信平編『歴史よもやま話・東洋編』（文藝春秋・一九六六年〔のち文春文庫〕）に収められている。

「漢文訓読あれこれ」は、はじめは無題で『思想』誌の〈思想の言葉〉欄に寄稿した文章で、『贅疣録』に収める際にこの題をつけた。岩波書店が『思想の言葉』として編集した際に、「日本文化としての漢文訓読」という、内容に即した題をつけてくれたが、この巻に入れるに当たっては旧題のままとした。文中、「江戸時代の日本人が書いた漢文体の文章」とあるのは、水戸藩の『大日本史』の論賛部分を集めた『大日本史賛藪』その他のことで、それらの訓読・校注を『日本思想大系』に入れる仕事を岩波書店から依頼されていたのである（一九七四年刊）。

なお同じ頃、八王子の大学セミナー・ハウスの共同セミナー「東洋と日本」で行なった講義に基づき、「日本人と漢文訓読――日本人の思惟方法と漢文訓読の意義」と題して二〇頁ほどに纏めているが（大学セミナー・ハウス一〇周年記念論集『東洋文化と日本』ぺりかん社・一九七五年）、今回は省いた。最近の私の考えについては、全国漢文教育学会で行なった講演記録「訓読と翻訳」で述べたことがある（『新しい漢字漢文教育』第三四号・二〇〇二年）。

正調（？）漢文訓読の訓練を受けていない私は、史学科で訓読の授業を担当しつつ、絶えずコムプレックスに悩まされていた。学生の質問にオタオタしながら何とか自信を取り戻そうとしたのが、

「颶風ニ遇ヒテ舟ヲ敗ル」などの文章である。『論語』の聖句をわざと「酒ハ及バザレバ乱《らん》ス」と誤読して、平素の訓読の憂さ（？）を晴らしていたらしい漢学先生を揶揄したのは、その裏返しである。畏敬する反骨の師・西順蔵さんとなると、私宛ての生前の私信に次のような逆説を展開されたことがあった。「酒不及乱」の句を「及バザレバ乱ス」などと読むのは、僅かに酒で鬱憤を晴らす輩の自己弁護にすぎぬ。孔子の意を正しく汲めば、「酒ノ及バサルハ乱ナリ」。つまり飲んで酔うこそ周の礼であり、礼に反するは即ち乱である、と。師の面目躍如たり。

「〝どう書きますか？〟」と「Xiaocang か オグラか？」の二篇は、月刊誌『中国語』の巻頭言として書いたもの。前者では、なまじ漢字が読めるために、現代中国語の学習が苦手となっていることを訴えた。後者は、『古代中国を読む』に出て来る郭沫若・聞一多などの人名に、「クオ・モルオ」とか「ウェン・イドゥオ」とルビを振ったのについて、ある読者から「中国に阿《おもね》るもの」という批評を直後に頂いたことに対する密かな反論として書いた。現在、韓国の人名について用いられているルビの用法とは関係ない。

以上、「展覧会の憂鬱」からここまでが『贅疣録』からの再転載である。

一九七八年刊行の『逆流と順流――わたしの中国文化論』には、さきに触れた『吾レ龍門ニ在リ矣』の主題から外れた論説・書評類に加えて、それ以後に書いた文化大革命に関わる雑感などを集めた。この巻には、その内から司馬遷と『史記』を主題にした四篇だけを収録し、以外の諸篇は、書評を除き第二巻に纏める。

「司馬遷――「記録者」の意義と生涯」は、学習院の高等科に在籍していた時代の作である。東洋史の卒業論文が『史記』の評論史に終わったのを反省し、各篇の論賛と「太史公自序」とを読み直して、司馬遷の「記録」の意義を、その生涯と武帝という時代との関連の中で追求してみた。『史記』を素材として戦国時代から秦・漢時代にかけての通史を書くことは、その後、『古代中国に生きる』で曲りなりにも実行した。二十年を隔てた両者を比較すると、後者では父親の司馬談の仕事の比重が増えたこと、司馬遷の生年を前一三五年説から前一四五年説に移したこと、などが挙げられよう。

「刺客列伝考」は、史学科の演習で「刺客列伝」を精読した副産物である。秦王政（後の始皇帝）を狙った荊軻伝が最も有名で、且つ劇的だが、列伝を構成する五人の経歴や動機は、よく読んでみると各人各種である。暗殺一般を、単純に肯定も否定もするわけには行かない、というのがその時の私の印象だった。

「酷吏と豪猾」も「酷吏列伝」などを読んでいるうちに浮かんで来たことで、漢代の豪族問題が喧しく論じられていた当時にあって、少々生意気だが私なら史料をこう読むという例を開陳した一文である。

「司馬遷・征和二年秋」は、絵入りの読物誌の需めに応じて書いたもので、内容に新味はないが、巫蠱《ふこ》事件の経緯や「報任安書」の内容に触れたものが外に無いので、ここに収録した。

「匹夫の俠」以下四篇の原載誌『呴沫集』について。

増井経夫・三上次男の両非常勤講師が定年で退任されるのを機として、両先生から受講した学習院大学史学科学生を中心に、『呴沫集』なる文集を作った。一九七七年一月の発行。『荘子』に言う所の、車の轍跡に取り残された小魚どもが唾や飛沫で濡《ぬ》らし合う行為になぞらえての命名である。その後も種々の名目で不定期的に作成し、九六年六月まで二十年間に十号まで発行している。発行世話人の一人として私も寄稿したわけである。

「匹夫の俠」は、やはり『史記』の「游俠列伝」をテキストとして読んだ産物である。この稿の書き出しで、私は次のように増渕龍夫さんの名論文「漢代における民間秩序の構造と任俠的習俗」の一部を要約した。――司馬遷は、孟嘗君の下に集まった食客三千人のような「暴豪の徒」と、郭解のような「匹夫の俠」とを同類視する世間の誤解に対し悲憤を洩らしている。しかしその郭解であっても、裏では富豪層と結ばれていた形跡があり、司馬遷のように彼を「廉潔退譲」と評価するだけでは足りない。そこに司馬遷の限界がある、と増渕さんは批判を加えた――と。

ところがこれが載った『呴沫集』2の合評会に出席された増淵龍夫さんは、いきなり「自分は司馬遷の見方に〈批判〉を加えたりした覚えは全然ない。価値観から言えば両者は別だが、同じ社会構造の上に立っている。それを〈ゾチオローギッシュ〉に追求しただけだ」と語気鋭く反論された。「匹夫の俠」とは、水陸の運輸業者の元締役の人物だったろう、というのが私の言いたいことだったから、この反撃にはいささか面食らったが、他人の説を軽率にマクラに使ったりするのは慎むべきことを知った。

「策と鞭」は、どちらも「むち」と読むけれども、一方は尖端に針をつけた竹杖、他方は皮のムチで、用法が異なることなどを、出土遺物の紹介を含めて書いた。馬車の御者がかつては賤職ではなかったことも、ついでに確認した。

「左伝翻訳現況報告」は、文字通り中間報告。後半には、翻訳で苦心している言葉の中から、「敏」字について帰納的に考察した。つい「敏捷」と解したくなるが、実は「万事行き届いている」ことを「敏」と言ったのである。「左伝翻訳結末記」は、独力で翻訳が完了した経緯の報告。特に加えることはない。

「いま『左伝』を読めば」では、一九三〇年代前半、津田左右吉が『左伝の思想史的研究』で厳しく追及したのとは別に、現在は、『左伝』の豊かな説話世界をもっと楽しく読めるのではないか、と述べた。それを具体例で示したのが、「『左伝』のおもしろさ」である。訓読体で読むおもしろさ、真書か偽書かの議論のおもしろさ、原説話を再構成してみるおもしろさ、外交場裡のレトリックのおもしろさ、一見気づかぬ隠しテーマ探しのおもしろさ、等々。「おもしろさ」を通り越して「おそろしく」なって来る。

最後の「左伝と史記」は、古事記学会の平成二年度（一九九〇）開催校の一人として引き受けた講演記録だが、古来議論の尽きない両書の関係について、資料を解説しつつ自分なりの見通しを述べた唯一のものである。「平成」の年号の出典は、『左伝』文公十八年の「地平天成」「内平外成」とする方が適切だとしたのは、漢学者の知恵を借りたらしい政府筋の説明が不審だったからで、別に『左伝』に贔屓したいからではない。

＊

第一巻の初校ゲラが届いたのは去年の十月十五日だったが、原本を見事に打ち直してあるのに感心した。但し初出原稿の段階では「かな」書きを多くしようと努力したため、今となっては、却って読み難くなっている場合があり、難読にわたらぬ範囲で漢字に転換することにした。オペレーターには手数を掛けてさせて申し訳ない。

それにしても、終始一貫、この著作選の編集・刊行のため、二十回以上にわたって拙宅に足を運ばれた風間さんの熱意に、敬意と感謝を捧げる次第である。

二〇〇三年五月

小倉芳彦

**小倉芳彦**（おぐら　よしひこ）
1927年生まれ。東京大学文学部卒業。同大学東洋文化研究所助手を経て、1953年より学習院勤務。学習院大学文学部教授、学習院女子短大学長、学習院大学学長を歴任して、2001年退職。現同大学名誉教授。主な著書に、『中国古代政治思想研究－『左伝』研究ノート』（青木書店、1970年）、『吾レ龍門ニ在リ矣－東洋史学・中国・私』（龍渓書舎、1974年）、『古代中国を読む』（岩波書店、1974年）、『逆流と順流－わたしの中国文化論』（研文出版、1978年）、『古代中国に生きる』（三省堂、1980年）、『贅疣録』（私家版、1987年）、『抗日戦下の中国知識人－顧頡剛と日本』（筑摩書房、1987年）、翻訳に、顧頡剛著『中国古代の学術と政治』（大修館書店、1978年※共訳）、『春秋左氏伝』上・中・下（岩波書店、1988年～1989年）がある。

古代中国を読む――小倉芳彦著作選 I

2003年6月20日　初版第1刷印刷
2003年6月25日　初版第1刷発行

著　者　小倉芳彦
企　画　小倉芳彦著作刊行会
発行所　論創社
〒101-0051 東京都千代田区神田神保町2-19 小林ビル
電話 03-3264-5254　振替口座 00160-1-155266

組版　ワニプラン／印刷・製本　中央精版印刷

　ISBN4-8460-0350-7